2023年江苏省高校“青蓝工程”资助项目

2022年度教育部高校思想政治理论课教师研究专项一般项目（编号：22JDSZK105）成果

江苏省高校思想政治理论课名师工作室系列研究成果

从管理走向治理

高职院校学习型班级建设研究

王增芬◎著

ZHEJIANG UNIVERSITY PRESS
浙江大学出版社
·杭州·

图书在版编目(CIP)数据

从管理走向治理：高职院校学习型班级建设研究 / 王增芬著. —杭州：浙江大学出版社，2023.11
ISBN 978-7-308-24219-6

Ⅰ. ①从… Ⅱ. ①王… Ⅲ. ①高等职业教育—班级—建设—研究 Ⅳ. ①G718.5

中国国家版本馆 CIP 数据核字(2023)第 184625 号

从管理走向治理——高职院校学习型班级建设研究
王增芬　著

责任编辑　吕倩岚
责任校对　蔡　帆
封面设计　项梦怡
出版发行　浙江大学出版社
（杭州市天目山路 148 号　邮政编码 310007）
（网址：http://www.zjupress.com）
排　　版　浙江大千时代文化传媒有限公司
印　　刷　浙江新华数码印务有限公司
开　　本　710mm×1000mm　1/16
印　　张　14
字　　数　305 千
版 印 次　2023 年 11 月第 1 版　2023 年 11 月第 1 次印刷
书　　号　ISBN 978-7-308-24219-6
定　　价　78.00 元

序

欣闻南京信息职业技术学院王增芬副教授的博士论文《从管理走向治理——高职院校学习型班级建设研究》即将由浙江大学出版社出版，全书20万余字，是作者近15年来在大学生思想政治教育研究领域持续深耕的理论成果。作为她的导师我非常高兴，这不但是她多年来坚持理论学习和科学研究的成果，更是凝结了她从大学生辅导员到思想政治理论课教师的实践经验结晶，是大学生思想政治教育日常管理工作研究中的精品，有较高的学术和应用价值。

该著作以“从管理走向治理”为主线，考察了学习型班级建设的理论基础、阐释了高职院校学习型班级理论的意蕴，分析了高职院校学习型班级建设的必要性、动因和条件。在此基础上，重点分析了高职院校学习型班级建设面临的困境，探索了构建高职院校学习型班级建设体系的基本思路和具体路径，力求通过建设学习型班级来实现由传统班级以“管理”为中心向现代班级以“治理”为中心的范式转变。著作逻辑缜密、布局合理，条理清晰、论证严谨，是一部系统呈现班级治理的力作，弥补了目前国内对此方面研究的不足。总体上讲，该著作的研究特点和优点表现为以下三个方面。

一、对学习型班级建设的理论基础进行了创新性分析和理论梳理

该书以学习型理论视角，对学习型班级建设的理论基础——学习型社会理论和学习型组织理论——进行了系统分析。学习型社会是由无数学习型组织构成的，学习型社会的发展既催生了学习型组织，又在相当程度上制约着后者的发展。学习型组织理论虽是管理学领域中极力倡导的一种新型理论，但它的核心价值体现在其教育性和治理性上；学习型理论蕴含着科学

的教育理论基础，继承了马克思主义的辩证法和人的全面发展理论，秉承了佛瑞斯特的系统动力学理论，发展了胡塞尔的主体性理论，丰富了哈贝马斯的交往理性理论，践行了马斯洛的需求层次理论；学习型理论对高校班级建设有着方法论价值，如系统认识、深度汇谈、体系支撑等；学习型理论彰显教育性立场，对扁平化组织机构的诉求，对生活目的和意义的追求等。我国高校学生工作——包括班级管理——的理论基础薄弱，基本上靠经验来维持班级管理。高职院校班级建设的科学化更需要先进的理论指导，无论是从高职教育的内涵和特色，还是从高职学生的特点来看，学习型理论提出的价值和发展理念契合了高职院校学习型班级建设的需要。

二、全面厘定了高职院校学习型班级建设面临的困境和挑战

该书对高职院校学习型班级建设面临的困境进行了深入分析。从职业教育系统来看，存在因人才培养与社会需求脱节而带来的技术与人文不和谐、学校主体与经济领域不协调、工具领域与价值领域不统一、职业需求与学生需求矛盾等问题；从顶层设计上来看，存在对学习型班级建设的意识不强、认知误区、缺乏先进理论指导和系统规划等认识和思维上的局限性；从班级建设的现状来看，班级的育人功能萎缩成管理功能，存在班级建设重管理轻教育、班级评价重显性轻隐性、班级组织文化缺乏向心力和凝聚力等现象，传统职业教育中沉积下来的包括系统、认知、体制、管理、人员、管理思想等多方面的障碍已形成一定的惯性力量，致使其在短时间内不会发生较为有效的变化。此外，伴随着网络的普及和数字化技术的发展，新媒体技术为高职学生实现数字化管理带来了机遇，同时也给大学思想政治教育带来了一些挑战，新媒体不仅成为高职学生获取信息的主要渠道，也是促进人际互动的重要方式，还是高校思想文化交锋的主阵地，而同辈群体对高职学生理想信仰形成的影响较大。

三、对构建学习型班级进行了多维度探索

通过建设学习型班级实现班级自治是教育现代化的发展方向，“发现、唤醒、激励、点燃”是班级管理走向自治的真谛。学习型班级建设是一个系

统的、全面的过程。该书以学习型理论为研究视域，从班级价值理念的重建、班级组织模式的重构、班级文化的重塑、学习型组织技能和方法论上的支撑、评价体系和机制保障等各个环节对学习型班级建设的路径进行了探索，极大地丰富了学习型组织的内涵，对推进学习型班级建设具有重要的意义。

《从管理走向治理——高职院校学习型班级建设研究》一书的出版，具有重要的理论和实践意义。在理论上，学习型班级理论的建构是在高职院校班级建设基本理论相对“匮乏”的现状下的一种尝试，建立学习型班级相关理论必然会促进参与班级建设的所有相关人员管理理念和理论的更新，有助于丰富和提升班级管理的理论水平和研究价值，也有助于完善和丰富学习型组织理论，进一步扩大该理论的应用范围。在实践上，该书立足于目前大部分高职院校的办学实际和学生实际，将学习型社会理论和学习型组织理论的先进理念引入班级建设中，有利于促进高职院校班级建设实践的科学化、创新大学生思想教育载体研究，对职业教育、学校、企业和学生个体的发展等方面有着较强的实践价值。该书是一部全景呈现大学生学习型班级建设的力作，兼具理论性与通俗性，无论是作为学术研究的理论专著，还是作为了解班级建设的理论读物，皆值得一看。

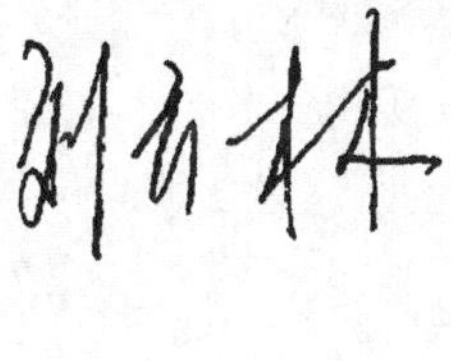

目 录

绪 论

一、写作缘起与研究意义

随着信息技术迅猛发展，人类社会的知识总量激增，知识和信息更新的速度越来越快，人类业已步入一个“知识经济社会”的新时代，产业结构从劳动密集型、资本密集型逐步向知识密集型转变。信息和通信技术的革新改变了人类的工作方式、学习方式、生活方式以及交往方式，整个社会正在向学习型社会转变，终身学习已成为一种历史必然。学习已经成为21世纪个人与组织生存的方式，成为“劳动的新形式”。未来社会，学习不仅是谋生手段，也是人们的生存方式。

我国正处于社会主义现代化建设的关键时期，这既是重要战略机遇期，又是经济社会发生深刻转型的挑战期。在影响发展和变革的各种因素中，人力资本的增长不可忽视。为适应这种增长需求，须得培育学习型人才：术业有专攻，又有文化修养、人文关怀和责任担当。学习型人才的培养离不开学习型组织。作为高校教学和管理最基层的组织和单位，班级是教学的重要载体，班级建设水平的高低对学生的认知、态度和情感的发展具有重要而深远的意义。

当前高职教育陷入两难境遇——学生“就业难”与企业单位“选人难”，其主因是“高职教育培养目标有偏差”。“据调查，企业在高职学生质量排序中是把诚信敬业、责任感、团队精神、吃苦耐劳等职业道德和职业素质排在第一，后面依次是工作经验、职业技能、知识水平。”①职业院校往往重视知识和技能的传授，却忽略了对职业道德和职业素质的关注。

① 沈时仁. 高等职业教育职业素质养成体系的构建. 宁波大学学报(教育科学版)，2010(6)：76-80.

（一）缘起

1. 笔者在班级管理和建设过程中的实践困惑

笔者在高职院校从事辅导员工作近十年，后转岗至学校党委宣传部思想政治教育科工作三年，如今从事思想政治理论课教学已近四年，虽然岗位不同，但都没离开思想政治教育工作。笔者切身感受，学校从来没有像今天这样重视思想政治教育，然而学生对学习和学校生活却如此冷漠：学习动力不足，集体逃课、迟到、早退；师生关系紧张；班级观念淡化，参与集体活动的积极性不高；班干部参与班级建设主动性不强；学生之间互动交流浮浅等。这些困境促使笔者去探索原因和寻求答案。

同时，笔者感受到，人们通常认为高职院校学生的学习能力、个性品质、自我约束能力和团队竞争意识都更为复杂多样。确切地说，高职学生缺乏自觉意识。加之高职院校大多由中专升格而来，班级管理模式仍带有中专时期封闭式管理的特点，然而这种管理理念与社会发展所要求的教育民主化、人本化、科学化和信息化背道而驰。

从笔者的教学和学生工作经验来看，班级之间在班风和学风上存在较大差异，这种差异在很大程度上取决于辅导员（或班主任）的工作成效。班风好的班级往往是辅导员（或班主任）在其中发挥了重大作用。班级是辅导员（或班主任）开展大学生思想政治教育的主要场域，辅导员（或班主任）在班级建设中有较大的支配权，班级建设是辅导员（或班主任）工作内容的重中之重，班级建设的成效也体现辅导员（或班主任）的工作成效。现实困境和实践的需要，激发了笔者研究学习型班级建设的兴趣。

2. 以先进理论指导班级建设的需要

学习型社会理论的“学会学习、学会做人、终身学习”等理念，转变了人们的学习观念，学习型社会理论的深层内涵在于人性的自我完善，是人类渴望在一种更加人性化的社会环境里经由教育而实现自我完善的理想追求。而学习型组织的产生是基于组织生存危机感，即许多组织与环境越来越不适应。学习型社会和学习型组织理论的学习理念、管理理念、价值理念和发展理念等，迎合了高等教育的发展需要，为建设学习型班级提供了理论基础和新的视角。随着我国经济社会的转型以及信息化、技术化和网络化的发展,社会对大学生的成长成才要求越来越高,面对每天都在变化的社会环境,学习是适应变化的唯一手段。在这样的背景下,学习直接关系着大学生的生存与发展,而班级是大学生学习的基层组织,学习型班级是学习型社会和学习型组织理论在班级这一微观场域和学习环境中的应用。研究学习型理论视野下的高职院校班级管理问题,对于打破传统班级建设的经验主义和盲目主义困境,有着重要的理论和实践意义。

3. 高职院校班级未来发展的需要

传统科层制班级授课模式虽极大地提高了教学效率,但忽视了人的个性化发展和人性的完善。在知识经济社会中,教学组织逐渐向扁平化、网络化、虚拟化、人格化、个性化和人性化方向发展。学习型理论倡导的班级共同体,"着眼于未来发展,在动态的环境中,能够快速适应变迁的需要……在充分调动学习团队中个体智能的同时,培养他们相互交往的态度品质,也就是要培养他们的'情感智力'"①。按罗杰斯的说法,它主要包括真诚、真实(或表里一致)、接受(有时也称为信任)、奖赏和理解等。班级共同体概念的提出适应了知识社会中个体提升持久竞争力、学习力、创新力的要求,有助于促进学生主体性和个体性的发展,打破传统课堂教学的固化模式,完成向现代学习者学习理念和学习方式多元化的转变。

(二)研究意义

职业教育承担着为社会培养大批能适应经济发展方式转变和经济结构调整的技能型、应用型人才的重任。学习型班级为培养高职学生的职业素质和职业能力提供了平台,高职院校构建学习型班级不仅有助于丰富高职院校班级建设理论,促进高职院校班级建设实践的科学化,创新大学生思想教育载体研究,也有助于完善和丰富学习型组织理论,进一步扩大该理论的应用范围。本书在职业教育、学校、企业和学生个体的发展等方面,都有着较强的理论意义和实践价值。

---

① Goleman. Emotional Intelligence: Why It Can Matter More than IQ. New York: Bantam Books, 1995:15; Goleman. Working with Emotional Intelligence. New York: Bantam Books, 1998:56.

1. 丰富高职院校班级建设理论

本书遵循思想政治教育规律,结合高职教育办学模式和高职生的特点,在"学习型理论"视阈中,针对高职院校学习型班级建设的困境,试图将学习型社会理论的理念和学习型组织管理理论,引入传统意义上的班级建设中,诠释学习型班级建设的内涵、特征和理论基础等,分析学习型班级建设面临的困境与挑战,归纳出学习型班级的建构路径。学习型班级理论的建构是在高职院校班级建设基本理论相对"匮乏"现状下的一种尝试。建立学习型班级相关理论,必然会促进班级建设过程中所有相关人员管理理念和理论的更新,有助于丰富和提升班级管理的理论水平和研究价值。

2. 推动班级建设的科学化

传统班级建设缺乏先进理论的指导,存在经验主义、实用主义、工具主义、盲目主义、制度主义和管理主义等弊端,主要以辅导员或班主任的班级建设经验和权威为指导,以纪律约束和安全教育为主导,重在"管"而不是"导"。表面上看,学生似乎对班主任和辅导员下达的任务唯命是从,但并不能内化于心,外化于行。学习型班级注重培养学生自我教育、自我管理和自我服务的能力。这将减轻辅导员繁杂的事务性工作,把精力集中于提高思想政治教育或学生工作的质量上,实现辅导员的职业化、专业化发展,进而推动班级建设的科学化发展。学习型组织理论是被实践证明比较科学并得以广泛应用的理论,本书立足当前大部分高职院校的办学实际和学生实际,将学习型社会理论和学习型组织理论的先进理念引入班级建设中,构建学习型班级,推动班级管理实践的科学化。

3. 新形势下高职院校思想政治教育工作的创新研究

2004 年,中共中央、国务院发出的 16 号文件《关于进一步加强和改进大学生思想政治教育的意见》第五条指出"班级是大学生的基本组织形式,是大学生自我教育、自我管理、自我服务的主要组织载体。要着力加强班级集体建设,组织开展丰富多彩的主题班会等活动,发挥团结学生、组织学生、教育学生的职能"。联合国教科文组织 1996 年出版的研究报告《教育——财富蕴藏其中》提出:未来教育应围绕学会认知、学会做事、学会共同生活、学会生存四个支柱来开展。构建学习型班级以营造良好的班级学习氛围、培养学生自主学习、合作学习和持续学习的能力，实现学生从被动学习到主动学习的转变，有利于提高学生的个人综合素质和核心竞争力，适应21世纪时代发展的要求，符合当前素质教育的要求。因此新视角的引入对创新思想政治教育理论研究有重要的意义。

4. 完善和丰富学习型组织理论，进一步扩大该理论的应用范围

学习型社会是由无数个大大小小的学习型组织构成的，而学习型班级是学习型组织的一个分支。学习型管理大师杜拉克曾说："在竞争激烈而快速变迁的世界中，只有学习型的组织，才能得到生存与发展，持续不断的学习是企业经营的重点，企业唯有成为学习型组织才能够永续经营。"面对知识社会和学习型社会的不断发展，在外部环境急速转变、产品生命周期缩短的情况下，很多企业纷纷投入组织学习、变革与创新，从而推动学习型组织成为组织活化与再造的管理理念。虽然学习型组织理论最先源于企业管理理论，但其对高等教育领域有重大的应用价值。高职院校学习型班级建设研究，实际上就是以"班级"为微观单位，在高职教育的背景下，研究学习型组织理论如何完成传统班级管理与现代企业组织管理相结合，进而通过班级建设实践来推动学习型组织理论的进一步完善。因此，高职院校学习型班级建设研究对丰富和发展学习型组织理论有重大意义。

二、研究综述

（一）国外关于学习型班级建设的研究现状及趋势

国外关于班级管理的研究可以追溯到近代教育学家夸美纽斯所确立的班级、教学制度及其理论组织。捷克教育家夸美纽斯于1632年发表了著名的《大教学论》，第一次对班级授课制作了系统全面的论述，并明确提出在全国范围内建立统一学校制度和在学校实行班级授课制。国外的理论和实践探究在不断拓展和推进，学习型社会理论的终身教育、终身学习思想和学会学习、学习做人、学会生活、学会合作等理念，在各国政府纲领性、指导性政策文件中出现的频率越来越高。《美国2000年教育战略》中写道："在今天的美国，一个人要想有好的生活，你不但要有工作的技能，还必须不断地进

行学习。学习的目的不单单是为了提高谋生的技巧和手段，更是要创造生活，以成为更好的家长、邻居、公民和朋友。”学习型组织理论也已经从管理领域延展到教育领域，尤其关于“学习型学校”的研究，由点到面不断铺开。英国学者索斯沃斯于1994年发表论文《学习型学校》，指出“学习型学校”应具备下列特征：第一，学校是学习系统的组织；第二，学校领导者是学习的领导者；第三，教师应不断学习，鼓励教师和其他同事合作或相互学习；第四，重视学生的学习活动。因此，学习型学校可以从学校领导者学习、教师学习、学生学习、教职工相互学习和学校组织学习等方面入手，综合分析其特性。

关于学习型学校管理理论，最系统的研究应是《学习型学校：教师、父母和关心教育人士的第五项修炼实用手册》，此书是由彼得·圣吉及其团队于2001年出版的。书中指出，传统教育模式是在传承工业时代“生产标准化”的基础上产生的，重视生产过程的一致性和模塑化。传统教育模式认为：“学生都是有缺陷的，必须由学校来加以修正；学校由专家来经营，这些专家会掌握状况；学校的主要任务是传授本来就是零碎的知识；学习主要是个人的事，通过竞争则可以加速学习。”①该书针对传统教育模式的缺点，以“如果学校能以持续的、系统的概念，而非机械系统的观点来组织，会有什么结果?”为议题，积极推动学校、课堂、社区在创造学习型学校过程中的交互影响，来确立共同愿景，发展能力，提高学校的综合质量。圣吉明确指出，建立学习型组织，教育组织比企业组织可以做得更好，在建立共同愿景及学习如何改变既定的心智模式方面，教育机构本身就具有学习的特点和优势。圣吉在书中批判了工业化时代学校教育的“模塑化”性质，把人才当产品来生产，在此基础上他提出了一个更宏观的视野来透视整个教育体系：贯穿课堂、学校及社区的多重关系。这个系统涉及教师与学生、校方与家长、学校与社会的几何互动关系，由学习型课堂发展至学习型学校，再延伸至学习型社区，彼此合作，由内而外创造一个安全开放的学习环境，让学生、父母、教师、学校及社会都有份参与，发展成更完备的教育体系。圣吉关于学习型组

① 苏红．论学习型学校的制度基础．当代教育论坛，2008(10)：12-14.

织，特别是学习型学校的研究，是学者们研究学习型学校的起点。不过，因为文化背景和政策环境的差异等，直接拿该书来指导中国学校的改革和发展，必然会缺乏可操作性。

国外学者一般认为，学习型学校是指通过培养教师的自主学习和团体学习，形成学校的学习气氛，进而充分发挥教师的创造性思维，为实现学校的共同愿景而创造性工作的学校。这方面的代表性研究还有：霍德主编的《学习型学校的变革——共同学习，共同领导》、西蒙编著的《学校运营：从行政型学习型组织视角分析》、克拉克主编的《学习型学校与学习型系统》、简·霍夫曼和克里斯汀合著的《学习型学校的文化重构》、理查德·杜佛和罗伯特·埃克合著的《有效的学习型学校——提高学生成就的最佳实践》、赛维亚·罗伯特和恩尼克·普瑞特等所著《学习型学校的专业发展——合作活动和策略》《学校运营——从行政型与学习型组织视角分析》等。这些书要么聚焦学习型学校的历史描述、现行设计、实践、发展与面临的挑战，展开实证研究，要么从各自的实践出发，从学习共同体或专业共同体的角度来对学习型学校的建设路径展开探索。比如雪莉·霍德——得克萨斯州奥斯汀市西南教育发展实验室的荣誉学者，她在书中对专业学习共同体的起因、特点、所面临的挑战、对策、经验、成就等方面进行了论述，重点研究了“共同学习和团队学习”的策略。又如，美国学者保罗·克拉克以美国文化为背景，对学习型学校建设思路进行了系统的研究，提出了四条原则：“第一，从建设学校共同愿景的高度，开展教师专业发展培训的原则；第二，建设性思维和小步前进的原则；第三，学校领导从事务型向战略型转折的原则；第四，营造合作的组织氛围，建立知识生产与分享系统的原则。”①赵丽、刘冷馨和朱晓文共译、美国学者罗伯茨所著《学习型学校的专业发展——合作活动和策略》，对已有的学习共同体案例进行系统而深入的研究，对学习共同体进行了概括，引入建构主义，对有专业发展需求的教职工（包括校长和教师）和学生合作学习的现状进行了较为详细的评价。这些著作虽然提出了一系列构建学习型学校的操作策略和方法，但由于中西方文化背景和政策环境的

① 克拉克. 学习型学校与学习型系统. 铁俊，李航敏，等译. 北京：中国轻工业出版社，2004：162.

不同,不可能直接照搬来指导国内的学习型学校,尤其是高职类学校构建学习型班级,在操作上很有难度。

通过对国外文献的梳理发现,国外多以学习型学校为研究对象,班级管理研究集中在中小学,对大学班级管理的研究很少,更多的是针对学生事务管理方面的零星研究。针对学习型班级进行的研究罕见,职业教育的学习型班级建设和管理更是少之又少。国外学者还善于利用其他学科的理论来研究班级管理,比如多元智能理论、组织认同理论、破窗理论等。笔者对国外文献、案例的研究,主要集中在管理学、组织行为学中以学习型组织理论为基础构建学习型班级的研究。而关于构建"学习型班级"这一课题,就笔者搜集到的资料而言,鲜见国外的系统研究。

(二)国内关于学习型班级建设的研究现状及趋势

同西方学习型社会的理念由学者提出并逐渐引起政府的重视不同,中国的学习型社会建设,最初是由政府提出、因国家元首高度重视而兴起的,之后在宣传和学术层面铺展开来。别国都是从学习型组织建设着手的,而中国的学习型社会建设则是重点强调学习型政党和学习型政府的建设,学习型学校建设只不过是前者的延伸。由政府推动的学习型学校建设必然是被动的,正如高德胜指出的,现代学校的教育都是为了适应现代化生产而进行的,为社会服务而不是为人本身服务,学校德育所践行的"他律"式德育,不是外在于人的德性来"拥有人",而是"人拥有德性。"①。因此,学习型社会建设由"自上而下"转向"自下而上"虽是大势所趋,但这将是一个漫长的过程。

学习型班级概念是学习型社会发展的产物。当前我们的学习型班级同学习型社会的建设一样,呈"自上而下"态势。从学校班级建设的现状来看,决策层和领导层已经普遍意识到学习型班级具有核心的竞争力,是未来成功的班级培养模式:只有在学习型班级中,学生才能通过探究性、合作性、互惠式的学习来追求知识的真、善、美,并内化为自身的美德和智慧,外化成行为,实现"学会学习、学会生活、学会做人"的学习目标;也只有在学习型班级

---

① 高德胜. 终身德育引论. 教育研究与实验,2003(4):14-18.

中,学生才能通过自主管理和自我教育的结合来体验人类对自由、民主、平等、和谐等价值的追求,实现学生主体性作用的充分发挥,对知识和真理的自觉追求,个性、兴趣和爱好的充分呈现和发展,师生、生生和谐平等关系的建立等等。但由于缺乏有效的指导和理论基础,传统的班级管理模式仍然在高校管理系统中占据主要阵地。与学习型班级重在教育、学习和治理不同,传统的班级建设重在管理,甚至用管理功能取代教育功能。学习型班级的建设将是一个漫长的过程。

将学习型组织理论引入教育管理学的代表人物是华南师范大学黄崩教授,而运用学习型组织理论指导教育实践的代表人物是魏惠娟女士和张明辉先生。此外,林育红、胡振坤、顾敏先生对学习型学校的理论研究也有一些独创性的见解。国内关于学习型学校的代表性作品主要有:张明辉《营造"学习型学校"》、魏惠娟《学习型学校——从概念到实践》、柳恩铭《学习型学校的管理理论与策略》、吴明烈《组织学习与学习型学校》、张兆芹《学习型学校的创建——教师组织学习力新视角》、金维明和陈建华编著的《学习型学校建设的实践研究》和《为幸福人生奠基——学习型学校创建案例剖析》等。这些关于学习型学校的研究,其理论基础都是学习型组织理论。研究主要从三条主线展开:

一是关于理论研究,主要围绕研究背景,学习型组织理论与组织学习的内涵、发展脉络、功能、特征、内容等方面展开;

二是关于实践策略研究,主要从组织文化,组织结构、组织管理、组织学习等方面对学习型学校的构建路径展开探索;

三是实证研究,着眼于研究个案,主要从调研、试验、实施、总结、推广等环节对学习型学校案例进行实证研究,提炼出打造学习型学校的策略。

从上述研究的内容来看,几乎都没有涉及对高校的微观场域即班级建设的研究。国内关于班级管理的书,主要是从班级职能、班级组织结构、班级人际关系、班级规章制度等方面进行探讨,或者关注教育改革与实践中涌现出来的一些先进理念、成果和方法等,但专门针对学习型班级建设研究的书则几乎没有。

国内关于学习型班级建设的论文有一些,而且近几年有逐年上升的趋势，比如虞霞芳《学习型班级的管理模式和策略》、闫炳亮《浅议学习型班级的构建》、范莉莉《论“学习型班级”建设的理念和策略》、霍丽丽《高等院校构建学习型班级的思考》、李学农《建设学习型班级的构想》、饶红和王莉《学习型班级：理论内涵与构建策略》、倪树平和任建华《构建学习型班级的理性思考》、王全和杜树祥《高等院校创建学习型班级的思考与实践》、钟小琼《浅谈如何构建学习型班级》、黄红球和何军峰《学习型班级——现代高校班级建设发展创新探析》、杨士荣《创建学习型班级，营造探究合作的氛围》、徐伯钧《学习型班级建设：认识与探索》、洪伟《学习型班级——一种创新与发展的班级管理模式》、由沙丘《学习型班级的特质及功能》、黄雅芩《构建学习型班级的实践探索与理性思考》、潘镜宇《学习型组织理论在班级管理中的应用研究》等等。这些研究大都着眼于以圣吉的五项修炼原理为指导，结合班级组织的实际情况，激励学生进行自我超越，改善心智模式，形成团队学习机制，建立班级的共同愿景，强化系统思考观念。笔者认为，研究同样是围绕着三方面展开：

一是理论研究，主要对学习型班级建设的理论基础——学习型组织理论与组织学习进行研究，包括它们的内涵、发展脉络、功能、特征、内容等方面。如王全、杜树祥强调，创造性学习是学习型班级的本质特征。徐伯钧认为，学习型班级注重“群体智力”的提高，实现“个体智力”与“群体智力”的相互促进，学习型班级的学习能力主要表现为能够认识自我、调整自我并超越自我。北大附中广州实验学校的武福燕提出了学习型班级建设的本质就是终身教育、终身学习，教学生学会学习，让所有班级成员都能够在班级建设的过程中做到“想学习，能学习，会学习”。由沙丘则指出了学习型班级所具有的八大属性特征：“分别为个体学习性、师生共创性、愿景同一性、差异性、交互性、人文性、动态发展性、开放系统性，并有促进师生共同发展功能、促进学习的功能、满足学生的各种需求功能、更好地预防诊断和矫正功能、有效促进社会化和个性发展功能等五大功能。”①

二是实践策略研究，主要从组织文化、组织结构、组织管理、组织学习等

① 邹蓉．高职教育背景下建立学习型班级的策略研究：以昆山第一职业高级中学高职班级建设为例．苏州：苏州大学，2011.

方面对学习型班级的构建路径展开探索。如范莉莉指出，建设“学习型班级”，必须准确把握其内涵，在班级目标、个人规划、组织文化、人际关系和骨干队伍等方面制定发展策略，才能完成学习个体由“他律”到“自律”再到“自觉”的发展，最终实现建设“学习型班级”的价值目标。

三是实证研究，主要着眼于研究个案，在实践中运用学习型组织理论原理和方法对学习型班级展开设计、实施、总结成果等。如潘镜宇在首都经济贸易大学 2008 级广告学一班开展了建立班级学习型组织的实践。

综上所述，“学习型班级”的研究是学习型理论在具体实践应用中的扩展，它指明了今后实现新型人才培养的管理手段。我国现有的对学习型理论的研究，主要集中在对学习型社会理论的呼吁和学习型组织理论的引进和经验介绍上。笔者认为，这些研究仍有不足之处。一、对学习型班级建设的探讨不够深入。关于“学习型学校”研究，国内外的研究成果已有一些，且由点到面不断铺开。但是关于构建“学习型班级”这一课题，这方面的系统研究还比较少，同时遇到操作性的困境，尤其针对国内高职教育办学特点进行学习型班级建设的研究更少。查阅文献，很少有人对学习型与班级建设这两个变量进行研究，这方面的书籍几乎没有，文章也较少，关于该主题的博士论文几乎搜不到。二、对学习型班级建设进行介绍的文章主要是一些工作体会和经验介绍，比较零碎，缺乏系统性。纵观国内这些年的研究，学习型组织理论的实践研究已经深入社会各种组织当中，但是，应用于教育和班级管理方面的实践研究非常少。目前大部分研究仅停留在描述性的研究阶段，缺乏理论的整合与综合性的实证研究。三、从现有的学习型班级创建实践来看，都不同程度地遇到认知、理念、管理、政策、体制等方面的诸多困难、矛盾及障碍。事实已经证明，如果不及时排除这些矛盾和障碍，学习型班级建设只会流于形式，难以深入。四、现有的学习型班级研究大都以学习型社会和学习型组织理论为基础，而我国还处于工业化阶段，离实现知识经济社会和学习型社会的目标还很远，特别是很多偏远农村和西部地区，很难建立起终身教育体系和学习型社会；可以说，学习型班级是学习型组织的延伸，学习型组织虽然已受到很大的重视，并且造成一股势不可当的管理风潮，但目前仍属起步阶段。究其原因，学习型组织牵涉抽象、难以捉摸的学习现象和组织内众多系统间极其复杂的行为及互动关系，因此少有学者提出建立学习型组织模型之研究，而且这为数不多的模型并非一体适用于各种组织、不同情境，致使其仅具理论功能并无实践价值。因此，目前学习型组织对于实务界而言只是一种理想型的意象，还未具统一的定义。国内外文献显示，其所揭示的方法亦多停留在观念层次，真正属具体操作且技术层面者较少，对于实务界来说不易落实到具体层面。然而能够提出其分类模型，供组织策略性架构和学习型组织之学者，更是少之又少。学习型组织自身存在的问题，同样是学习型班级建设中需要面对的难题。

本书拟在上述研究基础上，立足研究不足之处，围绕“学习型班级”这一核心概念进行全面、系统的研究。一方面，力图实现“学习型班级”理论上的系统化，以用于指导学习型班级的实践，进一步充实和完善学习型组织理论；另一方面，在深入分析当前高职院校学习型班级建设面临的困境的基础上，探求学习型班级的构建原则、构建模式和相关策略等，以期在理论和实践的有机结合方面有所突破。班级建设最终要落脚到人的教育和培养上，21世纪的竞争主要是人才的竞争，面对知识经济、信息化的到来，我们应该大力弘扬人的主体性，发展人的个性，学习型班级必然会成为未来班级发展的趋势。因此，笔者坚信本书对实现高职教育班级改革具有重要的理论和实践价值。

三、目标和研究方法

(一)拟解决的关键问题

学习型理论把学习与工作系统地、持续地结合起来，以支持个人、工作团队及整个组织系统的共同发展。学习型理论，特别是学习型组织理论，作为一种西方管理学理论，是否与中国国情相符合？学习型组织理论是企业适应生存和发展而进行的研究和实践，企业的发展是一个长期的过程，五十年或上百年甚至更久，而高职院校的班级存续只有短暂的三年，学习型组织理论在班级建设中是否可行？如何建立学习型理论与高职院校班级建设之间的内在关联？这是本书的基础性关键问题。

笔者认为，一方面，学习型理论的价值理念体现在高校班级建设中。学习型理论蕴含着科学的教育理论基础，继承了马克思主义辩证法和人的全面发展理论，秉承佛瑞斯特的系统动力学理论，发展了胡塞尔的主体性理论，丰富了哈贝马斯的交往理性理论，践行了马斯洛关于人的需求层次理论；学习型理论对高校班级建设有着方法论价值，如系统认识、深度汇谈、体系支撑等；学习型理论彰显教育性立场，对扁平化组织机构的诉求，对生活目的和意义的追求等。另一方面，高职院校班级建设需要学习型理论的指导。西方高校学生工作的理论基石牢固，我国高校学生工作——包括班级管理——的理论基础薄弱，基本上靠经验来维持，高职院校班级建设的科学化更需要先进的理论指导。更重要的是学习型理论提出的价值和发展理念契合了学习型班级建设的需要，而高职院校学习型班级培养的大部分学生毕业后的去向是企业，学习型班级建设可以为学生走向企业后建设学习型组织打下基础。

(二)研究方法

1.调查访谈法

为探索学习型班级建设面临的困境与挑战，笔者通过调查问卷、访谈等形式，了解新媒体视域下大学生的信仰和思想政治教育现状，班级在影响他们成长中的地位等等，在此基础上整理分析调研数据，以期为探索高职院校学习型班级建设实践路径提供可靠依据。

2.归纳演绎法

在文献检索和调查研究的基础上，对高职院校学习型班级建设的理论要义、必要性、动因与条件、面临的困境与挑战等进行反思并归纳总结，为探索高职院校学习型班级建设实践路径铺垫思路。

3.跨学科研究法

运用哲学、管理学、教育学、心理学、社会学等多种学科的理论、方法和成果，对高职院校学习型班级建设的意蕴、必要性、理论基础、动因和条件、实践中的困境、实践路径等方面展开分析、研究和探索。

4.反思—建构的研究方法

学习型班级在高职院校中仅处于理论呼吁和试验阶段，它是高校发展的一种未来趋势。因此，采用“解释—描述”的研究方法不能达到研究目的。所以，作者试图通过整合和梳理各种理论、观点与认识，借鉴学习型组织的理论研究成果和实践经验——主要是企业管理中的经验，结合高职教育实际，根据社会发展趋势对职业人才素质要求的基本判断，来反思和建构现代高职院校学习型班级建设的新模式。

第一章 高职院校学习型班级建设的理论基础

高职院校学习型班级建设的理论基础主要是学习型社会理论和学习型组织理论。学习型社会是建立在一个个学习型组织的基石之上的，学习型社会是由无数学习型组织构成的，所有学习型组织的总和，构成了学习型社会的整体。学习型组织也需要在学习的社会环境下才能建成。学习型社会的发展既催生了学习型组织，又在相当程度上制约着学习型组织的发展，离开了学习型社会的大环境，也不会有真正意义上的学习型组织。创建学习型组织是构筑终身教育体系、建立学习型社会的重要组成部分。

第一节 学习型社会理论

1968年，赫钦斯的学习型社会理论伴随着其著作《学习社会》的出版而风行。在联合国教科文组织和世界各国学习化浪潮的推动下，学习型社会逐渐发展成一种新型的社会形态，并成为全球发展战略的一个重要组成部分。国际社会对这一学习理念逐渐达成共识，1972年联合国教科文组织向各国提出了“向学习型社会前进”的目标。学习型班级建设和发展离不开学习型社会这个大环境，学习型社会理论的发展为学习型班级建设创造了条件，提供了理论基础。

一、学习型社会的内涵特征

关于学习型社会，不同学者表述不同，有的称之为“学习化社会”，学习型社会的概念内涵是在不断发展的。1968年，赫钦斯在《学习社会》中提出学习化社会须强调博雅教育。其后，美国学者爱德华认为学习化社会是一个有教养的社会；1970年代中期，他提出学习化社会是一个学习市场；到了

1990年代，因信息科技和网络的发展，他又认为学习化社会是一个学习网络。1970年，美国学者托夫勒在《未来的冲击》中提出：超大型工业化教育应是终身教育，学习一个时期，去工作；工作一个时期，又回去学习。1972年，联合国教科文组织在《学会生存》一书中提出："国际教育委员会特别强调两个基本观：终身教育和学习化的社会。……如果学习包括一个人的整个一生(既指它的时间长度，也指它的各个方面)，而且也包括全部的社会(既包括它的教育资源，也包括它的社会的和经济的资源)，那么我们除了对教育体系进行必要的检修以外，还要继续前进，达到一个学习化社会的境界。"①2020年，联合国教科文组织终身教育研究所推出了最新报告《拥抱终身学习的文化》，提出要在2050年前建成终身学习型社会。学习型社会理论认为，即使是很优良的教育，也不可能给人提供一生所需全部知识储备，这就是提出终身学习的基本出发点，也是要求学校把教育的重点从传授知识转向让学生"学会学习"的重要原因。美国著名教育学家罗伯特·赫钦斯认为："学习型社会不仅仅是为处于人生任何阶段的每一个成年男女提供闲暇的成人教育，而且还成功地实现了社会的价值转换。学习型社会的目的是学习，是自我实现，使其成为人，而学习型社会的所有机构或制度都以这一目的为指向。"②赫钦斯指出，教育不是为了生存而传授知识和技能，而是为了培养全面的人、心智健全的人。他主张教育要关注"生命的真正价值"，帮助人们"过上睿智、愉快、美好的生活"。因此，教育自身要实现价值转换，从人力资源开发转向人性的自我完善，这要求整个社会也要实现价值转换，从片面侧重物质财富的积累转向人的全面发展。

学习型社会的主要特征：

1. 学习力强

学习力是一个社会的生命力、竞争力之根。在学习型社会中，能力比学历更重要，学习力比能力更重要。一个社会，要有健全的终身教育体系，每个社会成员都具有很强的学习力——包含动力、毅力、能力三大要素。它从根本上支撑着整个社会与时俱进和迅速发展。

---

① 联合国教科文组织国际教育发展委员会. 学会生存. 北京：教育科学出版社，1996：59.

② 赫钦斯. 学习社会. 周晟，译. 杭州：浙江教育出版社，2009：76.

2. 学习的全过程性和全方位性

传统社会把人的一生分为两个阶段——接受教育阶段和工作阶段，把学校看作人们学习的主要场所。而学习型社会的理念认为，现代人已经进入“工作学习化，学习工作化”的终身学习时代，一个人的整个人生就是“全过程学习”的一生，学校仅是人们学习的一种场所，工作场所与家庭的学习对人的一生成败影响最大、时间最长。正应了爱因斯坦的那句名言：“人的差异在于业余时间。”学习和教育的内涵方向应包括知识、素质、技能、能力以及所有的学习活动。终身学习理念源于这样的需要，即保证每个人拥有知识和能力并且能够不断地学习和提高，适应以知识为基础的社会发展和自身发展的要求。

3. 活出生命的意义

传统社会的学习是适应性学习，学习是为了谋生，为了找到一份好工作，能晋升职位和提高薪酬；有的人学习是屈服于社会、单位或家庭的某种压力。学习型社会的理念则认为，学习不只是人们生存和发展的手段，学习是一种兴趣盎然的活动，学习已成为现代人的一种生活方式和自觉需要，成为人的有意义的生命追求。

4. 学习的创新性和反思性

学习型社会是一个能使广大社会成员通过学习扩展创造自我、创造未来能量的社会。此时不再惯用固定的考试体系、非人格化的考核模式来检查、评价个人学习的效果，而是把个人的发展需要和个性的发展作为评价学生学业成效的重要指标。另外，学习型社会一定是一个社会成员善于反思的社会，如此才可持续快速发展。

5. 学习的即时性和共享性

传统社会认为在学校才是学习和接受新思想、新知识的时候，其他时间是工作与休息；学习型社会认为现代人应该随时接受新思想、新知识、新经验，要有“即时学习”的理念和习惯。学习型社会不仅是人人享有学习权利，并能随时随地提供学习条件。一个学习型社会，一定是能将学习资源让广大社会成员充分共享的社会。

6. 学习的团体性

传统社会中的学习活动是以个人为主的，学习者之间缺乏沟通协作，学习效率低下。学习型社会是以团体为基本的学习单位。团体学习指的是发挥团体成员整体搭配能力、协同行动能力，以实现共同目标的过程。学习活动成为团体成员系统化、合作化和社会化的过程。团体学习中的每个人都是教师、辅导员和教练。他们不仅是学习者，也是贡献者；既是自觉的管理者，也是富有创造力的思想者。

二、我国学习型社会的提出

我国从1980年代开始致力于学习型社会的理论研究。在知识经济兴起和经济全球化的背景下，在世界学习化浪潮的推动下，我国的学习型社会建设也全面推进。"学习化中国"的概念于1989年由我国职工学习科学研究会课题组提出，与此同时，《第五项修炼》《学习的革命》等在国际上有重大影响的著作开始出现中译本。我国关于建设学习型社会和终身学习体系的表述多见于政策文本。2001年，在亚太经合组织人力资源能力建设高峰会议的开幕式上，我国正式提出"学习型社会"的概念，发出"构筑终身教育体系，创建学习型社会"的号召。2001年上海APEC会议上，江泽民同志再次提出了党员的教育问题。他多次提出要加强党员学习工作，并明确提出"要树立终身学习的观念"，进一步强调了学习的重点和要求，向广大领导干部发出"学习、学习、再学习，实践、实践、再实践"的号召。2002年5月7日，中共中央办公厅、国务院办公厅印发的《2002—2005年全国人才队伍建设规划纲要》提出"构建终身教育体系"。2002年11月，党的十六大报告再次强调"形成全民学习、终身学习的学习型社会，促进人的全面发展"的战略决策。2003年12月，中共中央、国务院《关于进一步加强人才工作的决定》提出"加快构建终身教育体系，促进学习型社会的形成"。党的十八大以来，我国政府尤为重视学习型社会的建设。2012年，党的十八大报告提出"完善终身教育体系，建设学习型社会"。2017年，党的十九大报告强调"办好继续教育，加快建设学习型社会，大力提高国民素质"。2020年出台的《中共中央关于制定国民经济和社会发展第十四个五年规划和二〇三五年远景目标的建议》指出,"完善终身学习体系,建设学习型社会"。它不仅对我国全面建设社会主义现代化事业提出了新要求,也对我国传统"重知识和技能训练、轻人文教育"的高等职业教育体系提出了巨大挑战,呼唤着新的高等职业教育模式、体系的建立和内容、方法的改革。

根据国内外有关专家的大量调查和分析,劳动者对社会、工作和自然环境的高度责任心,对工作岗位转换或流动的适应和应变能力,学习新知识、新事物、新技能的兴趣和自主学习能力,应对各种问题和挫折的能力,与他人交流沟通与合作的精神,创新的能力等等,越来越成为社会对劳动者素质的基本要求。"终身学习可以提高人们应对变化和谋划未来的能力。"①人们从学校获取的知识已经远远不能适应工作和自身发展的要求,只有不断学习和更新知识,才能跟上时代发展的步伐。构建学习型社会既是时代发展的需要,也是提高我国综合国力、国民综合素养的必由之路。

三、终身教育与传统教育、学校教育的关系

终身教育的概念正是在对传统学校教育深刻批判的基础上提出并发展的。一次教育获得一套终身受用的知识和技能的时代已经过去了,建设终身学习体系和学习型社会,已经成为全人类历史发展的客观趋势和必然选择。学习型社会是终身教育思潮发展的产物,终身教育是学习型社会理论的核心,推动教育信息化、构建终身教育体系,是建设学习型社会的内在需求。早在 1965 年,联合国教科文组织就讨论并通过了终身教育理论创始人、法国教育家保罗·朗格让关于终身教育的提案。保罗·朗格让认为:"终身教育即教育这个词所包含的所有意义,包括了教育的各个方面、各种范围,包括从生命运动的一开始到最后结束这段时间的不断发展,也包括了在教育发展过程中的各个点与连续的各个阶段之间的紧密而有机的内在联系。"②1994 年,首届世界终身学习会议在意大利罗马召开。会上再次提出:"学习型社会不是简单的个人行为,而是一种社会行为,与其说它是一种教

① UNESCO Institute for Lifelong Learning. Embracing a Culture of Lifelong Learning. (2020-08-31)[2020-09-02]. https://unesdoc.Unesco.org/ark:/48223/pf0000374112.

② 朗格让. 终身教育导论. 滕星,等译. 北京:华夏出版社,1988:16.

育概念,不如说它是一种生活方式。”中国教育学会会长顾明远教授指出,总体上来讲,终身教育指的是教育应该贯穿人一生中各个年龄阶段,包括正规教育和非正规教育、正式教育和非正式教育。“终身教育”强调国家和社会要在满足社会成员对终身学习需求方面发挥积极作用,即从教育制度、教育体系、教育内容、教育方法、培养模式、学习环境和组织等方面为社会成员终其一生的学习提供服务;“终身学习”则从学习者的角度,强调学习者根据社会发展和自身需求,加强自身学习自觉性、学习兴趣、学习习惯和自主学习能力的培养,并通过国家和社会所提供的各种支持和途径,促进自身在思想道德品质、知识能力和身心健康等方面的全面发展,充分发挥自身潜能和实现人生价值。终身教育和终身学习切入角度不同,活动主体、责任主体也有所不同,但强调人人学习、终身学习的基本精神是一致的。

终身教育倡导者普遍认为,终身教育对标传统的教育制度,要力求在教育制度上实现超越。因此,构建终身教育体系不能在传统学校教育的基础上嫁接,也不能依靠对传统学校教育进行修修补补来实现,更不是在传统学校教育基础上加上终身继续教育。当然,构建终身教育体系也绝不是要在现行学校教育体系之外另起炉灶,新建一种特殊的、自我完善的体系,而是要把学校和社会资源进行整合,形成一个能够满足社会成员终身学习需要的便捷系统。实施终身教育不是要抛弃而是要把学校教育作为终身教育的基本组成部分,并依据终身教育理念对传统教育进行改造,使之符合终身教育和终身学习的要求。正如克里斯托弗·K.纳普尔在《高等教育与终身学习》一书中所强调的:“任何社会,不管它对终身教育的热情有多么高,都不可能舍弃现存机构而一切从头开始。推行终身教育包含对现存机构的改造,但不是标新立异,一切从头做起。”①

学校教育是终身教育体系最基本的组成部分,是终身教育的基础。在传统的教育观念下,一个人的生涯被分为学习和工作两个独立的阶段,在学校完成教育,只有上学才意味着学习;而在终身教育的理念下,学校教育是终身教育的基础,学校教育对其后的学习能力、学习动力、学习习惯以及思

① 纳普尔,等.高等教育与终身学习.徐辉,等译.上海:华东师范大学出版社,2003:4.

维方式、价值取向、为人处世的能力有着终身性的影响(见表1-1)。纳普尔《高等教育与终身学习》一书在论述大学教育与终身教育的关系时指出:“我们不仅将大学视作终身学习机会的供方,而且将它视作能够适应其他环境的终身学习的重要场所。”钱伟长院士也明确表示:“提倡终身教育,我想确切地说,大学阶段的教育应该是一种针对专业教育而言的通识教育,是在为终身教育做准备、打基础的。”①

表1-1　传统教育与终身教育体系下学校教育的区别

比较项目	教育类型	
	传统教育体系下的学校教育	终身教育体系下的学校教育
学校任务	传授知识	学校不仅传授知识,更重要的是培养学生对学习的兴趣,帮助学生学会学习
学习途径	学习者主要向教师学习知识	学习者不仅向教师学习知识,而且还从各种途径学习知识
教师角色	教师是学生掌握知识的主要来源	教师是学生学习的指导者
教育评价的作用	用考试来评价学生并决定其继续学习的资格	评价主要用以调整学习者学习策略和继续学习的路径
学习结果的衡量维度	主要以学习者考试分数高低衡量学习者的学习结果	尊重不同学习者的个性、兴趣、爱好,以多维度衡量学习者的学习结果
学习者的发展通道	只有学习成绩好的部分学生才能继续升学	所有愿意继续学习的人都有终身学习机会

总之,学习型社会倡导的是一种终身教育的理念,而终身教育是21世纪知识型和信息化社会发展的必然要求。学习型社会最终要落实到承载着终身教育的组织和个人身上。对此顾明远教授指出,学习型社会可以分几个层次——社会、组织、个体,可以由这三个层次来理解我们学习型社会的组成,最基础的还是个体。学习型组织的形成要有一个共同学习的愿望,有一个共同的目标。他强调:“学习型社会以个体学习、终身学习来追求个体的全面发展,以组织的学习和创新来追求组织的发展,以社会的学习和创新

① 夏欣. 教育中国:50名流素质教育访谈. 北京:光明日报出版社,2002:105.

来促进社会的发展。"①

第二节 学习型组织理论

学习型组织理论是在工业社会向知识社会和学习型社会转变的过程中提出的，学习型组织是学习型社会的基石。学习型班级是学习型组织发展的产物，学习型组织理论也是高职院校学习型班级建设的重要理论基础。国外学者在学习型组织领域的研究，总体上可以分为以克里斯·阿吉里斯的组织学习理论为基础的传统组织学习研究和以彼得·圣吉学习型组织理论为基础的新理论研究。1990年代中期，学习型组织理论被介绍到中国，引起了我国管理学界、企业界、政府部门乃至教育界的广泛关注，成为我国很多地区和学校基础教育改革重要的理论和实践依据。学习型组织作为当今最前沿的管理理论之一，既集人类管理文化之大成又有独特的创新，形成了新的理论体系。该理论源于西方，我们必须立足我国全面建设社会主义现代化国家的实践，挖掘和发扬东方管理文化的精华，汲取学习型组织理论精髓，在内容和形式上力求创新，为形成有中国特色的学习型社会和学习型组织做出贡献。

一、学习型组织的理论基础

1956年，美国麻省理工学院佛睿思特教授创立了工业动力学，初期应用于工业企业管理，后改称为"系统动力学"。1965年，他在《企业的新设计》中，首次提出了"学习型组织"这一概念，他具体构想出层次扁平化、组织资讯化、系统开放化，逐渐由从属关系转向为工作伙伴关系，不断学习，不断调整结构关系的新型组织形态。这就是学习型企业的最初构想。西方学者中，真正较完整地整理和论述学习型社会理论的专家，当推英国学者斯第沃特·然森。1960年代，然森在《置身学习型社会》一书中提出，学习型社会理论的前提假设主要包括以下几点：当今人类社会正处于剧烈变化的社会

① 顾明远. 终身学习与人的全面发展. 北京师范大学学报(社会科学版)，2008(6)：5-12.

转型期;应对社会转型期的变化，需要特别重视学习，要树立新的学习价值观，把学习放在人的生存和社会发展的中心;建设学习型社会，需要把它看作是一种新的道德和政治秩序的形成条件。

1980年代初，麻省理工学院彼得·圣吉博士汇聚了一群杰出企业家，以他的老师佛睿思特的论文《企业的新设计》中的构想为基础，融会了系统动力学等几项理论、方法、工具，提出学习型组织的模型，于1990年发表了《第五项修炼:学习型组织的艺术与实务》，随后《第五项修炼实践篇》《第五项修炼变革之舞》很快问世，标志着学习型组织理论框架的基本形成。

追溯彼得·圣吉学习型组织理论的源头，阿吉里斯的思想对圣吉的理论模式影响比较大，阿吉里斯认为组织学习是所有组织都应该培养的一种技能，他的"组织学习"理论就是以"行动科学"为基础。在《组织学习》中，他强调:"优秀的组织总是在学习如何能更好地检测并纠正组织中存在的错误。组织学习越有效，组织就越能够不断创新并发现创新的障碍所在。这里所谓的错误就是指计划与实际执行之间的差距，错误可能出现在技术、管理、人员等各个方面。"个体学习是组织学习的前提和基础，但组织学习不是个体学习的简单累加，组织通过自己的记忆和认知系统等功能，可形成并保持特定的思维准则、行为模式、价值观和文化等。阿吉里斯指出组织学习主要是具有共同思维模式的个体行为产生的结果，组织学习是一个持续的过程，是组织通过各种途径和方式，持续不断地获取和提炼知识，并在组织内传递和分享知识，最后创造出新知识，以组织自身实力，带来行为或绩效改善的过程。组织学习是"将组织作为学习的主体看待的，是指不断地检验经验，并将其转化为整个组织都能获得，与组织核心目标休戚相关的知识"。①

阿吉里斯和圣吉都相信，组织学习是现代组织应对内部和外部挑战而不断创新和发展的必备技能。两人不同的是，阿吉里斯探寻人行为背后隐藏的心理推理过程，更多地从社会学、心理学和行为科学的角度出发，认为防卫性推理是组织学习问题的"罪魁祸首";而圣吉则认为所有问题产生的根源是缺乏系统思考能力，他主要从人认识世界和解决问题的方式上来找寻原因。

① 柳恩铭. 学习型学校的管理理论与策略. 广州:广东教育出版社，2007:27.

(一)以克里斯·阿吉里斯的组织学习理论为基础的组织学习理论

组织学习的概念是阿吉里斯和舍恩在1970年代第一次提出的,提出伊始就存在分歧、争论:组织可以像个体的人一样学习吗(学习的主体可以是组织吗)?组织如何进行学习?组织学习的效果如何?能取得大于个人学习之和的效果吗?1990年,麻省理工学院创立了组织学习研究中心,将组织学习理论与企业实际密切结合,开展了创建学习型组织的实践研究,极大地推动了组织学习领域的发展。组织学习理论是学习型组织重要的理论来源之一。同时,组织学习理论因学习型组织理论与实践的发展而得到扩展和深化。

组织学习的概念演变源于当代理论的一种综合,包括系统理论、群体行为理论、社会技术系统理论、行为研究理论、人力资源开发理论、民意调查理论和个体学习理论。在基础的层面上,关于组织中的个体学习的文献相当显著,贯穿了教育的、心理的以及组织行为研究的绝大多数流派。与此同时,关于组织学习的文献则贯穿了组织科学、社会学、经济学和组织变革与发展研究。1978年,美国组织管理学家克里斯·阿吉里斯、舍恩出版的《组织学习:行动维度理论》,被学界公认为组织学习的代表性论著,标志着组织学习理论研究达到新的水平。书中对组织学习和学习型组织做出了进一步阐释,提出了组织学习四阶段模型,即发现、发明、执行和推广。该书也正式提出组织学习的概念,认为"组织学习是为了促进长期效能和生存发展,而在回应环境变化的实践过程中,对其根本信念、态度行为、结构安排所做的调整活动,这些调整活动借由正式和非正式的人际互动来实现"。他指出组织学习的内涵:1.从经验中学习,学习是一种适应;2.组织学习就是改善解决问题的能力;3.组织学习就是组织知识与技能的改变;4.组织学习就是组织形式的改革。而学习型组织不仅是一种"知识创造"的组织,更是一种"知识转移"的组织。在许多组织中,每天虽不乏新知识的产生,但是如何能将个人不易表达的"隐性知识"转移成正式且系统化的"外显知识",使得组织能获得具有价值的组织知识,便是一个组织成功的关键所在。"外显知识"是客观的、理性的、结构化的,也最容易被人所了解;"隐性知识"是个人内在的主观知识,是客观的,难以用文字、语言来呈现与说明,属于经验的知识。

1980年代中期，阿吉里斯及其同僚在《行动科学》一书中，发展出一整套理论与方法，用以反思和探询行动背后的原因；并设计出一连串的工具，以便能够有效应用于组织中，处理组织的问题。1990年代，在阿吉里斯与唐纳德·舍恩合著的《组织学习Ⅱ》中，阿吉里斯主张用组织学习Ⅱ扬弃组织学习Ⅰ，因为Ⅰ型组织学习是建立在单环学习、防卫性推理和Ⅰ型使用理论的基础上的，这是一种有限组织学习系统；组织学习Ⅱ则力图实现从单环学习向双环学习、防卫性推理向有效推理、有限组织学习系统向更有效的学习系统的转变，强调把个体和人际探询及潜在使用理论，与较高层次上有交往学习和无交往学习的模式联系起来。同时研究了组织学习的可行性、可能性和学习的过程，组织有效学习首先要解决组织学习受限困境。

组织学习受限困境主要是组织的单环学习、Ⅰ型学习组织系统的使用理论等阻碍或限制了组织探询，使得组织使用理论至关重要的假定和规范不能被公开地质疑、检验和重构。研究过程中，阿吉里斯把Ⅰ型组织学习系统和Ⅱ型组织学习系统进行了比较，他认为要实现由Ⅰ型组织学习系统向Ⅱ型转变，必须厘清以下两个要素。

首先，单环学习还是双环学习？阿吉里斯和舍恩把组织学习分为单环学习、双环学习和再学习[①]（参见图1-1）。单环学习可以改变行动策略或其潜在的假定，但不能改变行动理论的价值观，是一种工具性学习。双环学习，是指让使用理论的价值观及其策略和假定都发生改变的学习。再学习是指学习如何进行单环学习和双环学习，是学习的更高级阶段，为与前面两种学习名称相对应，也有学者把它称为三环学习。阿吉里斯指出，持续与环境交流的组织会经常进行探询，表现为发现和纠正错误。当纠正错误仅靠改变组织的策略和假定就能实现，无需改变价值观和绩效规范的既有框架时，单环学习就足够了。单环学习是工具性的，因此关心的主要是效果，即怎样最有效地达成既定目标，让组织的绩效保持在现有价值观和规范所规定的范围内。然而在有些情况下，纠正错误所要求的探询会改变组织的价值观和规范，这就是我们所说的组织的双环学习。“单环路学习型组织更多

① Argyris C., Schön D. Organizational Learning: A Theory of Action Perspective. Addison-Wesley Publishing Company, 1978:5-98.

地聚焦于外在的威胁，并将这种威胁作为组织成员学习的原因；双环路学习型组织更多地关注内部价值绩效的改善，并把学习作为岗位设置所考虑的因素之一。”①

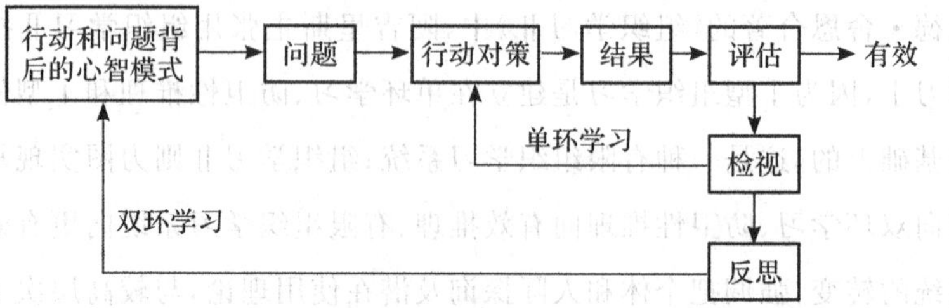

图 1-1　单环学习和双环学习的关系②

单环学习和双环学习既有联系又有区别。联系在于两种学习都是以组织现存的经验、规范、程序、政策等固定化的知识为起点和参照，通过这两种学习，不同程度地提高了组织的绩效和学习力。区别在于单环学习“知道如何做”，是一种适应性学习，是用于发现问题和解决问题的。一般而言，单环学习是在维持现行的制度、规范的基础上进行，不断调整组织的运作，并与既定目标进行比较，使二者更接近，主要着重于手段方法的调整和改变，比较关心组织效能的议题，鲜少会造成组织彻底改变，故又称为第一层级学习。由于相对完整地保留了原有的利益格局，所以较少引起冲突。而双环学习“知道为什么这样做”，是一种创造性学习，不仅要解决问题，还设法探究问题产生的根源，检测隐含在问题背后的行为假设，强调在组织意图下重新修正目标、政策、规范，设法找出问题根源并寻找可行性办法，其主要目的在于功能的改换，亦包括研究出最合适的规范，使组织创造具备因应外在环境变动的适应能力，是一种复杂的学习，因此称为第二层级学习。可见，双环学习质疑并重建既有观点，从改变组织文化着手，促成组织彻底转变，组织成员必须有突破性思考能力，以学习如何去学习，显然这是更高层次的学习，表明了组织更强的学习能力。

无论是单环学习还是双环学习，组织学习都要经历信息、知识的搜集和吸收→传播和扩散→整合和共享→应用和创新→储存和共用，这样一个无

① 刘凤英. 基于学习型组织理论的高校教师培训与开发体系研究. 南京：南京理工大学，2010.

② 黄健. 造就组织学习力. 上海：上海三联书店，2003：77.

限循环的过程。这个过程主要包括以下几个环节。

学习准备。这个过程包括：尊重和激发员工和团队的学习愿望，在识别学习需求的基础上确定学习内容，将学习和变革与员工或团队的发展目标、工作过程有机结合，鼓励员工和团队开展自主性和发展性学习等。

信息交流。这个过程可以使员工获得丰富的信息和资源，改善他们的思想、知识、技能和行为。它需要营造开放的、相互尊重、协同共享的学习环境；提供信息交流的渠道和方法；开展调查研究，进行深度汇谈。

知识的习得、转换与整合。这个过程是将从各个方面获得的知识进行筛选、整合，应用到工作和再学习中；开拓思路，更新观念，创新知识；将学习的成果转换为工作的成果。

评价与认可。考察学习者的学习活动对工作绩效的改善情况，奖励和认可那些努力学习或通过学习已经改进了思想、知识、技能和行为的员工和团队。

其次，使用Ⅰ型学习组织系统的理论还是Ⅱ型的？阿吉里斯认为，无论个体还是组织，在日常活动中，人们会设计自己的行动并实施，我们称之为行动设计理论，行动理论表现为两种不同形式：信奉理论和使用理论。“信奉理论”是指用来为特定行动模式辩解或辩护的行动理论；而“使用理论”是指行动模式的执行过程中隐含的行动理论，它对个体和组织会产生直接的影响。“尽管人们不(总是)完全遵照自己口头‘声称的理论’(他们所说的)去行事，但是他们一定会完全遵照自己实际‘实行的理论’(他们的心智模式)去行事。”从形式上看，Ⅰ型和Ⅱ型组织学习系统的信奉理论可能一致，但其使用理论是不同的。处理令人尴尬或带有威胁性的问题时，人们的推理和行动方式会强化错误因素，比如强调个体要鼓吹自己的目标，同时控制他人的环境，以确保自己的目标得以实现，使得组织的行为领域被组织的防卫惯例所支配，阻碍组织探询的可能性，导致熟练性无能，我们称之为Ⅰ型。而Ⅱ型学习系统的使用理论试图把观点建立在尽可能完整和有效的信息之上，并构造能让当事各方发自内心做出承诺的立场，在Ⅱ型学习系统所要求的条件下，被误解的假定可以重新阐述，不协调可以调和，对立和矛盾可以解决，模糊的地方可以明确，不可检验的概念可以得到检验，分散的信息可以拼合成有意义的模式,以前被隐瞒的信息可以公之于众。

阿吉里斯强调,个体天生就具有Ⅰ型使用理论,在面对令人尴尬或带有威胁性的问题时,他们的行为方式会强化错误因素,例如,问题的重要性会变得不可讨论,而它们的不可讨论性也是不可讨论的。这会加重笼罩在问题周围的模糊、含混、不一致以及不协调,这些结果会使得组织的行为领域被组织的防卫性惯例所支配。这些防卫性惯例会强化Ⅰ型使用理论和Ⅰ型组织学习系统的学习结果,降低高质量探询的可能性,那些有利于促成"好的辩证法"的因素将会受到限制,学习结果适得其反。阿吉里斯给出了Ⅰ型使用理论的概要(表1-2)。表格的第一列是行动者力求通过行动来满足的"支配变量"。

表1-2 Ⅰ型使用理论①

支配变量	行动策略	行为领域的结果	对学习及有效性的影响
定义并努力实现目标	单边地设计和控制环境(游说、诉诸更大的目标等)	行动者被看成是防卫的、不一致、不协调、控制欲强、害怕受到伤害、抑制情绪、过分关心自己和他人或者对他人不够关心	自我封闭 削弱长期有效性
最大限度地争取成功和避免失败	拥有并掌控任务(主张任务的所有权、维护任务的定义和执行)	防卫的人际流和群体关系(依赖行动者,很少帮助他人)	单环学习
最大限度地抑制消极情绪的产生或表达	单边地保护自己(在只有很少或根本没有可观察数据的情况下做出抽象的诊断,无视对他人的影响,无视不一致和不协调;采取指责、先入为主、抑制消极情绪、理智化等防卫行动)	防卫的范式(猜疑、缺乏冒险精神、顺从、表面承诺、强调外交手腕、以权力为中心的竞争和对抗)	很少公开检验理论 大多私下检验理论
保持理性	单边地保护别人免受伤害(隐瞒信息、建立信息和行为的审查规则、举行秘密会议)	/	/

① 阿吉里斯. 组织学习Ⅱ. 北京:中国人民大学出版社,2011:91.

具有Ⅰ型学习系统的组织，基本上不可能学习改变自身的支配价值观、规范和假定，因为这将需要组织探询双环学习，而Ⅰ型组织的系统会阻碍这样的探询。阿吉里斯力图通过建立Ⅱ型学习系统，帮助人们将自己的“名义理论”转化成实际中的“应用理论”，也就是把与应用理论模式Ⅰ相一致的“单环学习”系统，转化成与应用理论模式Ⅱ相一致的“双环学习”系统，形成创造性的推理和相应的行动策略，并使这样的理念和方法成为人们自身的一种技能，即提高人们作为组织成员的学习能力，进而提高整个组织的学习能力。Ⅱ型使用理论的支配价值观是有效的信息、基本事实的自由选择以及内心承诺(见表1-3)。

表1-3　Ⅱ型使用理论①

<table>
<tr><th>行动的支配价值观</th><th>行动策略</th><th>行为领域的结果</th><th>对学习的影响</th><th>对有效性的影响</th></tr>
<tr><td>有效的信息</td><td rowspan="2">设计恰当的情境，让参考者能在其中成为行动的源头，并感到强烈的个人因果</td><td>行动让人觉得没什么防卫</td><td>可证伪的过程</td><td rowspan="5">增强长期有效性</td></tr>
<tr><td>基于事实的自由选择</td><td>人际关系和群体动态的防卫水平最低</td><td>双环学习</td></tr>
<tr><td rowspan="3">对选择的内心承诺以及对其实施的持续监控</td><td>任务由参与者共同掌控</td><td>学习导向的规范</td><td rowspan="3">经常公开地检验理论</td></tr>
<tr><td>自我保护是共同的努力，并且面向成长</td><td rowspan="2">高度自由的选择、强烈的内心承诺、乐于承担风险</td></tr>
<tr><td>他人的保护是双边的</td></tr>
</table>

阿吉里斯认为，如果采用Ⅱ型使用理论的这些支配价值观和行为策略，个体、人际以及群际的防卫就会趋于减弱，自由选择就会趋于增强，发自内心的重要感和承诺感也会变得强烈。现实中，由于组织学习的基本过程是发生在由组织制度维系的组织特定结构与关系中采取行动的个人之间的，因此与个人学习相比，组织学习的过程要复杂得多。从理论上说，就储存知识、应用知识和创造知识的潜力而言，应该是组织比个体的潜力更大些。特别是组织具有将个人知识创新纳入特定方向并加以支持、扩大的能力，组织可以产生远远大于组织中个人学习加总的整体学习效果，可以更好地推动

① 阿吉里斯. 组织学习Ⅱ. 北京：中国人民大学出版社，2011：96.

个人学习。但在实践中，很多组织在传播、共享、储存和应用知识的过程中往往会发生“过程损失”，致使组织学习的效果可能远低于个人学习效果的总和。“过程损失”通常是因组织内部各种权力或关系的紧张和冲突而引起的，它们把创造知识的社会条件“严密地封锁了起来”，使得知识的生产、流通和创造变得“不透明”。

从知识生产的角度来看，组织学习实质是对知识的管理，包括知识的产生、转化、传播和共享。知识通常被划分为显性知识和隐性知识。在组织中，个体将习得的隐性知识外显化（如个体经验的描述），个体外显化的知识被加工成系统化的组织成员共有的知识（如成为组织的规章制度），其他成员又把组织内共同的知识内化成自己的（如形成个体的自觉意识），而后又将习得的知识应用于工作中（如改变自己日常的工作行为）。在这一知识转移的过程中，如果某个地方遇到了阻碍，那么组织学习也中断了。

在学习型组织中，学习的层次应包括个人学习、团队学习、组织学习和组织间学习。关于个人学习和组织学习，我们前面有讨论，而团队学习是彼得·圣吉倡导的五项修炼之一。圣吉认为：“团体拥有整体搭配的行动能力，当团体真正在学习的时候，团队的集体智慧要高于个人智慧，不仅团体整体产生出色的成果，个别成员成长的速度和质量也会比其他的学习方式更快和更高。”[①]团队学习之所以重要，是因为在学习型组织中，学习的基本单位是团体而不是个人，只有团体进行了学习，组织才能学习。在某个层次上，个人学习与团队组织的学习是无关的，即个人始终在学习，并不表示组织也在学习。但是如果是团体在学习，团体变成整个组织学习的一个小单位、他们可将所得到的共识化为行动；甚至可将这种学习技巧向别的团体推广，进而建起让整个组织一起学习的风气与时尚。团队学习的修炼要从“深度汇谈”开始，它包括学习找出有碍学习的互动模式，即找出并打破组织、团队、成员间的自我防卫。组织间的学习是组织学习非常重要的学习层次。与同行同业者交流、向合作伙伴学习、向竞争对手学习等，都是组织间学习的重要方式。马奎特曾提出构建学习型组织五要素，其中的人员要素就谈

① 圣吉. 第五项修炼实践篇. 张兴，等译. 上海：东方出版社，2006：127.

到组织间学习，他“把整个业务链上的利益相关者(领导、员工、顾客、合作伙伴、供应商以及社区等)，都视为学习型组织不可忽视的重要角色。客户通过识别需求、接受培训等方式，与学习型组织建立联系，构成组织学习系统的一部分。供应商和经销商、业务伙伴和联盟、社区团体等都可以通过与企业分享知识、参与企业的学习项目而获益并有所贡献”①。阿吉里斯认为，组织学习并不是一帆风顺的，会遇到一些智障(见表 1-4)。

表 1-4　组织学习智障的辨识

	综合要素	表现形式
学习智障	结构智障	①信息传递慢；②信息易失真；③部门各自为政；④等级森严。
	管理智障	①观念落后；②协调智障；③创新智障；④方法落后。
	文化智障	①缺乏凝聚；②缺乏共同愿景；③缺乏激励；④缺乏约束；⑤归罪于外。
	心智智障	①归罪于外；②专注于个别事件；③缺乏积极思考；④经验思考；⑤从众心理；⑥局部思考
	执行智障	①战略流程不到位；②人员流程不合理；③运营流程不畅通。

我国在创建学习型组织的实践中，很多组织忽视了组织学习和组织间学习，没有把握好学习型组织的这一核心要素。各种智障给不同的企业所造成的影响程度不同，在辨识企业智障的过程中，各企业管理者应该抓住主要矛盾及主要矛盾的主要方面，区别对待，有针对性地解决问题。

(二)以彼得·圣吉学习型组织理论为基础的五项修炼理论

自 1980 年代以来，西方管理学大师彼得·圣吉一直致力于研究如何以系统动力学为基础，融合组织学习、创造原理、认知科学、群体深度对话与模拟演练游戏，建立一种更理想的组织。彼得·圣吉曾对企业做了大量调查研究，发现很多团体中，每个成员的智商都在 120 以上，而团队的整体智商只有 60，原因在于组织系统内部对系统的动态复杂性认识不清，以至于形成了许多组织学习智障，使组织被一种看不见的巨大力量所侵蚀，从而在竞争中丧失机遇。这些智障主要体现在：局限思考、归罪于外、缺乏整体思考

---

①　马奎特．创建学习型组织 5 要素．邱昭良，译．北京：机械工业出版社，2003：56.

的主动积极性、专注于个体事件、习而不察、完全凭经验学习、团队的迷思等七个方面。彼得·圣吉认为组织是个系统，从系统的视角分析组织中存在的问题，这正是人们经常忽视的关键。这些智障在组织中一旦沉积下来，会像病毒一样侵染每位成员，最终形成抑制学习创新的组织文化。透过现象看本质，探究阻碍组织学习的深层次决定因素，我们认为组织的内在素质是考察和探究的重点。

针对这些学习智障，圣吉在1990年出版了《第五项修炼：学习型组织的艺术与实务》一书，开出了解决的处方，并于1992年获得世界企业学会最高荣誉开拓奖，掀起了国际上研究学习型组织的热潮。以彼得·圣吉学习型组织理论为基础的五项修炼理论的研究，又被称为“圣吉模式”，是着力于在阿吉里斯传统组织学习理论基础上，提供一些可供观察的组织特征、开发可操作程序、探寻现有组织的不足；还有以案例研究的方法，调查人们对学习型组织的概念理解和期望、实践历程，以及可资借鉴的地方。相较于传统的组织学习理论，学习型组织具有更多更好的知识、弹性、创意、速度、影响力及学习能力。学习型组织里的五项修炼是整体，每一项修炼都涉及人们如何思考、交往、共同学习，在组织学习的过程中，提供了实用的工具和方法。五项修炼中的每一项都包含三个层次：实践、原理、本质。

1. 自我超越

它是学习型组织的精神基础，包括两个方面的行动：首先要不断澄清个人愿景；其二，不断地学习如何更清晰地观察现实。自我超越旨在“把自己的生命当成一件创造性的艺术作品；并不是以被动反应的观点去生活，而是从主动创造的视角去生活”。① 自我超越的修炼关键是要澄清愿景和保持必要的张力。愿景是特定的目的地，是人们渴望的未来图景，它是内在固有的，不是相互比较的。相对于澄清愿景，保持必要的张力是更艰难的挑战。把愿景（我们想要的）和清晰的现实图像（我们现在相对于愿景所在的位置）并列，可以看到二者之间的差距，也是一种能量的源泉。“假如没有差距，就没有任何追求愿景的行动的必要。其实，这个差距正是创造性能量的源泉。

① 圣吉. 第五项修炼：学习型组织的艺术与实践. 张成林，译. 北京：中信出版社，2009：139.

我们把这个差距叫作创造性张力。……创造性张力往往会导致与焦虑相关的感受或情绪，如悲伤、沮丧、绝望、担忧等……就是我们所说的情感张力。"①一种是努力使现实向愿景靠拢，这种改变现状是需要时间的，在改变的过程中很容易产生情感张力。另一种是个体对情感张力的承受力不足，导致其降低愿景，使其愿景靠近现实的"症状缓解法"。"情感张力的作用机制，在人类活动的各个层面上都广泛存在。它是一种妥协的机制，一种带人走向平庸的机制。"②克服情感张力障碍的最有效方法就是自我超越的修炼，人们必须学会把实现愿景需要做的事，与愿景本身区分开来。

2. 心智模式

"心智模式"是根植于内心深处，影响人们如何了解世界，以及如何采取行动的许多假设、成见，甚或图像、印象。人们对事物的认识，不可能是客观世界的一个拷贝，而是受到每个人心灵深处的某些假设、前提、定式、图式所左右。"我们的心智模式不仅决定我们如何理解世界，而且决定我们如何采取行动。"③反思有些新观点虽得到了大家的认可，却未能得以实践的原因：它们与人们内心深处有关世界运行模式的图像发生了冲突，而这些图像则把人们局限在自己习以为常的思维方式和行为方式之中。大部分人习惯于反应式的而不是生成性的学习实践，究其原因，是受到其心智模式的影响。圣吉对心智模式的研究是建立在阿吉里斯的研究基础上的，他归纳了构成心智模式的修炼的核心内容。一是正视和澄清我们"声称的理论"（我们所说的）与我们实际"实行的理论"（我们所做的背后所隐含的理论）之间的区别。二是识别"跳跃性推断"，注意我们如何从观察跳到一般化概括（留意自己的思维如何从观察跳到概括性的结论）。圣吉强调我们的理性思维非常善于从具体细节中形成"抽象"的概念，即把许多细节换成简单概念，然后用这些概念来推理。但如不能意识到从细节到一般概念的跳跃性飞跃，抽象概念推理的能力恰恰限制了我们的学习能力。三是暴露"左手栏"，澄清我们所想的和所说的，明确说出我们通常不说的话。圣吉指出，左手栏能提示

① 圣吉. 第五项修炼：学习型组织的艺术与实践. 张成林，译. 北京：中信出版社，2009：148-149.
② 圣吉. 第五项修炼：学习型组织的艺术与实践. 张成林，译. 北京：中信出版社，2009：151.
③ 圣吉. 第五项修炼：学习型组织的艺术与实践. 张成林，译. 北京：中信出版社，2009：174.

我们如何通过操控环境来避免面对自己的真实感受和想法，从而进一步阻碍我们改进事与愿违的状况。四是探询和宣扬的平衡（有效学习协作的技能）。没有探询的宣扬会引发更多的宣扬，单纯的探讨有可能会成为一种回避学习的方式——把我们的观点隐藏在不间断的问题高墙背后。心智模式的改善就是要“有效地表达自己的想法，以开放的心灵容纳别人的看法”，形成整体互动的共同心智模式，以利于组织目标的实现。

3.共同愿景

“愿景”是一种共同的愿望、理想、远景或目标。“建立共同愿景”强调通过由下而上的程序，融合个人目标与组织目标，制订共同理想，使之成为组织成员共同关切的焦点，进而产生实现愿景的强烈动力与希望。圣吉认为，愿景能够帮助建立支配一切的总目标，这种目标的崇高和庄严，会带动新的思考方法和行为方式。共同愿景还像方向舵，当学习实践过程产生偏离、问题和压力时，它会纠正航向。他指出，共同愿景不是某个人或某团体强加在组织之上的愿景，大家没有机会去探寻和测试，对愿景没能理解，也就不能认领和拥有这种愿景，把它变成自己的东西，而是被要求必须这样做；共同愿景是出于个人志愿，人们想这样做，大家因为很强的志向而走在一起，产生有力的协同效益，是一种承诺投入，而不是被动顺从。承诺投入的人，不会循规蹈矩，他会对规矩本身负责，如果规矩妨碍愿景的实现，他会设法改变规矩。一个对共同愿景有真正承诺和投入的人，会产生一股令人敬畏的力量。建立共同愿景的修炼，首先必须持续不断地鼓励所有成员发展自己的个人愿景，然后通过互动实现我愿中有你、你愿中有我，在此基础上融入企业理念，创建共同愿景。只有当人们致力于实现共同的愿望时，才会产生创造性学习。

4.团队学习

团队学习（又称团体学习）对现代组织非常重要，因为现代组织中学习的基本单位是团体而非个人。组织中的各项活动均与团体学习密切相关，团队学习的修炼，就是要全体员工相互学习，形成有效的共同思维，创造出色的成果。团队学习的最大障碍是习惯性防卫。“自我防卫”就是大家都在心中设防，使别人攻不进来，使自己得到保护。这样的话，深度汇谈将无法进行，时间与形势在不断发展，但问题与矛盾依然存在。阿吉里斯曾指出，大部分团队都会在压力面前出现自我防卫的"智障"，表现为①为了保护自己，不提没有把握的问题；②为了维护团队的团结，不提分歧性问题；③为了不使人难堪，不提质疑性问题；④为了使团队的每位成员接受，只作折中性结论。结果，团队中的每个人可能都非常努力工作，但他们的努力不能有效地转化为团队的绩效成果。不讲真话，固步自封，这样的团队学习怎么会成功？所以学习型班级的目标是取得层层共识，进行团队学习的修炼，包括深度汇谈和商讨。对于这两种团队交流方法的区别，圣吉指出，在深度汇谈中，对复杂和微妙的问题，要有自由的、创造性的探讨，要悬挂或临时忘记自己的观点，相互深度"聆听"。相比之下，在商讨中，不同的观点都摆出来，得到阐述和辩护，同时寻找最佳观点，支撑眼下必须做出的决策。深度汇谈和商讨可以实现互补。"团队学习"强调组织成员必须全面参与学习进修，通过"深度对话"与"讨论"，协助组织成员成长与发展。"深度对话"是指一个组织团队所有成员，提出心中的假设，一起思考，所有成员均进入学习状态，组织成员通过团队合作，共同经营组织的成长与发展。

5. 系统思考

系统思考是彼得·圣吉五项修炼中的关键技术，它可以通过整合其他四种技术（自我超越、心智模式、团队学习、共同愿景）发挥其整体的效果，使原本看似互不相干的部分结合，产生整体的动态式搭配，协助个人或团队找到问题的根本所在。圣吉发现，人们往往习惯于把自己与周围世界隔离，他们把产生的问题归罪于他人或别的因素。圣吉认为，组织成员必须转变这种片段、割裂的思维方式，把自己与周围世界连成一体。他倡导用系统观点看待组织发展，从局部思维到纵观整体，从事物的表面到洞察其变化背后的结构，从静态的分析到认识各种因素的相互影响，进而寻找一种动态的平衡。也就是说，"系统思考"的修炼要求人们能纵观全局，透过现象探究问题背后的实质，形成系统思维模式，思考诸种因素之间的内部关系，而不是把这些因素割裂开来。系统思考是学习型组织的基石，是整合其他修炼的修炼。

系统思考需要开发其他四项修炼，才能发挥出潜力。开发共同愿景会促进对长期性目标的承诺；开发心智模式的修炼是使人们发现自己目前方法的局限性的必要过程；开发团队学习的修炼，能够培育超越个人视角局限、看清更大图景的集体技能；而自我超越的开发则激发一种个人动机，它让人们持续地学习和理解自己的行动如何影响客观世界。圣吉在《第五项修炼》一书中共列出了十一点系统思考的法则：今日的问题来自昨日的解，越用力推则系统反弹力越大，恶化之前常先好转，显而易见的解答往往无效，权宜之计的对策可能比问题更糟，欲速则不达，因与果在时空上并不紧密相连，寻找小而有效的杠杆解，鱼与熊掌可以兼得，系统具有整体性而不可分割，不可绝对归罪于外。[①] "系统思考"的修炼，要求人们摒弃传统的、片断的、割裂的思维方式，用系统思维来分析影响我们认识事物的各个因素。圣吉认为系统整体的合力将远大于各部分加总，只要组织成员都努力进行五项修炼，组织必将迸发出无限生机。

在五项修炼之间的关系中，系统思考是学习型组织的灵魂，它为个人或组织提供了一个健全的大脑，一种完善的思维方式。"自我超越是反射个人对周围影响的一面镜子，缺少自我超越的修炼，人们将陷入'压力—反应'式的结构困境；改善心智模式专注于以开放的方式，体现人们在认识方面存在的缺陷；建立共同愿景能够培养成员对团体的长期承诺；团体学习是发展团体力量，使团体力量超过个人力量加总的技术。"[②]这五项修炼中，每一项的成败都和其他修炼密切相关，它们之间具有很强的正相关性。因此，学习型组织理论强调只有五项修炼的整合，才能及时铲除发展道路上的障碍，提高组织应对环境变化和自我发展的能力，保持组织持续学习的精神。需要特别指出的是，企业的最终目的并不是缔造学习型组织，而是通过迈向学习型组织的种种努力，引导一种实验和进步的新观念，使组织持续自我更新，不断创造未来。

（三）构建学习型组织的策略

关于构建学习型组织的策略，圣吉提出了一个三角形的架构。

指导思想，是主导性的理念和原则。它界定组织存在的目的、大家追求

---

① 圣吉. 第五项修炼实践篇. 张兴，等译. 上海：东方出版社，2002：63-74.

② 倪星. 行政组织学. 北京：北京师范大学出版社，2011：117.

什么目标和成效，组织将如何高效运行。其一，整体优先的原则告诉我们，事物之间的相互关系重于单个事物，集体智慧高于个人智慧，整体重于局部；其二，个体的亲社会性本质促使人们关注人与人之间的关联性；其三，对事物的诠释是多样化的，不能局限于一种权威性的解释。

理论、工具和方法，关乎具体而明确的工作方式。彼得·圣吉理论的核心观点，就是运用基于终身学习实践的"五项学习修炼"来推动学习型组织的发展。他认为：为了从"发明"走向"创新"，就要使学习型组织普遍化，建立学习型组织的关键是汇聚五项修炼技能。他给出了上述五项修炼（即实现自我超越、改善心智模式、建立共同愿景、进行团队学习和发展系统思考）的具体过程和方法。进行修炼就必须"成为不断进步的终身学习者，只有研究并掌握它，才能将它付诸实践。当你越来越熟练的时候，你的洞察能力也提高了，你会逐渐形成新的世界观"①，并最终将之运用于学习型组织建设的实践。

基础结构的革新。基础结构意味着组织要为员工创造条件，提供可用资源来支持员工的工作，基础结构的革新意味着要建立一套新的结构来提供资源，如时间、环境、资金和管理等方面的支持，信息的高效传递和同事的便捷联系等等。基础结构的革新应用到学习型班级中，就是建立一套新的结构来提供各种学习环境和资源，班内所有成员能够通过这些现有的学习资源来支持其他成员的工作，如图书库、网络信息资源、沟通协作机制、班级活动经费、校级甚至上一层教育机构的政策支持等。

圣吉认为，指导思想、理论工具和方法、基础结构革新这三者就如同三角形的三个支点，缺一个就会使组织结构不稳定。指导思想是方向，是学习热情和动力的源泉；理论工具和方法，是获得深入学习所需新技巧和新能力的通道；基础结构的革新，是实现理想或运用工具的保障。

（四）组织学习与学习型组织的关系

组织学习理论侧重组织学习的过程，而学习型组织理论侧重描述一种具有某种类型特征的组织，对此有过很多经典的阐述和总结。组织学习与

① 圣吉. 第五项修炼实践篇. 张兴，等译. 上海：东方出版社，2002：42.

学习型组织是两个意义不尽相同但又紧密关联的概念。简而言之，组织学习是一个组织成为学习型组织的必要非充分条件。关于二者的关系，马奎尔德作了一个中肯的表述，他认为，当讨论学习型组织时，应将焦点放在是什么(what)：作为一个学习和运作的整体，所具有的系统、规则及特征；而组织学习的焦点则是放在怎么样(how)：组织学习是如何发生的，组织建立并且利用知识的技能与过程是怎样的。因此，学习型组织是指一种由学习型文化所支撑的组织系统，探索的是建立和优化组织的机制、制度和环境，以保证组织能够有效地进行组织学习、最大化地获得学习的效果。而组织学习重在描述一种以组织为整体的学习过程和方式，着重研究、探讨，是学习在组织中发生的内在方式与过程。一般认为组织学习是学习型组织的一个重要方面的反映，只要是学习型的组织，其组织学习势必做得很好。学习型组织是一个理想的状态，组织学习则可以同时在不同层次和通过不同的方式发生。因此，学习型组织只是一个愿景，组织学习是一个不间断的学习过程，二者是学习型组织领域的不同分支而已，从发展情形来看，两者的研究有融合的趋势。例如，这两个分支都强调认识、提示、批判和重建组织行动理论(可称为“心智模式”)的重要性、单环学习和双环学习的区别、左手栏的重要性、系统思考的必要性等。组织学习能力的建构与扩充，是建立学习型组织的重要基础与先决条件，拥有组织学习能力的组织即具备学习型组织之雏形。

二、学习型组织理论与学习型班级建设的相融性

众所周知，学习型组织理论源于西方企业管理学，而要把这种理论应用于中国，而且是应用于高等职业教育领域，这就遇到二者能否相融的问题。其一，这种源于西方管理学的理论是否适合中国的国情和文化。其二，企业的目的是生存，生存之道就是获取利润。而班级虽也有个人发展的机会和成长速度之别，学习机会和资源越多的学生成长越快，发展的平台也越高。特别是1970年代至1980年代，国家对人才的需求处于紧张状态，毕业包分配的政策使人人都想进好单位，但社会资源有限，这就在学生之间形成竞争。因此，在班级中虽没有显性的利益之争，但确有隐性的利益之争，但总

体而言，班级建设的目的是人的可持续发展。其三，企业的寿命较长，而班级只有三至四年的短暂寿命，学生毕业了，班级自然也就解体了。那么，这种理论究竟是否适合应用于教育领域——特别是班级这个微观领域呢？适用。

(一)学习型组织与中国传统文化的相通之处

学习型组织理论的价值理念与中国传统文化有很深的渊源。圣吉在《第五项修练：学习型组织的艺术与实务》的中文版序中说道："就我的了解，中国传统文化的演进途径与西方文化略有不同。你们的传统文化中，仍然保留了那些以生命一体的观念来了解的、万事万物运行的法则，以及对于奥秘的宇宙万有本源所体悟出极高明、精微而深广的古老智慧结晶。"①这些智慧正是学习型组织极力倡导的。学习型组织与中国传统文化有很多共通之处，它们均注重人，以人为出发点，把人的可持续发展放在首位，都注重人的学习和修炼，注重人整体的和谐发展，提高集体竞争力，更是要求抓住事物本质，效法自然，系统思考，这样才能真正为人类开辟一条新路。中国传统文化中包含诸多十分有益的内核，这些内核正是学习型组织所要推崇的。学习型组织的理念和传统文化有许多相通之处，至少在以下三个方面是相通的。

1.两者均重视团体和协作

学习型组织认为组织的核心竞争力在于其团体智慧的提高。传统的组织仅仅把团体看作是个体的简单组合，组织团队的整体学习力并没有发挥出来，导致个人智商在120以上，而组织智商却只有60；学习型组织强调团体学习修炼的重要性，要求通过不断演练，来提高团队学习的技巧，进而提高整个组织的智商。在这一点上，中国传统文化是与学习型组织相同的。中国传统文化奉承的是"修身、齐家、治国、平天下"的传统。在这里，个体、家、国和天下是一体的，这里的人是家庭的人、邻里的人、国家的人，人为团体的一分子，人是不能脱离团体而单独存在的。讲究"忠信仁义"，倡导"仁

---

① 圣吉.第五项修炼：学习型组织的艺术与实务.2版.郭进隆，译.上海：上海三联书店，1998：序言3.

义礼智信”，强调个人对整体的责任和义务，讲究“团结和谐”（包括孝顺父母、忠于家庭、长幼有别、尊老爱幼）。中国传统文化要求人做事有恒、尽职负责、工作认真、为人谦虚、生活节俭、诚实守信、遵守纪律、自我约束等等，都是从人与整个集体的关系出发，注重团体的团结和谐，要求尽个人的社会责任和义务。所谓的中庸之道，强调个人要固守本分，与人无争，凡事要懂得谦让，牺牲小我，成全大我，长幼有序，遵守规范，己所不欲，勿施于人，清心寡欲等等，皆是调整团体中人与人之间关系的金玉良言，在学习型组织中，强调团体学习的修炼，与此有异曲同工之处。

2. 两者均注重学习、不断修炼

学习型组织的主旨就是学习上不断修炼，这也是中国传统文化的精要所在。学习型组织强调以人为本，物的因素要服务于人的发展，人不仅仅是一种生产要素，更是发展的主体，主张人内心的自我修炼、自我超越和自我升华。在这一点上，和中国传统文化不约而同。传统文化强调道德伦理的作用，强调教化，“正己”以“安人”。《大学》中说：“是故君子先慎乎德。有德此有人，有人此有土，有土此有财，有财此有用。德者本也，财者，末也。”所谓“恭己正南面而已”（《论语·卫灵公》），就是孔子所理解的管理方式。“恭己”并非一种表面上的姿态，而是个人通过长期的修养才能达到境界。孔子认为：“猛以济宽，宽以济猛，政是以和。”他提出：“为政以德，譬如北辰，居其所而众星拱之。”也就是说，在治理国家的过程中，要“宽猛相济”“德主刑辅”“名偪慎罚”“先教后诛”“德教为先”，孔子的德治、礼治、人治思想，重视礼教、道德和伦理的教育作用，主张用礼仪、道德规范去约束，用道德教育去感化，通过不断学习和修炼，提高道德品质和人格修养，来改善社会的道德风尚。借用学习型组织的语言，就是要不断实现自我超越。

3. 两者均注重自然之“道”，要求遵循系统法则行事

学习型组织从哲学的方法论层次出发，倡导以系统思考代替机械思考，以整体思考代替片断思考，以动态思考代替静止思考。学习型组织的理念中，工业革命以来，人类分离自我与孤立自我愈演愈烈，农业革命和后来的工业革命加深了专业化程度，加深了社会的分化，更加深了人类思想的割裂，以至于我们自认为有权主宰自然。今天，人类的文化教导我们：自然世

界是为了我们的利益而存在，它不过是等着我们去使用的、一个自然储存的“资源”而已。但这种孤立人与自然、逆自然之“道”的道路已经走到尽头，治愈当今世界“病入膏肓”的良方是且只能是学习型组织提出的“系统思考”法则：把握自然之本、人之本，从事物的本原出发，把人与自然融为一体，不再分割人本身。这种注重自然之“道”的理念，确实是中国传统文化的根，传统文化始终注重“道”的思想，人不能逆“道”而行，必须顺应自然，效法“自然”，这是管理的最高境界。比如中国传统文化一直强调“天人合一”，特别是道家，主张无为，效法自然，实现人与自然的高度和谐。

(二)学习型组织理论的教育性立场审视

学习型组织理论虽是管理学领域中极力倡导的一种新型理论，但它的核心价值正是体现在其教育性上，学习型组织理论是伴随信息社会和知识经济时代的发展而提出的，认为组织学习是适应环境变化的有效方法。而在教育“场域”中，离开教育，对学生的管理是没有意义的。班级并不只是一种“管理性”组织，它首先是一种“教育性”组织。班级管理的教育性是指一切管理活动要关照学生的发展，充分挖掘人的内在潜能，解放人的力量，发展人的个性，实现人的价值，促使学生成长、成熟、发展的活动与过程。因此，学习型组织理论与班级建设在教育性上有相通之处。具体表现在：

1. 人本主义教育观

“学习型组织”中的人本主义教育，把人作为有思想、有情感、有鲜明个性要求、不断变化着的人来看待。人本教育尊重人的首创精神，在人的创造力发展过程中，注重人的个性要求，维护人的个性特色，把开发人的创造力确立为教育的基本方向。在与受教育对象发生关系时，总是考虑到受教育对象的动机、心理、优势、发展要求等，以及对象在不同环境、不同时间的心理需求变动，而对培训计划、方法和途径做出更新和变化。教育以受教育者的发展要求为宗旨：教育的目的不是为实现教育者的意图，而是为了促进人的发展，实现受教育者自身的价值。受教育者成为教育关系中的主体，是“我”需要什么样的教育，教育能否为“我”的发展创造条件。它根据各个受教育者的具体情况而制定计划和采取方针，使每个受教育者的个体需求得到满足。它不以人的“学历”为“资本”，更注重人的“能力”和“素质”。它是一种终身教育，真正体现“活到老、学到老”的原则。正如尔斯·汉迪所说：“学习……除非我们阻碍，否则它是会贯穿于人的生命的始终的。因此，组织需要自觉地成为学习型组织，在那里，转变是一种机遇，人们在工作中成长。”

2. 追求精神满足的价值观

20世纪的人类社会是科学、技术、经济、文化和艺术得到全面空前发展的世纪。但20世纪又是混沌的世纪，人类也遭遇诸多前所未有的困境：按理说，随着科学、技术和经济的发展，人类社会对自然的驾驭能力应当是日益强大，但是事实上，人类遭遇的难题——环境污染、资源匮乏、生态危机和人口爆炸等种种危机却是愈处理愈多。学习型组织理念之提出，正是由于企业外部环境飞速发展，人类自身面临着挑战。工业革命的成就固然伟大，但诸多事实显示，随着科学技术的快速发展，人类在轻易享受物质生活之余，在精神生活上反而益发缺少意义与价值。佛睿思特曾指出，自从西方工业革命以来，科技的发展已经差不多到了极致，人类的挑战不再是制造更多的硬体，而是“人的体系”：人的思考沟通行为模式，以及人与人之间各种复杂而微妙的互动关系。这也是21世纪亟待开拓的新境界。这是一种对人性的复归，人对自身精神的深刻反省。

环境的危机就是人的危机，是人的道德领域和思想领域的危机。物质决定意识，意识又反作用于物质，人对自然的大肆破坏和掠夺是人的思想和意识同自然不和谐的体现，是人们对待自然的行为准则、对待生态的价值判断出了问题，归根结底是人的伦理道德和价值观念出了问题。

学习型组织追求生活目的和意义，认为人的生活是否幸福、心情是否愉悦并不是由物质决定的，而是由人的情感和心灵决定的。“财富显然不是我们追求的东西；因为它只是有用，而且是因为其他事物而有用。”[①]对于学习型组织所倡导的终身教育，特别是终身德育来说，就是要通过对人的精神的疏导和内心情感的挖掘来寻找蕴藏于人内心基本的价值观、生活态度和道德情感，通过精神的满足和愉悦来实现人的生活的幸福、愉快；通过系统的

① 森. 以自由看待发展. 北京：中国人民大学出版社，2002：76.

教育设计，解决人自身的发展同自然、社会发展不相适应、相互抵制的问题，实现人与自然和人与生态的和谐。

3. 系统思考观

“系统思考”，其要义在于“心灵的转换”，而“心灵”从某种意义上来说也就是“人性”。“系统思考”可以厘清我们思想上的迷雾，“观照”自己的内心（内系统）和面对世界（外系统）的思考，内在可以比较正确地把握自我，外在可改变我们观察、理解和改造世界的基本思维方式，摒弃静止、个别、表面思考，学会动态、整体、本质思考，掌握既见森林又见树木的艺术。现实世界的纷繁复杂往往会使我们感到困惑迷茫，经常忽略了世界的系统性和整体性，以片断的、片面的、割裂的方式和方法来观察、分析、处理问题和寻求对策，因而也就无法应对世界的千变万化，其根本原因在于对系统本身及其运行规律缺乏了解，思维的灰土蒙蔽了心灵。简言之，系统思考可以帮助我们厘清事物的真相，提高我们的洞察力，达到自我完善，掌握改造世界的本领。擦亮蒙尘的心境，转换扭曲的心灵，系统思考就是改造人的本性、提高人生境界的思考。

4. 扁平化的组织观

检视现有组织架构的障碍，大都来自传统的组织模式，如权威性的领导作风、层级式的体制、分隔式的学校与教学文化，以及反应式的心智模式等。首先，权威性的领导作风建立在领导者的权威和控制上，组织内缺乏合作的文化和架构，部门条块分割，人员缺乏学习沟通和解决问题的能力，更无法建立共同愿景，从而找到工作和学习的意义。其次，层级式的体制由上而下，建立在严格的角色职责和监督上，无法充分授权，行政人员及老师之间较少互动，缺乏彼此学习，亦缺乏参与决策的能力。在传统组织中，外部信息进入组织以后，沿着等级链自上而下逐级渗透，每一个传递层级都会导致信息失真。这从辅导员“上面千根线，下面一根针”的工作状态可窥见一斑：很多辅导员疲于应付上级交给的各项工作任务，包括学校各职能部门下达的通知或文件，各职能部门或直属领导成为实际服务对象，对学生进行思想政治教育的时间和精力明显不足。传统型组织对环境变化的反应速度慢且不充分，学习型组织要求从旧式管理层的多层化到互动的扁平化。在传统的班级中，职能部门的决策通常先经过党总支书记，再传达给分团委书记，由分团委书记传达给辅导员，再由辅导员传达给班委，最后由班委再传达给同学。而学习型班级是由教师和学生直接对话，从基层到上层都能根据需要及时地将所获得的信息用于完成各自的任务。因此，学习型班级对环境变化的反应非常及时，预先行动的风险最小。

5. 建构主义的学习观

学习型组织的学习观认为，真正的学习涉及人之所以为人的核心，通过学习，我们重新创造自我，重新认识这个世界及我们与它的关系，拓展创造未来的能力，每个人也会真正在工作中活出生命的意义。这是一种革新的学习观，认为学习是互动和建构的。建构主义学习观的假设是，学习者获取知识的过程是复杂的，学习者始终处于中心位置，不只是简单记忆和模仿，同时在建构自己对知识的理解，知识是学习者在获取知识的过程中试图理解其经验的意义时建构出来的。学习者在与环境、同伴的互动中，根据自己已有的经验来解释外在的世界，在积极思考中建构自己的知识和意义。建构主义认为，学习具有情境性，要培养和发展学生有效支配知识的能力，只有在有意义的活动和问题情境中才能实现。如果没有情境，仅仅让学生获得一些处于惰性状态的概念和常规，在遇到需要解决的问题时，这些概念和常规是不能被回忆出来的。建构主义的学习目标是推理思维、批判性思维、对知识的理解与应用、自我调节和有意识反思的能力。在一些真实世界境态中，学习者的知识结构怎样发挥作用，学习者如何运用自身的知识结构进行思维，是衡量学习是否成功的关键。

这里的学习已经超越我们一般意义上的学习，不仅仅在于获取信息与知识，学习内容涵盖了知识、技能、人生态度、价值观、情感、信仰等。学习已经是一种生活方式，意味着工作、责任、更新、发展，甚至是一种生命意义的追求和生命质量的提升。它是一种源于心灵、沟通心灵并使之相互交融的学习。在这种学习中，人们的思维方式和心理素质得到调整和提高，更重要的是这种学习还能以一种文化的力量作用于人的个体和群体，使之迸发出新的向往和理想，催生出新的观念、行为和发展，以实现个体或组织的自我更新和发展。学习的过程实质是学习者不断“生疑—质疑—释疑”的过程。

亚里士多德曾说:“思维是从疑问和惊奇开始的。”学生要敢于怀疑权威,怀疑书本,不满足于现成的答案或结果,对所学能独立思考,并能从多种角度认识同一事物,探索新问题。学生敢问敢疑,创新学习就有了基础。

(三)学习型组织与学习型班级发展内涵上的共融性

1.借助的基础学科大致相同

首先,学习型组织理论是一种管理理论,这种理论的执行者既不一定是人事部门,也不一定是教育部门,而是一切组织中的管理者,更多的时候是指最高管理者。教育管理是管理学在教育领域的分支,教育管理必须研究学校管理,班级是学校组织中实施教育活动最重要的组织,因而班级管理的理论是一种管理的理论,任何组织的管理都服从于管理学的一般原理。班级建设是班级管理的核心。从某种意义上讲,学习型班级是学习型组织的一个分支。

其次,“学习型组织”的思想和理论基础,除了佛瑞斯特的“系统动力学”“混沌理论”“复杂性理论”等科学新理论外,从学习型组织理论关于“自我超越、改善心智模式、建立共同愿景、团队学习、系统思考”等五项修炼的论述中,我们还可以看到心理学、教育学、系统论、信息论等学科理论的影子。圣吉在研究“系统动力学”等自然科学、技术所倡导的各种理论后,也觉悟自工业革命以来,挑战不再来自外部的自然环境、资源等因素,而是人类社会自身的体系:人的思考、沟通、行为方式,以及人与人之间各种复杂微妙的互动关系,即“人性”起着主宰作用。学习型班级建设,要求全体班级成员在共同愿景下,进行团队学习,改善心智模式,鼓励所有成员自我超越,进行系统思考。通过学习激发情感,点燃智慧,净化灵魂,成就人格,形成团队竞争力和创新力,进而实现个人和班级的自我超越。学习型班级建设同样需要充分发挥教育学、心理学、系统论等学科理论对学习型班级的重要支撑作用。因此,二者所借助的基础学科理论是大致相同的。

2.基于共同的价值取向

学习型组织的真谛是让组织内全体成员全身心投入,并有持续增长的学习力,能体验到工作中的生命意义,增长创造自我并扩展创造未来的能量。它充分发掘人的潜能，突显人的主体性，强调组织成员自主学习，提高思维能力、统筹能力、工作能力，增强协作意识，调动和发挥成员的积极性和创造力，由“要我学、要我做”的被动状态转变为“我要学、我要做”，为实现共同愿景而积极努力工作，其目的在于培养人、塑造人、拓展人，而这正是学习型班级建设的要义所在。近年来，高职教育在价值取向上摆脱了狭隘的实用化工具倾向，逐步意识到人接受教育不仅是为了生存，更是一种精神境界的修炼和完善人格的塑造，要实现人的全面、和谐、自由发展。为此，要求教育者在教育过程中发挥主体性的同时，要尊重、开发教育对象的主体性。营造民主和谐的氛围，采取平等互动的方式，使受教育者认可教育目标，接受和内化教育内容和要求，发挥自身主观能动性，外化为自觉的行为，使教育对象把提高自我道德境界变成自主自觉的活动，以实现教育目的。学习型班级是高职教育的重要载体，高职教育的理念正是学习型班级要承担的重要任务，因此，学习型组织理论和学习型班级在价值取向上是一致的。

3. 立足于共同的人性假设

学习型组织的创立是基于对人性假设的新突破。区别以往泰勒的“经济人”、梅奥的“社会人”、麦格雷奥的“自我实现的人”、威廉·大内的“复杂人”等人性假设，圣吉结合管理科学理论发展的历史和对人性研究的基础，提出了一种全新的人性假设——“学习型人”，它“涉及人之所以为人此一意义的核心”，强调生命的目的和意义。该假设超越了为谋食而生存的阶段；这样的组织为个体营造出一种彼此尊重、具有创造性的环境和氛围，人人都能活出生命意义，人与人的关系因此得到根本的改善。在此组织中，人的劳动由谋生的手段转为生活本身，是一种自然和谐的、身心愉悦的学习和创造过程，人的生命价值得到充分体现，每个人都追求“活出生命的意义”。学习型组织的五项修炼就是人性的锤炼，通过五项修炼，人变得更聪明，更善良，更美好，更合人性。高职教育和学习型组织对人性的假设具有同一性，都把学生看作“学习型人”，强调人之所以为人就是要“活出生命的意义”，认为学生能激发出强烈的主体意识，有高尚的精神追求，有实现自我价值的需求，又有盎然的生命趣味。学习型班级同学习型组织的本质一样，都是致力于最大限度地挖掘出人的潜能，弘扬人的本性，使人活出生命的意义。

4.培养目标指向个体和组织的整体生长与发展

学习型组织认为，学习的目的或目标不仅是个性的张扬和个体生命价值的提升，更多地指向组织的整体生长与发展。其教育哲学基础就是教育服务和服从于社会发展的教育目的，认为教育不仅张扬个性、提升个体生命价值，同时也是一定时期处于统治地位的群体（阶层、阶级、民族、国家等），按照自身的价值取向去塑造和培养人才的活动，张扬个性、提升生命价值的目的往往在于提高团队的竞争力和创新力。人们通常认为，高职院校办学理念和人才培养的特色体现在学生实践能力的优势上，却忽视了合作能力和再学习能力等的培养。学习型班级认识到，真正的学习首先不仅要培养学习者掌握知识和技能的能力，还要有益于学习者认知、情感、态度和意志的发展，学习不仅仅是“谋求职业”，更应促使学习者全面发展。学习型组织和学习型班级都实现了个体学习与团队学习的高度融合和有机整合，第一次使个体学习出现了整体的方向性。

5.培养路径指向“合作学习”

圣吉认为，在五项修炼中，团体学习是建设学习型组织的关键，团体是组织最佳的学习单位，而合作学习是团体学习最主要的形式。所以，成为学习型人才的前提就是学会合作学习。合作学习认为，组织成员不仅对自己的学习负有责任，而且对于小组中其他成员的学习也负有责任。合作学习对于个体的社会化发展、学会相互合作、对他人负责、联合解决问题等都有帮助。学习型组织极力倡导合作学习，认为团体学习是通往组织可持续发展的主要途径。圣吉认为，“搭配”是团体学习的关键，当一个团体整体搭配时，就会汇聚出共同的方向，调和个别力量，使力量抵消或浪费减至最小，发展出一种共鸣或综效，就像凝聚成束的激光，而非分散的灯泡光，“它具有目的一致性及共同愿景，并且了解如何彼此截长补短”①。“团体学习”也就是以学习的方式“协调”团体内在的功能，以期良好地发挥整体运作的强大能量。在践行“合作学习”的学习型班级中，每位学生在合作中获得属于个体

① 圣吉．第五项修炼：学习型组织的艺术与实务．2版．郭进隆，译．上海：上海三联书店，1998：268.

的思想品德、性格、职业兴趣、知识经验和技能等方面的发展。合作学习模式使每一位学生都能获得更多的学习资源和信息资源，因此，个体学到的东西更多。正如马克思所说："一个人的发展取决于和他直接或间接进行交往的其他一切人的发展。"①在交往合作中，学习内容作为信息，通过语言、动作、表情、姿势等，从一个人传递给另一人。那种以自我为中心的学习、生活模式将严重影响人的社会交往、生活质量，而善于合作交流等品质也成为新一代人的行为特征。生活中的人虽然都以个体的方式存在，但是任何单一个体的存在都必然要以群体为基础和依托，任何个人的成就都要以得到他人的承认和肯定为前提。人必须与他人进行交往，在交往中学习，在学习中交往；在交往中发展，在发展中交往。

（四）高职院校学习型班级的实践丰富和发展了学习型组织

班级是高职院校进行教育、教学、管理和服务最基层的组织和单位。由于自身定位为面向社会生产、建设、服务、管理一线，培养高技能应用型人才，高职教育普遍采取校企合作办学的形式，因此成为当前与社会经济发展最为紧密联系的教育形式。学习型组织的理论和实践虽源自企业管理学，但其能够为高职院校培养企业所需的人才提供理论指导。因此，学习型组织理论是学习型班级建设的依托和理论基础，学习型班级建设是学习型组织理论的深入和落脚点，有利于丰富和发展学习型组织的理论和实践，二者是互为建构的。

1. 落实了学习型组织培养"学习型人"的目的

教育的本质是使人成为"人"。解放人，完善人，提升人，赋予人以人性素质是教育的长远责任。职业教育既具有教育本质的共性，又具有自身的特殊性，也应是"成人"教育，即旨在培养有社会责任感的、积极参与社会生活的、全面发展的社会公民，促进人的道德、生活、情感、理智与技术的和谐发展。班集体是学生最直接接触的社会环境，影响学生的理智、情感、个性和社会化进程，是满足学生交往和归属的良好"情感家园"，是学生迈向社会的"演习场"。归根到底，班集体建设的最终目的是"促进每个学生发展"，给

① 马克思恩格斯全集：第3卷. 北京：人民出版社，1974：515.

每一个学生的成长提供良好的氛围和环境，使班级管理真正为每个学生的成长服务，学习型班级能够真正落实学习型组织倡导的做“学习型人”——“活出生命的意义”的人性假设。

2. 拓展了学习型组织理论的应用范围

理论发展本身要经过“实践—认识—再实践—再认识”的过程，在高职院校构建学习型班级，实际上就是以“班级”这个单位组织为立足点，将学习型组织理论与组织建设实践结合，在班级建设实践中推动学习型组织理论的进一步完善。一届高职院校班级建设虽然只有短暂的三年，但培养的学生绝大多数进入企业工作，这为企业学习型组织的开展打下了基础。因此，深入系统地研究学习型班级是学习型组织理论运用的需要，有利于丰富学习型组织的管理理论，最终也有利于学习型企业的组织学习实践。

3. 丰富了学习型组织的实践

学习型班级和学习型组织的发展内涵和实践路径是一致的：目的性是统一的，它们共同致力于人的全面发展和实现人的幸福生活；方向上的一致性体现在都是探讨组织或企业核心竞争力的提高，实现可持续发展的有效途径；目标上的一致性体现在都是挖掘学生或职工的发展潜能，调动和发挥学生或职工内在的积极性和创造力；内容上的一致性体现在都是注重以人为本的管理思想，着眼于学生或职工认知态度、思维方式和行为观念的转变；方法上的一致性体现在都是采取引导、启发和教育等手段，达到学生或职工的个人自我提高与团队的团结协作紧密结合。因此我们认为，学习型班级实践定会丰富学习型组织的实践。

三、学习型社会、学习型组织与学习型班级之间的关系

随着知识经济的发展，人们的工作需要运用愈来愈多的知识，知识更新的速度在加快，低技能工作的数量在不断减少，高知识含量的工作数量在不断增加，人们原来掌握的知识正在加速老化，必须根据工作需要的变化不断地学习，否则就无法适应发展中的工作。世界在不断变化之中，每个人都必须顺应环境的变化，只有终身学习才能持续地激发出生命潜能，提升人生价值，促进组织的创新与进步。这一切都说明，终身学习的最佳场所就在日常

工作和生活的组织之中。学习型组织就是实现社会终身教育的主要场所，所有的组织都应把自己建设成学习型组织，以适应学习型社会的要求。

"如果说'学习型社会'这一概念反映了新的时代条件对社会运行机制和运行动力的要求，那么'学习型组织'这一概念则反映了新的时代条件对各类社会单元的要求。"①如果说学习型社会属于宏观层面，那么学习型组织则处于中观层面，而学习型班级则是微观层面。学习型社会是由无数个大大小小的学习型组织构成的，而学习型班级是学习型组织的一个分支，更确切地说，它是学习型学校的一个子系统，学习型学校是学习型组织的重要组成部分。班级是个体社会化的基层单位，学习型社会的发展要求直接体现为学习型班级发展的目标和方向，学习型班级发展的质量决定着"学习型人"培养的质量，而学习型社会的质量是由"学习型人"的发展所决定的。也就是说学习型班级发展的质量决定了学习型社会发展的质量。因此，他们之间是相互促进、相互依赖、共生共荣的关系。

高等职业教育必须从当代科技、经济、文化和社会发展的角度，建立终身职业教育学习体系。高职教育要积极引导高职学生从自身出发，树立终身教育的学习理念。学习型社会理论和终身教育的思想为学习型班级建设的思想观念转变奠定了基础，明确了建设学习型班级的理念不仅是学习，而是要终身学习，更要学会学习。这一思想给学习型班级建设提供了理论支撑和理念转换，明确了学习型班级建设的方向，对学习型班级的特征给予了概念界定的方法。同时学习型班级的建设也有利于促进学习型社会的建设。

学习型班级理论是主要以学习型社会、终身学习和学习型组织等理论构成的学习型理论为指导，把学习型理论应用于学习型班级建设的实践，在实践中总结出来的反映班级管理、建设和学生成长成才规律的班级建设理论。构建学习型班级，就是以学习型班级理论为指导，将学习型班级理论应用于班级管理和班级建设的具体实践中，实现班级管理乃至学校教育的深层次变革。

---

① 张晓霞. 创建学习型城市的实践与评估. 南京：南京大学出版社，2003：101.

第三节　学习型理论对高职院校学习型班级建设的启示

随着知识经济的发展,工作对知识的运用和要求越来越多、越来越高,人们必须根据工作变化不断学习和修炼。而且,知识更新的速度也不断加快,旧知识加速老化,必须持续地学习新的知识,才能适应发展中的工作。学习型社会和学习型组织理论告诉我们:不仅要在学校中接受学历学习,而且要在社会中进行终身学习;不仅要学习,而且要会学习。同时,终身学习的最佳场所就在日常工作和生活的组织之中,学习型组织就是实现终身教育的主要场所。学习型理论为高职院校的学习型班级建设提供了启示。

一、学习型社会理论的启示

学习型社会思想不仅仅是一种教育理念和学习思想,更是一种改造社会的理论。建设学习型社会绝不仅仅是追求表面的全民参与、终身学习,更重要的是重新界定学习的目的和价值。学习型社会理论为转变学生的学习观点、提高内在学习动力、创造合作学习氛围和条件提供了重要的启示。

(一)转变学习观念,立足"学会学习"

当代科学技术和信息技术在发展速度和进程上呈现加速发展和急剧变革的特点。据粗略估计,人类的科技知识,19 世纪是每五十年增加一倍,20 世纪中叶是每十年增加一倍,当前则是每三至五年增加一倍。联合国教科文组织指出,未来的文盲不是不识字的人,而是不会学习的人。终身学习的观念改变了人们对大学学习的看法:大学生掌握知识和信息的数量对个人发展和社会贡献已经不再具有决定性的意义,更重要的是他必须要学会学习,掌握学习的方式方法,形成良好的学习习惯、学习心理、学习品质与学习状态,增强学习能力,提升学习素养,科学、合理、有效地利用优质教育资源,具备从变化万千的海量信息资源中选择、判断、综合分析信息的能力。同时学生不仅要掌握知识,也要了解知识创造的过程,最终为创新知识打下基础。此外,必须进行学科的交叉学习。学科间的交叉、渗透和融合是科学发展的大趋势,如果我们的学习只追求某一学科知识的系统性和完整性,而不追求学科知识的综合性和整体性，就不能适应社会劳动分工日新月异的现实世界，更不能适应社会经济和科学技术发展的需要。学习型班级的宗旨和目标就是教会学生“学会学习”，从重视教师的教育教学方法研究向重视学生的学习方法和教育活动方式研究转变，开发和培养学生的创新创造能力、学会学习的能力。国际经济合作与发展组织（OECD）在“能力的定义和选择”研究项目中将人的能力分为三类（见表1-5），可作参考。

表1-5　OECD提出的三类关键能力

A. 有效使用工具的能力	B. 与他人沟通的能力	C. 自我管理能力
有效使用语言、符号、文字的能力	与他人能友好相处	面对所处大环境能自主应对和决策
灵活运用知识和信息的能力	团队合作能力	能够为自身发展和工作项目制订和执行计划
应用现代信息技术的能力	管理和解决分歧和冲突的能力	能够捍卫和主张自身的权利、利益和需求

（二）树立终身学习理念，提高内在学习动力

学习型社会理论认为，学习不是在学校一次就完成的，学校教育只是为社会生活作准备，大学教育仅仅是迈向社会的预备阶段，学习贯穿人从出生到死亡的全过程，学习也不再局限于学校内；同时，过去大学生的学习是以教师的意志为转移的，教师让学什么就学什么，而今天，教育技术的发展为主动学习提供了物质条件和技术保证，学生要在学习中发挥主动精神，要对自己的学习负主要责任，成为积极的学习者，“学习者不再是知识的被动吸收者，而是主动获得者，学习者可以共同设计学习，发挥其潜力”。① 因此，学习是一个主体自觉自为的过程。“学习是一件集体的事，存在于同伴群体间、社区内部及跨代人群中。”②为此，学习型班级建设要创设氛围和条件，帮助和引导个体从自己的个性、兴趣、爱好、已有资源和条件出发，制定终身学习的计划，让学习成为学生的一种生活方式，成为他们生命意义的追求。

---

① UNESCO Institute for Lifelong Learning. Embracing a Culture of Lifelong Learning.（2020-08-31）[2020-09-02]. https://unesdoc. Unesco. org / ark: /48223 / pf0000374112.

② UNESCO Institute for Lifelong Learning. Embracing a Culture of Lifelong Learning.（2020-08-31）[2020-09-02]. https://unesdoc. Unesco. org / ark: /48223 / pf0000374112.

“只有当学会学习成为人生存发展的内在心理需要和生活第一需要时，成为一种生活常态时，终身学习才能成为一种可能；只有当学会学习成为全社会每一个成员的普遍的文化价值选择和自觉行为的时候，才能构建出学习型社会。”①

（三）创造合作学习氛围和条件，实现人的全面可持续发展

学习型社会是一个全民学习、终身学习和人全面发展的社会，归根到底，它把人的发展作为落脚点和最终目的。人的发展是一个历史的概念，马克思曾经把人类社会分为以自然的依赖性、以物的依赖性和以人的依赖性为基础的三个阶段：人的依赖关系起初完全是自然发生的，是原始的、最初的社会形态，在这种形态下，人的生产能力只是在狭窄的范围内和孤立的地点上发展着；以物的依赖性为基础的人的独立性，是第二大形态，在这种形态下，形成了普遍的社会物质交换、全面的关系、多方面的需求，以及全面的能力体系；而建立在个人全面发展和共同的社会生产能力成为人类的社会财富这一基础上的自由个性，是第三个阶段。因此，未来的个人发展不再是个人单枪匹马的发展，而是建立在组织发展的基础上的，只有在组织中和在集体中，个人才能找到存在的价值。而就现阶段的发展而言，学习型班级就要充分利用新媒体等宣传舆论工具，打造团队学习舆论，使班级对学习的合作功能达成共识，让学习气息渗透在班级中，形成合作学习、终身学习、全面学习的良好氛围。诚然，合作学习也要注重个性化的学习需求和学习方式，全面学习更要注重人性的完善。《美国 2000 年教育战略》中写道：“在今天的美国，一个人要想有好的生活，你不但要有工作的技能，还必须要不断地进行学习。学习的目的不单单是为了提高谋生的技巧和手段，更是要创造生活，以成为更好的家长、邻居、公民和朋友。”学习型社会的目标是人的综合素质与能力的培养和人性的不断完善。一个人只有作为主体独立支配自己的意识和活动时，才是一个独立的、完整的人。主体性是人的个性的本质特性之一，主体性发展是人的全面发展的核心。因此，学习型班级建设要以人为本，充分发挥学生的主体性，从重视教师的教育教学方法研究向重视学

① 王为民，刘丽萍．“学会学习”的有效策略．合肥：安徽师范大学出版社，2013：22.

生的学习方法和教育活动方式研究转变，开发和培养学生的创新创造能力、学会学习的能力，进而实现人的全面可持续发展。

二、学习型组织理论的启示

学习型组织理论是一种思维模式的改变，强调要素之间的配置，对形成学习型班级组织的合力、建立团队共享的条件、点燃学习型班级的灵魂、提高班级发展的内驱力和组织学习力、培养学生学习品格等有重要的启示。

（一）培养系统思维观念，形成学习型班级组织的合力

学习型组织的理论基石是系统思维模式，系统思维强调要系统地、动态地、本质地思考问题。以前，在班级建设中教育主体倾向于将问题和任务进行分解，意图使复杂的班级事务更易于管理，但由于教育主体无法了解事物的整体及事物之间的内在联系而采取一些“治标不治本”或者“以邻为壑”的做法，到头来将可能使他们付出更加巨大的代价。这种思维方法也使我们丧失了看到行动与后果之间的关联的能力。因此，我们要摒弃以往班级管理是辅导员个人的事情、只重视“两头”（学习好的和差的学生群体）而忽视中间群体、只重视维稳而忽视发展、只看眼前不管将来的思维模式，转变为重视班级组织内部系统以及它们之间交互作用的动态系统思维模式。要用现代的系统思维观念来统领班级工作，使高校所有的成员意识到，要想在高校中建立起学习型班级，必须把高校管理视为一个系统来运作，而不只是各个部分简单机械相加。高校的各级管理者、教师、教辅人员以及其他相关工作人员，都要关心班级的运作、管理和发展，积极成为班级管理决策的一分子，为班级的发展出谋划策。这样，高校才能把全校师生员工的智慧整合为巨大的能量，这些具有不同专业知识背景的人都以其独特的视角来审视学习型班级建设，这对于高校的持续发展是十分珍贵的。

（二）改变心智模式，建立团队共享的条件

心智模式限定了我们在不同情况下能做什么或不能做什么的认知，这些认知在不同人之间有很大的差异，而且难以觉察和沟通，难以改变。班级是由学生个体构成的，学生的心智模式就是班级的心智模式的基础。改善班级的心智模式，对于班级决策、班级凝聚力和学习力具有重要的影响。圣

吉强调对心智模式的修炼应从内省开始，即将镜子转向自己内部，学会审视我们内心深处对于世界的印象，并将其浮现出来，进行严格仔细的审查。人们要有能力通过质疑或探寻、辩护，开展富有学习性的谈话，开诚布公地与其他人进行交流，将自己的思想表达出来，倾听并接受他人的反馈与建议。一个组织的成员如果只顾自己埋头苦干，忽视他人的看法和建议，难免会作茧自缚。只有在建立共同愿景的基础上，成员之间关系融洽，视彼此为工作伙伴，产生较好的人际互动，个人学习和组织学习才会改观。个体与他人合作，有助于丰富其知识背景，构建其独立人格，拓展经验和知识。个体通过与他人的合作与信息资源共享，完成依靠个人或单个群体无法完成的学习任务。

传统班级管理过于强调和鼓励学生之间的学习竞争，自然导致人与人之间的习惯性防卫心理。随着知识型社会的发展，社会更需要合作型人才。学习型组织理论强调合作，认为要把一个群体变成一个团队，就必须通过改变心智模式的修炼技术，通过深度汇谈和左手栏的方法，让每位成员都不设防地输出自己的想法，输入别人的思想，以个人的观点为基础，取其精华，集思广益，建立起群体内更高层次的共识，使每个人都能看到原先自己没有看到的更本质、更深刻的东西。通过一定时间的训练，就能在组织内形成一种自由交流、轻松民主的氛围，便于成员之间、成员与领导之间的沟通和协调，能增强组织的凝聚力和组织内各部分的整体互动能力。因此，在学习型班级内，无论是教师还是学生，都在学习中反思自己的心智模式，学会思考和辩证地分析、解决问题；又通过探询他人的心智，学会与人合作，培养团结合作的能力，提高工作管理能力；由自己与他人的心智模式差别来完善自己的心智模式。

（三）创建班级共同愿景，点燃学习型班级的灵魂

共同愿景是一个群体愿为之奋斗的、实现起来又有一定挑战性的、具有感召力和使命感的愿望、理想、远景或目标，是一个涵盖目标和核心价值观的目标系统。班级的共同愿景是师生共同认可的未来发展目标、使命感和核心价值观构成的目标系统，它对班级内的绝大部分成员或全体成员具有聚合力、凝聚力、向心力，其中包含洞察世界的科学性和前瞻性，能够准确反

映班级的核心价值，属于班级的灵魂和旗帜。共同愿景一旦形成，特别是内生的共同愿景，它会唤起人们的希望，学习会变成学生的内在追求，这种目的蕴含在班级各项工作和活动中。它对集体的行为和活动具有定向和激励作用，是集体发展的方向和动力，能调动班级成员的积极性，使他们在认识上、行为上保持一致，在活动中相互配合，为完成共同愿景而努力。建设共同愿景是学习型班级建设成功的一个动力系统。建立学习型班级的共同愿景，可以孕育无限的创造力，并对组织成长产生一种驱动力。在班级共同愿景的引导下，学生个体不断地发展自我，不断地超越自我，进而产生创造性的学习动力。班级共同愿景的形成需要全体学生的共同参与和努力，辅导员（班主任）要营造有利于班级成员主动参与的组织氛围。班级的共同愿景既是学校共同价值观的体现，又涉及班级的指导思想和价值理念，也包括每位成员个人愿景的整合等。

在愿景内涵上，学习型班级更多地追求共同的价值观，具有共同使命感；在愿景结构上，团队愿景和个人愿景不像传统学校那样处于分离状态；在愿景认同程度上，学习型班级视共同愿景为班级发展的灵魂；在愿景功能上，共同愿景更有聚合力和凝聚力，使全体组织成员产生强烈的文化认同感（见表 1-6）。

表 1-6　传统班级与学习型班级对“建设共同愿景”的认知与行为比较

比较项目	班级类型	
	传统班级	学习型班级
愿景内涵	一般性的奋斗目标和可以量化的具体指标	既有可以量化的目标，更有共同的价值观和使命感
愿景结构	个人愿景与团队愿景处于分离状态	团队愿景建立在个人愿景的基础上，二者融为一体
愿景认同	大家都知道目标，但未必真心认同，表现出一种被动认知和被动行为	愿景为所有团队成员的共同灵魂
愿景功能	以目标的形式产生激励作用	除了激励作用外，更重要的是产生了文化认同感，形成凝聚力和聚合力

（四）发展自我超越，提高班级发展的内驱力

学习型组织理论强调应以不断自我超越的目标来激发学习者的内在动

力，使其以创造性而不是反应性的学习方式来面对生活和生命。用彼得·圣吉的话来讲："精熟自我超越的人，能够不断实现他们内心深处最想实现的愿望，他们对生命的态度就如同艺术家对艺术作品一般，全心投入，不断创造与超越，是一种真正的终身学习。"①在学习型组织里，动机被看成是与生俱来的，学生学习不再是被迫的，学生个人及其团队会主动确定自己的学习日程。组织整体对于学习的意愿和能力则是基于个体之意愿及能力，而这种意愿和能力又取决于个体的自我超越能力。正如斯蒂格勒和赫伯特所言："一种专业的创生并非借助证书或外界的责难，而是借助一种真实意义上的专业知识体系以及能够促进这一知识体系不断完善的机制，借助从事该专业的人员真正改善自身实践的愿望。"②因此，能够自我超越的组织一般都具有共同的基本特质，组织成员对愿景抱有坚定的信念，认为愿景是一种召唤及驱使人向前的使命，而不仅是一个美好的构想。他们把眼前的真实情况看作是起点、支点，而不是负担。他们往往能够联系实际，研究出实现愿景的方向和方法，并凝聚实现愿景的强大力量。

（五）培养团队学习精神，提高组织学习力

传统班级以学生个体性的单独学习活动居多，这种个体性，在很大程度上造成学生经常游离于班级的共同价值之外。学习型班级通过组织学生进行团队学习，赋予学习以群体意义和团队形式，有助于学生形成共同的价值，达成共同的目标，使学生学习与班级和社会发展的目标及共同的价值观联系起来。学习型班级强调学习风气的形成和交流的作用。它是一个动员每个学生参与学习的组织，班级内人人学习，时时学习，处处学习，学生既在班级内获取信息，又为其他同学提供学习资源，学习帮扶，形成一种以共同学习、共同开发个人潜力和互教互学为基础的组织关系，这是一种新型的学习关系。同时，学习型班级以提高学生的发展能力和核心竞争力为共同目标，特别强调学习者的主观能动性和发展性学习，营造一种主动学习的环境，相互交流切磋，共同探讨，使个体内向式的自我学习与群体间外向式的

---

① 圣吉. 第五项修炼：学习型组织的艺术与实务. 2 版. 郭进隆，译. 上海：上海三联书店，1998：8.

② Stigler & Hiebert. The Teaching Gap：Why Our Schools are Failing and What We Can Learn from Japanese and Chinese Education. New York：Simon & Schuster，1999：146.

互学结合起来;发扬团队精神,发展个人与团队的合作关系,使个人的愿望能够通过集体实现,使班级成为个人成长和施展才华的舞台,让个人的智慧成为集体的智慧。

(六)创新评价机制,培养学习品格

现阶段,我国的高职教育基本上以考试作为对学生评价的主要方式,致使大部分学生认为学习的目的就是通过考试,甚至出现大学生高呼"60分万岁"的现象。不可否认,大学生的评价和考核方式更加全面化,比如绝大多数高职院校以综合测评来评价和考核学生,思想品德、文化学习和社会活动等方面各占一定的比例。综合测评成绩的高低与学生评奖评优、贫困资助(通常挂科两门以上就取消资助资格)、入党、就业推荐等等直接挂钩。从形式上看,考核虽仍然以考试为主,但不再局限于成绩。但深入分析一下,可以看出,这些考核仍然是以量化为主,是以显性的指标来衡量的,而品德、态度、价值观这些往往决定一个人发展的本质的指标是难以测量的,因而从本质上来讲,考核仍然是以成绩为主导的。无论是为了评奖评优、入党、就业推荐,还是为了通过考试,拿到毕业证,或者是为实现理想做准备,它们有一个共同点——为了做好准备而去学习。这本身没有问题,问题在于当前学校教育的指向:引导学生过于追求结果,却忽视或轻视了对教育过程的管理,结果必然是学生错过了成长过程中的很多机会。因为有些机会是与他们的愿景不符的,他们的活动也受到限制,行动也会墨守成规,倘若做目标以外的事情,就会被认为是任性、无目的的。这种评价方式导致学生往往带着功利性的目的来学习,而不是把学习看成一个内生性的发展过程。

对高职生而言,学习品格的培养是至关重要的,要使学生们认识到,学习不仅是获取知识和信息的途径,或者谋生的手段,更是心灵的丰富、生命的拓展、人格的完善、思想境界的升华,是一种工作和生活的内容和状态。"大学不仅要培养有知识的人,更重要的是要培养有文化的人。"①对此,教育要不断改革和创新对学生的评价机制,特别注重对学生学习过程的监督和反馈,实现学习过程管理和目标管理相结合,学习的过程评价与目标评价

① 徐显明.大学的文化使命与大学文化建设.国家教育行政学院学报,2009(6):3-7.

相结合，事实性评价与价值性评价相结合，课内学习评价与课外学习评价相结合，及时解决学生学习中存在的问题，在学习的不同阶段给出有针对性的指导意见，注重过程管理和过程激励，培养学生的学习毅力和浓厚的学习兴趣。

第二章　高职院校学习型班级建设的意蕴

教育是上层建筑的重要组成部分，马克思主义原理告诉我们，经济基础决定上层建筑。科学技术的发展对劳动力提出了新的素质要求，教育的重要性也随之提高，生产和教育分离，工人通过教育获得劳动能力，而通过劳动获取生活资料。班级是现代教育培养大学生的一个基本单位，是社会发展到一定历史阶段的产物。

第一节　高职教育的内涵与特色

一、高职教育的内涵

在我国，经济社会的发展以及科教兴国战略，不仅需要高等教育培养高水平的基础研究人才，也需要培养大量动手实践能力比较强的实用型人才。这两类人才，互相促进，互为补充，缺一不可。没有基础研究人才，高科技的发展就缺乏后劲；没有生产第一线的实用人才，企业在市场中就失去了竞争能力。近年来，我国职业教育事业快速发展，体系建设稳步推进，培养培训了大批中高级技能型人才，为提高劳动者素质、推动经济社会发展和促进就业做出了重要贡献。2020 年，专科层次职业教育在校生为 1480 万人。高职院校是高职教育的主体力量，承担着培养实用型人才的重要任务。2019 年 1 月，国务院印发的《国家职业教育改革实施方案》明确指出，中国的发展已进入新的阶段，工业、科技升级和经济结构不断调整且速度不断加快，各类行业对人才的需求转向技术、技能与创新的需求，职业教育的重要性在我国教育范畴越来越显著，发挥的作用越来越得到社会认可。

(一)高职教育

从世界范围看,高等职业教育是经济社会发展到一定阶段出现的一种新型高等教育,旨在培养具有较宽的专业理论和较强的技术实现能力、实际操作或管理能力、能够运用高新技术的人才,尤其是为地方生产、建设、管理、服务第一线培养下得去、留得住、用得上的高级技能型人才,强调的是人才培养的应用性和职业岗位的针对性、适应性。职业教育直接面向行业、企业和市场,有明显的职业性、社会性和区域性特点。某种程度上,职业教育不仅是教育现象,还是经济现象、社会现象。各地区经济发展的不平衡,决定了对人才需求的不同,这就需要多层次、多样化的职业教育和成人教育,高等职业学校正是面向地方需要,多层次、多样化培养高素质应用型人才的教育机构。随着经济建设的发展和产业结构的不断优化调整,出现了一系列新兴行业,如电子、信息、新能源、新材料等,各行各业生产由劳动密集型逐渐向技术密集型转化,对熟练劳动者和中初级人才的需求转为对中高级人才的需求,这种高素质人力资源,需要通过高等职业教育来提供。

《国家中长期教育改革和发展规划纲要(2010—2020年)》指出,发展职业教育是推动经济发展、促进就业、改善民生、解决“三农”问题的重要途径,是缓解劳动力供求结构矛盾的关键环节。毋庸置疑,职业教育提供的是公共产品,是一项公益性社会事业。作为职业教育的重要组成部分,高职教育具备惠及大众、面向人人的公益性,其发展直接关系民生发展与公民幸福,关系社会就业与教育公平,并影响高等教育大众化和教育终身化的进程。“培养人才、科学研究、社会服务和文化传承”是社会公认的职业教育四大职能,培养人才是核心,而工学结合、校企合作是高职教育人才培养的模式。

(二)高职院校

高职院校是我国高等教育的重要组成部分。2022年5月1日起施行的新修订《中华人民共和国职业教育法》强调,职业教育是与普通教育具有同等重要地位的教育类型。在我国,高等职业教育包括本科和专科两个学历教育层次。我国高职院校主要实施的是三年制专科层次的职业教育,经教育部批准,亦有部分国家示范性高职院校(如深圳职业技术学院等)从2008年秋季开始试办四年制本科层次的专业。今后,高职院校有望实施研究生层次(包括硕士和博士)的高等职业教育。2014 年,《国务院关于加快发展现代职业教育的决定》的出台,对职业教育的培养层次进行了进一步界定,今后的职业教育将包括高中、专科、本科和研究生几个阶段,还要有与职业教育特点相符的学位制度,这不仅丰富了职业教育的层次,也改变了职业教育的目标。以前我们的目标是培养技能型人才,现在是技术技能人才,也可以理解为技术人才、技能型人才以及复合型人才。2021 年《关于推动现代职业教育高质量发展的意见》明确,要"一体化设计职业教育人才培养体系,推动各层次职业教育专业设置、培养目标、课程体系、培养方案衔接,支持在培养周期长、技能要求高的专业领域实施长学制培养。鼓励应用型本科学校开展职业本科教育"。高职学生毕业时颁发国家承认学历的大专(两年制或三年制)或本科(四年制)毕业证书,并享受普通高校毕业生的一切待遇。

二、高职教育的特色

我国的高职教育,是为适应技术密集型产业以及新兴产业对一线高层次应用人才的需要,对高等教育内部进行重大结构调整的产物。当下,我们需要一大批各方面的专业人才,一大批高素质劳动者和一大批专业技能型人才。2021 年中共中央办公厅、国务院办公厅印发了《关于推动现代职业教育高质量发展的意见》,强调:"切实增强职业教育适应性,加快构建现代职业教育体系,建设技能型社会,弘扬工匠精神,培养更多高素质技术技能人才、能工巧匠、大国工匠,为全面建设社会主义现代化国家提供有力人才和技能支撑。""职业性"与"高教性"是高职教育的基本属性,高职教育作为一种教育类型,既有高等教育的共性,更有自己的个性品质,即特色。主要表现在:

(一)培养目标上,注重应用型人才的培养

高职院校普遍采用校企合作办学模式,工学结合的人才培养实践为学习型组织理论扎根班级建设提供了沃土。校企合作、产学研结合,是高职院校谋求自身发展,实现与市场接轨,大力提高育人质量,有针对性地为企业培养实用型技术人才的必由之路。围绕市场办学,适应经济社会发展,特别是技术进步和生产方式变革以及社会公共服务的需要,适应各地、各行业对

技术技能人才培养的需要,服务地方经济,是高职教育的办学宗旨。高职教育以适应经济社会需要为目标,围绕着培养高等技术应用性专门人才的根本任务,设计人才培养方案,以"应用"为主旨构建课程和教学内容体系,综合培养学生的知识、能力和素质结构。校企合作、产学研结合是人才培养的必由之路;实践教学是人才培养的主要途径,在教学计划中占有较大比重,重点培养学生的技术应用能力;"双师型"教师队伍建设是提高教学质量的关键;注重创意创新、就业、创业教育,学生毕业就能上岗,与企业岗位需求无缝对接。

(二)办学模式上,青睐"校政行企"合作的多样性和共赢性

依据社会发展对人才需求的多样性和教育资源配置的差异性,以及高职院校办学的创造性,高职教育对接区域经济社会发展的需求,积极吸纳行业、企业等社会力量参与办学,了解行业、企业的需求,实现产业、行业、企业三要素的高度融入,力争建立健全政府主导、学校主体、行业指导、企业参与的办学体制机制,形成"校政行企"四方互惠联动机制,促进高职教育与区域经济社会发展紧密结合。兴办"校外实训基地""校中厂""校中所"等多种形式的实践教学基地,承担校内教师业务进修、学生顶岗实习、课程开发、实验实训室建设等任务;也可根据公司对员工的培训需求,利用学校的师资和场地等资源对公司员工进行培训,使学校和企业真正实现"共生共长,双利双赢"。这有利于整合社会的优势资源,缩短学校与社会需求的差距;有利于学生充分接触社会,提高就业竞争力;有利于拓展教育空间,扩大学校知名度。因此,高职教育要面向区域经济,面向行业企业,在办学上必须打破原有封闭模式,发挥自身优势,积极开展校政合作、校行合作、校企合作,实现高职教育"三个合作"办学,"积极与优质企业开展双边多边技术协作,共建技术技能创新平台、专业化技术转移机构和大学科技园、科技企业孵化器、众创空间,服务地方中小微企业技术升级和产品研发"[①]。

(三)人才规格上,侧重复合型、多证型人才的输出

由于高职人才培养目标是为地方生产、建设、管理、服务第一线培养高

① 中共中央办公厅,国务院办公厅. 关于推动现代职业教育高质量发展的意见,2021.

等技术应用型人才，对于人才规格的要求是学生应在具备必备的基础理论知识和专业知识的基础上，重点掌握从事本专业领域实际工作的基本技能和应用能力，具有良好的敬业精神和职业道德。以适应社会经济建设需要为目标，以培养技术应用能力为主线，设计学生的知识、能力和素质结构的培养方案，毕业生应具有基础理论知识扎实、知识面较宽、技术操作能力强、综合素质高等特点。也就是说，我们培养的人才，既要具备良好的知识结构，又要具备实际工作的基本能力和基本技能，更要具备良好的职业道德和敬业精神；不仅要懂一线的技术，而且要懂一线的生产管理和组织，还要懂得产品的营销知识和营销技巧。因此，人才培养具有鲜明的复合型特征。这种复合型的集中体现就是学生不仅要拿到毕业证，而且应该取得相应的职业资格和技术等级证书。

（四）专业设置上，以职业性为根本导向

教育部《关于推进高等职业教育改革创新引领职业教育科学发展的若干意见》指出：高等职业教育具有高等教育和职业教育双重属性，必须坚持以服务为宗旨，以就业为导向，走产学研结合发展道路的办学方针。专业是高职教育办学和社会经济发展的契合点，高职教育主要面向生产、管理、建设、服务第一线，培养应用型、复合型技术人才和管理人才。这些人才较之理论型、研究型人才，与一定地区的市场、职业、技术等方面都有着直接的、更紧密的联系。因此，高等职业技术教育的专业设置应从市场、职业和技术三个坐标轴来考虑。高职要承担培养高技能人才的任务，所以，高职培养目标的定位必须包括高级技能型人才，尤其是在当前，应是高职培养人才的主要任务。《普通高等学校高等职业教育（专科）专业设置管理办法》（以下简称《办法》）和《普通高等学校高等职业教育（专科）专业目录（2015 年）》，对高职专业设置作出了新的规定。这是我国自 2004 年以来首次颁布新的高职专业设置管理办法。与过去相比，新《办法》扩大学校办学自主权。从原来的“高等学校可在核定的专业类中自主设置和调整目录内专业”，变为“高校依照相关规定要求自主设置和调整高职专业”。《办法》加强了对专业的动态调整力度。原来仅对连续 3 年达不到本省份平均就业率的高职高专教育专业进行调整，而调整措施也只是“减少或限制招生”。按新《办法》，出现

"办学条件严重不足、教学管理混乱、教学质量低下","人才培养明显不适应社会需求,就业率连续两年低于60%、对口就业率连续两年低于50%","须参加准入类职业资格考试,应届毕业生考试通过率连续3年低于全国平均水平"等情况,均面临"调减该专业招生计划或停止招生,并对该专业点进行整改"。连续3年不招生的专业点,将面临撤销。2021年中共中央办公厅、国务院办公厅印发了《关于推动现代职业教育高质量发展的意见》,强调鼓励学校开设更多紧缺的、符合市场需求的专业,形成紧密对接产业链、创新链的专业体系。

(五)教学方面,注重实践性

《中华人民共和国职业教育法》明确指出,职业教育是"促进经济、社会发展和劳动就业的重要途径"。《国务院关于大力发展职业教育的决定》(国发〔2005〕35号)中指出,职业院校要大力推行"工学结合、校企合作"的培养模式。根据笔者对企业和往届毕业生的调查,普遍认为实验实训、社会实践、第二课堂(课外活动)对工作影响力较大(见表2-1)。学生可以从中锻炼动手操作、人际交往等方面的能力,这也是企业最为看重的毕业生素质。

表2-1　2021届毕业生教育教学活动对工作的影响力(多选题)

调查项目	调查结果
基础知识	40.14%
专业知识	37.19%
实验实训	64.35%
课外活动、社会实践	50.23%
其他	2.1%

高职教育以培养生产、服务和管理一线的应用型、技能型人才为目的,在确定了相应的课程以后,教学全过程中的各个环节都必须与企业的实践相结合。这种结合有以下含义:一是人才培养目标要与实际相结合,符合企业和社会需要;二是每门专业课程的教学内容必须是以完成一项实际工作的任务为驱动;三是每一个教学单元都以应用为目的。教学的每一个环节都指向职业实践:不仅是教学的某一个阶段有实践教学,而是实践教学贯穿

教学始终。而那些公共课程，如思想道德与法律基础、就业指导等，也要围绕学生的职业素质培养和职业能力提高来设计教学内容和教学环节。

高职教育的人才培养规格和专业设置特点，决定了课程的开设必须根据职业岗位和实际应用能力培养的需要，设置相关课程，确定课程的内容和大纲。在基础理论知识方面，强调基础课为专业课服务，以“必需、够用”为度，专业课要为学生的上岗就业服务。课程开发的模式应是“就业导向的职业能力系统化课程”，也就是以职业能力分析为基础，面向整个工作过程，把从业所需要的态度、知识、技能和价值有机地整合在一起，既注重职业专门技术能力的培养，也注重学生关键能力（再学习能力、工作能力和创新能力）的培养。

（六）师资力量上，着力于双师型教师队伍建设

高等职业教育培养的是愿干活、能干活、干好活的生产服务和管理一线应用型人才，要求高职院校的教师不仅要掌握专业理论知识，能胜任理论教学；还要提高动手实践能力，能指导学生实训、实践；还要求他们参与企业相关的研发工作，能够帮助企业克服技术难题，开展应用研究。因此，既能讲又能做、既懂理论又会操作、既擅长教学又能科研的双师型师资队伍，正是彰显高职特色的一支重要力量。只有这样，高职教师才有能力培养学生的分析解决问题能力、专业应用能力，才能够为企业开展技术服务，才能起到校企合作的桥梁作用。

这六大特色中，本质特色是人才培养目标和定位的特色，它决定了其他特色的性质和要求，是反映高等职业教育区别于其他教育类型（包括普通高等教育、基础教育、中等职业教育等）的典型的特质。高等职业技术教育最本质的就是培养生产、管理、服务一线所需要的德、智、体、美等方面全面发展的高等技术应用型专门人才。我们在认识和构建高等职业教育其他特色的时候要牢牢把握这一特质。

第二节 高职院校学生的特点

高职院校班级建设是学生工作中最为基础的环节，也是提高学生素质教育的必由之路。一个团结、奋进、健康向上的班级，能够对学生的世界观、人生观、价值观，以及个性和人格产生巨大的正向牵引力。学习型班级理论的核心是培养和发展学生的主体性，主张内化于心，外化于行，强调学生的自我教育、自我管理和自我服务。而当前高职院校对学生的管理，有的沿用中专学生管理模式，有的则照搬本科院校的做法，要么管得太死，要么放得太松，缺乏高职教育学生管理工作的特色。大多数高职院校对学生的特点把握不足，不能根据高职学生成长成才规律来开展思想政治教育和管理工作。导致高职院校学生中普遍存在自信心不足、自我定位模糊、集体观念淡薄、学习动力不足等问题，具体表现如下。

一、思想比较活跃，但自信心不足

社会提供的各种知识资源的丰富，信息网络渠道的畅通，使得新时期高职学生的思想较为早熟和活跃，对事物的发生、发展和社会上负面信息，有自己的认识和见解，民主、平等和自由意识突出，崇尚公平、正义。他们不迷信权威，不墨守成规，敢于挑战传统，自主意识强烈，重视自我价值、自身利益、自我实现，热衷自我设计、自我奋斗。他们在各方面都彰显个人特色，喜欢新颖、有个性的事物，衣着外表、兴趣爱好都追求独树一帜，表现与众不同，喜欢张扬个性，分享心情。

同时，因为高考成绩不理想，很多学生是心不甘情不愿地进入高职院校的。与本科院校学生相比，高职学生自卑心理明显，自信心不强。加之社会上对于高职院校和高职学生认可度不高，企业用人重学历、同工不同酬等现象的存在，学生的思想包袱沉重，他们会觉得现实与自己的人生理想相去甚远，总觉得自己上了“三流学校”，是“二等公民”。这种“等级”阴影使得他们在肯定自我的同时，又觉得处处受人歧视，既满怀信心，又常常迷惘、困惑、怀疑自己。高职生往往也对自己的主体性认识不足，或对自己的认识发生偏差，他们要么有不被重视感和不平衡感，要么有相互歧视心理，要么有逆反心理，自我约束和控制能力较差，班级荣誉感不强，不敢正视自己的高职身份。有些学生由于自卑，甚至丧失了挑战困难的信心和勇气，消极地对待人生。表现在学习上，就是经受不住挫折和失败，一旦考试成绩不合格或不理想，他们就会自暴自弃，容易产生厌学情绪，出现迟到、旷课、早退、逃学或中途退学等情况。

二、动手能力较强，但自我定位模糊

从社会发展趋势和需求来看，在实现中华民族伟大复兴的关键时期，中国必须由制造大国转向制造强国，这迫切需要大量的高素质技能型人才。高职学生有自己的优势。他们或许在理论思维、学习能力、知识掌握和自律能力等方面不如本科院校的学生，但由于其职业教育特点明显，更注重实践和动手操作，技术特长突出，因此在选择职业时，他们更加务实，适应性更强，勇于创新创业。与其他高校的学生相比，高职学生更容易被社会接纳，发展前景也较好，很多高职生毕业后的发展并不比本科生差。但是传统精英教育的思维定式、择业观念却依然沉淀在一部分高职学生身上，他们认为进高职是“迫不得已”，因此仅把高职教育当作跳板，仍觉得“升本”“考研”才是正道。多数高职学生在中小企业就业，心不甘、情不愿，工作态度比较消极浮躁，普遍存在频繁跳槽的现象，这不利于高职毕业生的长远发展，同时也给其就业单位带来了消极影响。这种自我定位的不准确使他们认识不到高职教育的价值，专业理想不坚定，甚至自我感觉前景暗淡。

三、渴望被社会认同，但集体观念较淡薄

集体对学生的教育和成长有着重要作用，绝大多数学生认同集体主义和社会责任感，渴望被认同。在具体的价值选择上，由于一些来自社会、家庭、学校和个人等方面的原因，许多高职学生仅从个人角度考虑问题，不善于或不知道怎样同他人合作，不能协调各方面的关系。主要原因：1. 由于生源地不同，学生的地域性和生活背景的差异越来越大，他们的价值观念不尽相同，这给同学间沟通交流造成了一定的障碍；2. 高等职业院校学分制管理的实施，淡化了传统固定班级的概念，弱化了同班同学的情感；3. 90 后大学生独生子女居多，家庭条件相对富足，不再囿于物质需求的满足，他们普遍追求个性，独立意识较强，再加上互联网的副作用，导致学生参与班级集体活动的积极性不高，集体归属感不够强烈，班级缺乏凝聚力和向心力。在处

理集体和个人的关系时，很多学生把“现实”作为价值观选择的基础，以他们现实的处境和利益需求来进行各种价值判断和选择，崇尚实用，更加注重自我发展、自我实现，关注个人自我成长和未来就业，对集体和社会缺乏奉献意识和奉献精神。有相当一部分学生在个人与集体、奉献与索取等价值观念发生冲突时，倾向于选择个人、物质和金钱。总之，他们在价值观上表现得过于功利化和实用化，同时个人主义倾向日渐凸显，缺乏价值评判标准，在价值观的判断和选择上出现矛盾。

四、有求知欲望，但学习力不足

调查表明，大部分高职学生的求知欲望比较强烈，他们渴望接触新鲜事物，学到真本领，在专业发展和创新创业等方面有所建树，但高职院校的学生在学习上普遍存在以下问题。1. 学习动机不稳，有机会主义、现实主义和功利主义的倾向。高职教育以技能培养为主，部分学生片面理解为突出技能，忽略理论，学习追求实用，致使理论课的学习情绪低迷，而在操作中遇到理论问题又难以扩展和提高自己。学习动机上带有浓厚的功利色彩，为了拿奖学金而学习，为了毕业和就业而学习，为了让家长或老师开心而学习，缺乏理想和职业目标。很多学生热衷“考证学习”，缺少钻研探究精神，而对其他的课程——如人文社科方面的公共基础课，缺乏学习兴趣和学习热情，认为这些课程“用处不大”甚至“无用”。2. 学习缺乏主动性、探究性、系统性和批判性。很多学生没有学习的主动性，没有对学问进行探究的精神。学习缺乏探究性，也就难以产生学习热情和体会学习的乐趣，更缺乏对学科的整体把握，专业知识难以拓展，学习深度受限，进而致使心态浮躁，难以坚持。3. 有些学生的认知能力不高，缺乏有效的学习方法（如认知策略、记忆策略、知识迁移），学习习惯不良，被动地由“老师牵着走”，“从而使得学习效果不佳，学习信心由此发生动摇，学习目标难以达到，心理压力也因此而产生，对考试或某些课程的学习存在一定的恐惧心理，甚至有厌学情绪”①。

---

① 张志杰. 高职院校应重视“学习型班级”的创建. 职业教育研究，2007(8)：129-130.

五、就业有市场，但“软技能”不足

我国进入工业化中期后，社会需要大量的技能型人才，高职毕业生实操能力强，就业要求比较低，就业比较灵活，就业市场潜力比较大。目前雇主对员工的工作态度、职业操守、职业道德、人际关系处理、再学习能力等就业“软技能”十分重视，但由于自身“软技能”与职场要求有较大差距，很多毕业生就业受阻。有调查显示，用人单位最看重员工的责任心、吃苦耐劳精神、团队合作意识和人际沟通能力。但现实状况是，高职毕业生工作责任感与合作意识差；不注重细节，缺乏工匠精神；心理承受能力差；人际关系处理能力差。中小民营企业是高职毕业生的主要就业去向，有调查显示，中小民营企业对高职毕业生满意度最低的三项技能依次为责任心、职业道德和吃苦精神。专业能力可以短期培训提高，而这些“软技能”的培养，短期很难见效。可见，高职毕业生以职业人际适应性为主要内容的社会适应性水平是相当低下的。

高职院校必须突出高职办学特色，建设自己的品牌，加快向内涵发展的转变，着重培养“高素质、技能型”人才，提高学生的核心竞争力。职业教育培养的人才不能再拘泥于“岗位能力”需要，要着眼于人的全面发展，在“能力本位”的基础上，以提高全面职业能力为核心，以致力于人格的完善为目标，培养适应知识经济社会需要的综合职业素质人才。但当下高职教育中的职业素质教育滞后，主要表现在一是重知识传授，轻技能实践，重理论学习，轻企业实践；二是课程体系和教学内容设置不合理，许多专业所学与市场要求不相符，跟不上市场的变化；三是高职教育发展与产业结构的发展、企业需求脱节。实践证明，高职教育的改革发展，必须紧密依托社会，融入产业、行业、企业、职业、实践五大要素，强化职业素质教育的改革。职业教育不但要重视知识传授，更要重视学生的态度养成和情感教育，把培养具有人格特质和核心竞争力的现代公民作为教育目标。

综上所述，当前高职院校学生中普遍存在的自信心不足、自我定位模糊、集体观念淡薄、学习动力不足等问题，究其根源是高职学生的主体性意识不足。学习型班级是对传统班级管理模式的扬弃，旨在通过改变心智模式、团队学习、共同愿景、系统思考等修炼，激发专业学习热情，形成团队竞争力和创新力，引导学生活出自己生命的价值和意义，进而实现个人和班级的自我超越，满足社会对职业教育培养高素质人才的需求。通过建设学习型班级，充分发挥高职学生思想活跃的优势，调动他们的求知欲望和自我超越精神，帮助学生树立自信心，引导学生分辨情绪性张力和创造性张力，学会抑制情绪性张力，发展创造性张力；在班级里形成比学、帮学和互学的积极学习氛围；改变高职学生既成的心智模式，使他们认识到自己并不比本科生差，只要本领强，一样可以得到社会高度认可，进而树立自信心；通过团队学习，培养高职学生的团队合作意识，使学生切身感受到团队智慧高于个人智慧；帮助和支持学生建立个人愿景，由个人愿景升华为班级共同愿景，使他们在集体中获得更高质量的成长；培养高职生系统思考的能力，善于从辩证的、整体的、全局的、运动的、本质的角度去观察和思考问题等等，这正是构建学习型班级的要义所在。

第三节 高职院校学习型班级的内涵

一、学习型班级及相关概念界定

班级建设是与课堂教学并列的、相对独立的实践领域。每一时期的班级建设都带有那个时代的印记，体现着社会发展的概况与时代精神，这也反映了班级建设具有时代局限性。班级建设过程中需着眼于时代中的问题，进行深刻分析、理性批判、创造性超越。此外，班级建设虽然在很大程度上是本土的，但也需要体现全球与全人类的教育诉求，因为班级建设是指向未来公民培养的，而世界公民身份正日益彰显。

（一）班级

1. 班集体

班集体是在教学班的基础上形成的。新中国成立后，我国将班级建设定位于建设班集体。其理论基础源于苏联安东·马卡连柯工学制的集体主义班级建设,它具有集体主义、社会主义意识形态属性,强调集体自觉、理性的纪律和学生集体的主体性。这从1992年国家教委编纂的《学校班集体建设辞典》中可窥见一斑。1990年代末,随着高校扩招和市场经济的发展,管理主义倾向逐渐取代集体主义,班集体被看作是管理和教育的对象,学生的主体地位被无视。班级由此被理解为学校按照教育培养目标,把年龄特征和文化程度相近的学生组合起来,分成不同级别,再分成具有一定人数的班,以便进行教学和管理的组织。班级作为组织的一种形式,它是学校根据一定的任务、按照一定的规章制度组织起来的,有目标、有计划地执行管理、教育职能的,正式的、有一定人数规模的学生群体。"它既是开展教学活动的基层组织单位,又是学生生活及开展活动的集体单位,也是学校教育管理工作的基本单位。"①它是学校教育、教学的基层单位,代表的是一个地点和一个集体,以及这里所展现出来的某种精神面貌,它既是教育的对象,也是一种教育资源。班级的产生和发展就是为了更好地履行教育培养人的职能。

从社会学的角度来看,美国教育社会学家塔尔科特·帕森斯认为班级是一种社会体系,班级履行的是个体社会化和筛选功能。吴康宁强调班级是一种社会组织,有目标、机构与规范三个基本要素。对学校和教师而言,班级是对学生进行思想政治和品德教育、知识教学、技能训练及素质拓展等教育活动的基本单位;而对学生来说,则是学习、成长与成才的人生场所,是认知世界、学会生存、学会做人、学会合作的"生命舞台"。班级的发展是学生成长历程中阶段性的缩影,它作为一个微观社会环境,是学生与宏观社会环境沟通的载体,是学生个体进入未来社会的通道。班集体的凝聚力、舆论直接影响学生的心理情绪、学习热情,是教学过程最优化的保证。完成教育教学任务,促进每一位学生更好地学习,是班集体建设的工具性价值。

衡量一个班集体组织水平高低的标准如下。第一,群体目标导向的亲社会性与成员对目标的内化程度。也就是说,社会的要求被班级成员认同

① 全国十二所重点师范大学联合编写.教育学基础.北京:教育科学出版社,2002:239.

且内化为自己的抱负的水平。第二，健康舆论集体的整合性与对成员的参照水平。一个团结的、对原则问题有一致认识和高度情绪认同的组织，必然有统一的、对成员起参照作用的舆论。第三，人际关系的民主平等性与成员的归属感水平。班级成员彼此能够心理相容，每个人在组织中都有归属感、满意感、责任感和义务感。第四，共同活动的动机、目的、价值的中介性与成员对活动的积极性水平。以具有积极社会意义的共同活动为中介，班级成员才能形成各种特殊关系。第五，管理与自我管理机构的完善性与成员的自主、自觉性水平。这是班级形成教育主体、教育力量的保证。第六，班级成员的个性与能力得到充分发展。① 由上可见，现在的班集体概念侧重“集体”，指向班级管理、班级组织，同时班集体对学生的个性、德性养成也有重要作用。

2. 班级共同体

教育领域的共同体是由杜威的“民主共同体”发展而来的，后来发展出学校共同体、班级共同体、学习共同体、教学共同体、学生共同体等概念。杜威主张“实验主义”“工具主义”，因此他的共同体仍然带有管理主义的色彩。现代教育意义上的共同体是由学习型组织发展出来的，它强调组织内部的共同愿景和团队精神。萨乔万尼②《校长学：一种反思性实践观》(2004)认为，学校共同体意味着学校中的一些控制，由外在的强制力转为内在的、基于自然意愿的、相互联系的团队精神，每个人也从“我”转为“我们”的集合体。德国社会学家斐迪南·滕尼斯在《学校的挑战：创建学习共同体》中将学习共同体作为学校改革愿景，主要包含公共性、民主主义、卓越性三大原理，意即宽容与尊重、平等与合作、挑战与提高，实现每一位教师与学生的学习权。他认为：“共同体是基于情感、习惯、记忆以及地缘和精神而形成的一种社会有机体，每个共同体成员具有共同的传统和价值观，彼此相互依存，亲密互动，形成共同成长的整体。”③佐藤学将自己的理论与实践相结合，重新定义学习、教师、课程、学校这些概念，学习共同体指的是学习者以学习为

① 余文森，王晞. 教育学. 北京：北京大学出版社，2009：190.

② 托马斯·J. 萨乔万尼，美国当代教育管理学家。

③ 滕尼斯. 共同体与社会. 林荣远，译. 北京：北京大学出版社，2010：146.

中心并拥有共同的愿景与追求，在相互协同合作下学习与成长。他倡导将学校作为以“学习”为核心的学习共同体，强调过去以“竞争”为主流的教育应转变成以“共享”为原则，使人与人之间走向团结。可以说，班级共同体是对班集体建设的一种超越，是指向适应未来现代化发展方向的一种班级形态。社会学家J. W. 盖哲尔提出，班级涵盖了三个方面的内容：制度、个人、团体。他认为班级活动通常受两方面因素的影响：一个是制度，一个是个人。① 前者指制度中的角色期望，即社会体系及文化规范对班级中的学生和教师提出的要求，属团体规范层面；后者指个体的特质与需要倾向，属于个人情义层面。因此，班级共同体是一个多维度的概念，整合了“管理”与“辅导”，凸显了班级教育性的变革理论基础，集班级学习、班级管理、班级文化、班级伦理于一身，是班级成员在课上课下、课内课外共同学习生活中形成的一个有生命特征的组织，是一个个体之间有机关联、个体对群体认同参与、个体在群体中共同发展的“生命共同体”“学习共同体”“民主共同体”。无论是在学习还是管理中，平等尊重、协商沟通是贯穿始终的不变法则。

总之，在“集体”视角下，我们更多的是对作为“集体”的班级在外部强制性地施加影响，却忽略了对个体生命体的关照。“集体学习”强调的是集体或整个班级的同一性、一致性，这种学习方式就是整齐划一的教学方式所带来的结果，学生在同等的时间内吸收一样的知识，学到的知识、得出的结论都是一致的，那些不同的想法只会被扼杀。班级共同体作为班集体的一种超越，在“共同体”视角下，其内涵更加丰富，倡导“个性化”和“实践”，追求“异质性”的协同学习，强调学习正是在差异之中产生的，任何一个人的想法和观点都是值得尊重并且有其价值的，学习就应该追求学生多样的见解与思考。学习型班级正是在“共同体”意义上来主张构建学习共同体的。

（二）学习

《现代汉语词典》对“学习”是这样解释的：“从阅读、听讲、研究、实践中获得知识或技能。”学习就是掌握自我提高的方法，通过不断练习而获得知识的增长。本书的学习概念主要有四个层面，即传统意义上的学习、学习型

① 魏国良. 学校班级教育概论. 上海：华东师范大学出版社，1999：3.

社会中的学习、组织学习意义上的“学习”和学习型组织的“学习”。

1.传统意义上的“学习”

不同学科对学习的界定不同。教育学所谓的“学习”，往往是指人们掌握知识与能力的一种特殊活动。学习会导致某种改变，如获取知识、发展智能、提高素质、改造行为、熟悉技巧、转变态度等。心理学则将学习视为通过认真听讲、广泛阅读、反思探究、反复实践等手段获得知识、技能或智慧的过程，是个体“由经验引起的、潜在的、相对持久的行为发生变化的过程”①。因此，学习就是通过了解和感知积累起来的已有经验，以便产生进步或变革，即学习就是对不断变化的环境做出适应的过程，主动适应会产生主动学习，被动适应则产生被动学习，是刺激—反应的结果，是防御性、机械性的。

传统意义上的学校中的学习，通常指的是一种在教师指导下，师生相互作用的认知活动。它是一个由不知到知、由浅入深、由简单到复杂、潜移默化、旷日持久的积累过程。传统的学习，内容上重书本而轻实践，对象上重知识轻能力——尤其是创新能力，形式上重个人学习而忽视团队学习，途径上重授课听讲、读书、学术研究、实践等，模式上重个人学习而忽视团队学习。传统的学习是一种再现、继承和运用知识的行为。学习是一个行为发生改变的过程，经过学习改变的行为具有一定的持久性。学习也包括行为改变后所获得的结果。

2.学习型社会中的“学习”

童潇在《走向学习型社会:社会发展的第四级台阶》一书中对其做了全面诠释。他把社会学习放在一个四维框架里:“学习层面维度:这是指社会学习发生的若干层面，包括四个层面(个人、组织内、组织间、系统)，缺一不可。学习类型维度:这是指对社会学习的具体情况可以加以分类。一般地，作为条件反应的学习与作为反思、内省的学习之间有着区别。学习模式维度:学习的模式可以分为认识型、文化型、行动型。学习过程维度:社会学习的过程可以分为五个不同的阶段，鉴别、归纳—创造、扩散、整合、行动。”②

① 张翠珠.学习型组织与组织学习初探.成人教育，2008(12):4-6.

② 童潇.走向学习型社会:社会发展的第四级台阶.上海:上海三联书店，2004:38-39.

终身教育是学习型社会的核心。

3. 组织学习意义上的“学习”

组织学习是指学习过程和手段在个人、团队和系统层次的有目的运用。克里斯·阿吉里斯和唐纳德·舍恩是组织学习理论的开创者,领域内公认的权威,1978 年他们在《组织学习》一书中将其定义为“发现和纠正错误的过程”。他们认为,组织的学习是通过组织成员的学习来实现的。阿吉里斯指出:“组织学习是所有组织都应该培养的一种技能。优秀的组织总在学习如何能更好地检验并纠正组织中存在的错误,并且探求他们何时能检测并纠正这种错误。同样,组织学习越有效,组织就越能够不断创新并发现创新的障碍所在。”①阿吉里斯认为,组织学习体现为组织中个人和群体在知识、信念、思想认识等方面的交流与共鸣。彼得·圣吉将组织学习定义为“对经验的不断检查并将这种经验转化为知识,并将知识提供给整个组织和与其核心目标有关的人”。个人学习是组织学习的前提和基础,但组织学习不是个人学习的简单累加。“当个人(或群体)学习的产出能够在组织的层次实现时,才变成‘组织的’学习。”②组织学习是一个持续发展的过程,是组织通过各种方式和途径,不断地获取知识、信息和资源,并在组织内传递以创造出新知识,增强组织自身实力,带来行为或绩效改善的过程。

关于组织学习的研究主要集中在两个方面。其一,组织如何监测和发现自身的错误,并根据其生存环境的变化而持续主动地做出调整与修正,从而使其行为发生持久的改变。它着重探讨组织学习与组织政策支持的关系,研究发现和克服组织学习的障碍,如组织的习惯性防卫等。其二,组织如何通过学习更好地转化、应用与创造知识。它着重探讨学习与知识、知识管理的本质联系以及组织学习与组织变革的关系等。学习型组织实质上就是上述两方面研究主题和研究成果及其实践的集中体现。

4. 学习型组织的“学习”

它不仅仅指知识或信息的获取、智力的开发,也包括思维模式的改变、

---

① 阿吉里斯. 组织学习. 张莉,译. 北京:中国人民大学出版社,2004:序言 4.

② 姜伟东,叶宏伟. 学习型组织:提升组织的学习力. 南京:东南大学出版社,2002:67.

观念的更新、行为模式的改善、理论的认知和研究，还包括实践的、行动的、经验的认知和实践，并且保持不断创造和创新，提高自身能力以对变化的环境做出有效的应变，实现对生命的探索和追求。学习也是组织成员对环境、竞争者和组织本身各种情况的分析、探索和交流过程，它会增强个体和集体取得自己真正想要的结果的能力。学习型组织中的学习是源于人们心灵深处的根本转变和提升，通过学习，人们重新认识自我，突破自我，超越自我，塑造自我，达成愿景，并能够进行持续不断的超越和创新。学习不仅是一种教育方式，更是一种生活方式，整个生活世界都是学习场域，学习即生活，生活即学习，生活与学习融为一体。正如圣吉所说："真正的学习，涉及人之所以为人这一意义的核心。"通过学习，我们重新创造自我；通过学习，我们能够做到从未做过的事，重新认知这个世界及我们与它的关系，并扩展创造未来的能量。

作为学习型组织的分支，学习型班级的"学习"，首先不仅限于单个学生，而是班集体的学习，强调全员学习、全过程学习和团体学习。其次，强调学习日常化、常态化，这种学习应是持续不断的，长期终身的，把学校组织的各种活动、社会实践、学生组织和社团工作过程看成是学习的过程。最后，此种学习是产生变革性的学习，涉及整个思维方式或心智模式的转变，不限于学懂或学会某一领域的某一具体知识，而是深入哲学的方法论层次，学习要求学生破旧立新，摒弃陋习，以实现心灵的感悟。

(三)学习型组织

严格意义上讲，至今还没有比较完整、公认的学习型组织概念的界定。学习型组织理论的开创者彼得·圣吉从五项修炼、学习实践等方面分析并勾勒了其本质，他认为，学习型组织是一个"不断创新、进步的组织，在其中，大家得以不断突破自己的能力上限，创造真心向往的结果，培养全新、前瞻而开阔的思考方式，全力实现共同抱负，以及不断一起学习如何共同学习"①。他认为："学习型组织，就是持续开发创造未来的能力的组织，学习型组织建设没有终极目标或形态，只有终身学习实践的过程。"学习型组织

① 圣吉．第五项修炼：学习型组织的艺术与实务．2版．郭进隆，译．上海：上海三联书店，1998：3．

的本质是一个深层的学习循环，它通过触摸人们的认知和感知，改变个人和组织的态度和信念，进而产生新的技巧和能力，这样不断循环，促进个人和组织不断提高认知水平，提高实践能力（如图 2-1 所示）。这些环节总是相互影响的，其中一个环节有变化，就会引发各个环节变化，深层学习循环的动力来自五项修炼的实践者。“伟大的团队就是学习型组织——一群人在经过一段时间后更有能力创造他们真正想要创造的东西。”①

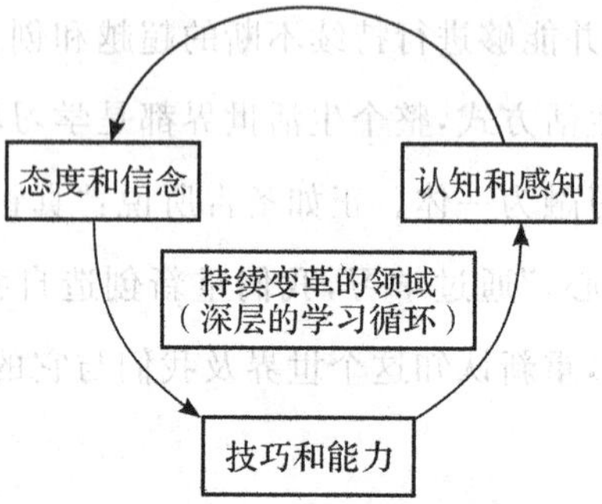

图 2-1　学习型组织的本质——深层的学习循环

彼得·圣吉强调，真正的学习会触及做人的意义这个核心问题。通过学习，人们得以重塑自我，去做从前做不到的事，重新认识世界及自身与世界的关系，拓展创造未来的能量。学习型组织不再局限于适应性学习或生存性学习，而是与“生成性学习”（增强人们创新能力的学习）相结合。有关学者和实践者也从各自的视角进行相关界定，以使人们更好地认清学习型组织的性质和特征，更好地推进创建实践。

沃特金斯和马席克认为，学习型组织就是通过不断学习来改革自身的组织，学习是持续性的且可以战略性运用的过程，可以统一到工作中，或者跟工作同时进展。学习在个人、团体、组织或者组织间相互作用的过程中产生，它不仅导致知识、信息、思维、信念和行动的变化，还会增强组织的革新能力和成长能力。因此，“学习型组织是以全体成员的参与为特征的、以实现共享的价值观和原则而协调行动并集体担负责任的组织”。② 实践导向的学习型组织研究者大卫·加尔文提出：“学习型组织是指能够熟练地创

---

① 圣吉．第五项修炼实践篇．张兴，等译．上海：东方出版社，2006：67.

② 俞文钊．管理的革命：创建学习型组织的理论与方法．上海：上海教育出版社，2003：15.

造、获取、解释、转移和保留知识，并根据这些新知识和观点，自觉地调整自身行为的组织。”①

奥布赖恩——汉诺瓦保险公司前总裁，他以人本理念为基础，认为学习型组织就是要建立更加符合人性的组织模式，成功的学习型组织需要分散权力，加强自律；要有发达的系统思考和简约的技巧；能够改善对话艺术，形成自愿服从的组织氛围。② 加尔文认为学习型组织“精于建立、获取、转换与创造知识，同时能利用所获取的知识来改变组织行为方式，以反映新知识以及观察力之获取”。

孙本初认为，学习型组织实质上就是一个不断学习与转化的组织，甚至是与组织互动的社群。组织内个人、团队、整体组织是其学习始点，学习是一种策略性、持续性运用的过程，它与组织个人日常工作相结合。这种组织学习的结果可能导致组织成员认知、态度、知识和行为方式等方面的改变，进而强化组织创新和成长的动力。

汤佩铮认为学习型组织的基本内涵是：人们通过开创性的和持续的学习，不断扩展并创造未来的能量；培养全新、前瞻而又开阔的思维方式；学会合作学习及整体的动态搭配、参与、沟通、协同行动，全力实现共同的愿景；能够适应瞬息万变的环境，通过不断变革、创新，推进企业的发展并塑造全新的自我。

根据上述学者对学习型组织的界定或概括，可以得到以下启示：持续学习是其核心理念；增强竞争力、创新力和发展能力是其根本目的；主动性、团体性、融合性和共享性是其根本特征，人本理念既体现其方法论，也展示其价值观。

（四）学习型班级

借用学习型组织的观点，学习型班级是学生善于从日常学习、生活和班级活动中获取、提炼和创造各方面知识，并以这些新知识、新理念和新见解为指导，不断修正自己的行为、努力实现共同愿景的班级。学习型班级的实质如下。一是学习型班级是全体学生全身心投入并有能力不断学习的班

① 加尔文. 学习型组织行动纲领. 邱昭良，译. 北京：机械工业出版社，2004：58.

② 圣吉. 第五项修炼实践篇. 张兴，等译. 上海：东方出版社，2006：110.

级。当今社会竞争的实质是个体和组织的学习力竞争。学习型班级最要紧的是通过集体教育的力量培养学生的学习力，包括学习动力、学习毅力、学习能力和学习品格等。组织学习可以激发情感、点燃智慧、净化灵魂、成就人格、提升生命、形成团队竞争力和创新力，进而实现个人和班级的自我超越。二是学习型班级是让全体学生体会到工作和学习中生命价值和意义的组织。心理学家马斯洛认为，人的需求有生理、安全感、归属感、人的尊严和实现自身价值五个层次。只有受到尊重、在学习中体验到自身价值和意识到生命的意义时，学生才会乐于学习。三是学习型班级是通过学习创造自我、扩大未来能量的组织。在学习型理论指导下，按照班级建设的规律性认识，设法使班级每位学生全身心投入班集体建设中，有目的有计划地开展班级工作。学生在班级组织中既能保持组织的发展，又能富有个性地发展。层次扁平化、组织信息化、结构开放化、逐渐由从属关系转为工作伙伴关系等，是学习型班级主要内涵和特点。

1. 班级愿景透明、有成长性

共同愿景和共同价值观引领班级成长，为群体提供前进方向。班级共同愿景既来源于个人愿景，又高于个人愿景，是在集体广泛讨论和认同的基础上形成的，应该和个人愿景有机统一。学习型班级的学习建立在个体学习行为的基础上，受团体共同愿景感召，共同愿景成了整合个体学习、调整个体方向的无形力量。自我超越为班级发展的内驱力，班级鼓励、创设不同情境和机遇，为个性化发展提供条件，鼓励、赞赏超越及创新。

2. 班级管理自主化、全员性、轮岗制

班级管理不再仅仅是辅导员、班主任、班委的事情，班级成员变被动接受为主动参与，形成“我为人人，人人为我”的班级建设氛围。班委不再是辅导员或班主任指定的，而是以任务为导向，以学习团队为形式，依据个人的能力倾向、特长、兴趣、爱好、心理状况等综合性情况，以及个人在团队中的表现，充分考虑到个人的成长和价值来科学地选择，或由团队成员推荐最合适自己的职位，使学生能够在工作中充分地调动和发挥积极性、主动性和创造性，充分挖掘个人的潜力。

3.具有扁平化、柔性的组织结构

传统的班级层级较多,等级分明,信息交流不畅通,指令性信息的信号衰减现象严重;学习型班级结构扁平化,教师和学生之间直接对话。所谓扁平化指的是减少了组织管理层次和管理职能部门,使得组织成员之间的信息交流更为通畅便捷,不仅在制度距离和空间距离上,更是在情感距离、心理距离和思想距离上,尽可能实现"零距离"的互动。所谓柔性,是指在组织结构上改变传统班级的行政结构,代以一些临时性和主题性任务为导向的团队式组织,这种组织模式能够有效避免传统模式中权力过于集中的管理弊端,实现稳定的统一。在学习型组织中,"人们自己真心渴望的得以创造,能力可以持续拓展,各种开阔的新思想得到培养,集体的热望得到释放,不断学会共同学习"①。

4.注重系统思考,改变行动和思维模式

系统思考,即把班级视为一个有机整体,对待任何一部分变动都会产生"波动效应"。学习型班级应该是不断变化着的整体系统,并且具有时间性、空间性。所以,考虑问题时,鼓励人们要整体而非局部地、动态而非静止地、本质而非表象地思考。应该从班级整体利益考虑问题,而不是把学生看作彼此利益冲突的个体的简单聚合。辅导员、班主任及专业教师应有系统的教育观、管理观和组织观。

5.班级系统开放

学习型班级发展具有交互性、开放性和动态发展性。学习型班级从组织的外延边界看,实际上呈现模糊状态,无法对其边界准确区分和定义。模糊性的另一个表现就是班级的开放性,班级这个组织和学校、企业、其他班级等组织之间同样呈现交互和开放的姿态;而从组织内部看,班级内所有的成员之间同样呈现交互发展和开放的状态。学习型班级能够为了实现班级的发展目标,调动能用的一切资源,做到信息互通有用,资源彼此共享,具有开放性。

---

① 圣吉. 第五项修炼:学习型组织的艺术与实务. 2版. 郭进隆,译. 上海:上海三联书店,1998:98.

6. 具有民主和谐的班级文化氛围和组织环境

与传统班级文化不同，学习型班级的文化的主要特点之一是坚持民主，它是一种能够贯穿学生人格独立、教学相长理念的文化。在班级中，所有成员视彼此为学习伙伴、平等对话，而不是重视等级、强调服从；这种新的班级文化是体现敢于批判、反思、扬弃、追求发展和鼓励自我超越精神的文化，是培养高质量学习品质和高尚人格的文化，是勇于创新的文化，是充满个性特征的文化。

7. 鼓励自主学习、合作学习、研究性学习和团队学习

发达的信息交流网络促进经验和信息的共享，信息共享可以促成新的领悟、新的发现、新的创造，知识不是累积式的而是生产式的。学习型群体强调群体内的交互作用，个体发展和群体发展是相互作用的，群体是同伴式的，群体成员之间、个体和群体之间积极地相互作用、相互支持和共同成长。倡导反思和批判的思维模式，个体对群体的各个方面进行质疑、批判和改进。个体发展使团体变得团结，相互支持更易实现，群体发展能为个体发展提供支持、安全、友谊、知识和个人梦想。学习型班级建设就是个体学习力和团队学习力共同提高的过程，两者相辅相成，互为依托。其中团队学习力是由个体学习力所决定的，是对个体学习力的有机整合，而不是简单叠加；而个体学习力是团队学习力的有机组成部分，它既独立存在，又与团队学习力息息相关。

综上所述，笔者认为，所谓学习型班级是指：通过开发共同愿景、团队学习技能，改变心智模式，引导个体和组织学会系统思考、自我超越，使其能自觉自由地实现个性全面发展，民主的、开放的、有机的和自主的正式群体。在学习型班级中，弥漫着积极的文化追求，学习成为一种生活方式、生存方式、发展方式；全体成员在共同愿景下，进行团队学习，改善心智模式，鼓励所有成员自我超越，进行系统思考。因此，学习型班级更重视组织学习，而非个体学习；要求持续学习与改变，不断进行自我超越，以突破自己能力的上限；共同创造人人学习、处处学习、时时学习的理想学习环境和浓厚的班级学习氛围，不断领悟如何共同进行团队学习，以全力实现共同的抱负。学习型班级是一种发展性的学习组织，其宗旨是创设条件，不断开展学习境界

教育，教师的职责是教导学生“会学”而不仅仅是“学会”。

（五）学习型班级建设

学习型班级建设指向班级的未来发展，在时代与国家发展中、学校发展中以及学生的个体社会化中，发挥着建设性的作用。建设性本身也隐含了批判性与解构性。因此，在班级建设中，我们应以批判与理性的视角去审视班级建设的理论与实践，为了建设而反思，进而建构。这也意味着班级建设中可能会出现迂回与徘徊、困境与失误。传统的班集体建设顺应了当时的社会发展趋势，满足了社会发展需求。而今，我们探讨、摸索新的班级建设范式，应在传统班级建设范式的基础上，合理打破、重构并超越。

二、几个相关概念的区别

（一）学习与学习型的区别

从“学习”到“学习型”，是质的改变。对组织和群体而言，“型”乃固定的模式，是群体与组织发展和成熟的标志，是制度化、规范化、秩序化的表现，可概括为共同价值观念的确立：组织与成员树立一致的价值取向，建立规范体系，个人对组织的高度认同，形成群体的凝聚力。学习型是一种整体行动模式，一是表明学习是组织内所有成员的共同责任；二是表明要使学习成为个体的生存之基、成长之道；三是表明要使学习内化为组织的基本特征，成为组织的基本标志。也就是说，更加强调把学习作为整体性要求，作为组织成员的共同责任，要求全员学习；更加强调学习是一个长期过程，要把学习制度化、机制化。

（二）传统班级与学习型班级的区别

传统班级虽然也以学习为主要任务，但更多的是承担管理职能。班级管理往往是为了最大限度地避免错误和突发事件，是典型的权威式和外控式管理，要么强调以教师统治为主导，要么强调以安全和纪律约束为主导。依靠组织职权，把一切事务都规范化、标准化，实行强有力的控制，结果忽视了人的情感、态度、价值需求以及发展，漠视非理性教育，妨碍了学生主体精神的发展、独立人格的形成，以及潜能、个性的激发与培养。因此，传统班级管理较多地表现为整齐划一的强制性管理，体现个性化和自主性的培养少；在教师的使命上，强调教师规范性教育和管理功能多，而教师自身的学习价值体现少；传统式的常规活动多，而动态式的创新型教育活动少。班级管理一般以强调抓好学风、班风和舍风，管好班干部队伍，促进后进生的转化为主。班级整体凝聚力不强、同学间人际互动少、班级文化缺失等，是高职学生班级认同危机的普遍表现。

学习型班级强调管理的教育功能，重视发挥管理中的柔性功能，即注重通过价值导向功能、信念支持功能、情感凝聚功能、愿景和志向导向等来实现管理目标和教育目的。学习型班级的标准不在于有没有学习活动，而在于这个组织及其全体成员学习的自觉性、主动性以及终身学习的观念和善于学习的能力，还有在此基础上形成的组织的活力、凝聚力、批判力、竞争力、创造力、反思力等等。它以尊重人、开发人为出发点，更关注人的高层次需要，培养人的潜能，促进人的价值提升。处在学习型组织环境中的学生，会逐渐树立勤于探究、敢于实践的思维习惯，养成创新型品质。如果把学习型班级与传统班级相比较，二者主要区别见表 2-2。

表 2-2 学习型班级和传统班级比较

主要特点	班级类型	
	学习型班级	传统班级
班级的理论基础	学习型理论与经验相结合	经验主导
班级建设目的	侧重教育功能，促进人的素质的可持续发展	侧重安全和纪律管理
班级制度	柔性(灵活性)	刚性(强制性)
班级管理方式	人人参与式治理	能者管控式
班级文化	开放、合作	偏向服从、竞争
学习激励	内在激励和外在激励相结合	偏向外在激励
学习者主体特征	对学习目标有认同感；对班级有归属感；主动学习	学习目标由老师制定；班级管理依赖上级指令；被动学习
学习目的	强调学会学习、学会思考、学会开发智力	强调学会(侧重知识获取和技能训练)
学习形式	个人学习、单环学习	团队学习、双环学习

总之，学习型班级不同于传统班级，主要表现为以下几点。一是把班级建设的重点从工作上和人物的因素上转到人的因素上来，突出人在班级建设中的主体地位和作用，实现以人为中心的管理和可持续发展。以激励人的行为和调动人的内在积极性为根本，组织学生积极、主动、创造性地完成学习任务，从而实现学习型班级建设的目标。二是建立在团队协同校正的基础上。学习型班级的学习力不单单有赖于个人，同时有赖于班级中的人际互动。学习型班级在志向性目标、共同愿景以及对如何互助互补的理解和学习等方面，都协同一致。团队中的个人，并没有为了团队的更大愿景而牺牲个人利益，相反，共同愿景成了个人愿景的延伸和扩展。三是扁平化的班级结构。在学习型班级中，教师的角色是设计师、仆人、教练，发挥着组织、服务、指导和管理的功能，教师与学生之间是伙伴式的关系，谁正确听谁的，因此个体学习效率和学习质量很高，班级的学习力很强。在学习型班级中，每个学生都善于学习、勤于学习和创造性地学习，班级弥漫着全员学习、全过程学习、团队学习及终身学习的浓厚气息。

(三)班级管理与班级治理的区别

19 世纪末 20 世纪初，泰勒科学管理理论的出现标志着管理学的形成。在管理学的发展过程中，学者们从不同角度对管理的概念做了表述。1978 年诺贝尔经济学奖获得者西蒙提出“管理就是决策”，1916 年法国管理学家法约尔提出“管理就是实行计划、组织、指挥、协调和控制”。管理一词在《辞源》里是指主持或负责某项工作，有经管、料理、约束、照管等含义。杨文士、张雁主编的《管理学原理》一书认为：“管理是指一定组织中的管理者，通过实施计划、组织、人员配备、指导与领导、控制等职能来协调他人的活动，使别人同自己一起实现既定目标的活动过程。”[①]传统的管理有“权威、命令、居高临下、地位不平等”的特点，将被管理者置于从属地位。由此推出，班级管理是指班级的管理者通过计划、组织、领导、控制等方式，对其可调动的班级内部组织资源进行优化调配的过程，目的是实现班级的发展目标。班级管理者往往通过设计各种严密的管理制度和规章来“控制”学生不做“出格

---

① 杨文士，张雁．管理学原理．北京：中国人民大学出版社，2005:5.

事”,带有命令、惩罚、规定、管控等强制色彩。对学生的管理方式和方法都显现简单粗暴的特点,要求学生无条件地服从管理。在这管理色彩浓厚的背景下,培养出来的学生缺乏个性和创新精神。

治理是政府的一种行为方式和治理工具,1980 年代以来在全球范围内兴起。在有关治理的各种定义中,具有代表性和权威性的是全球治理委员会的定义。1995 年,全球治理委员会出版的《我们的全球伙伴关系》提出,治理是指“各种各样的个人、公共的或个人的团体处理其共同事务的总和”,由此,“各种相互冲突的利益和不同的利益可望得到调和,并采取合作行动”①。随着社会主义现代化建设的推进,我国顶层设计越来越重视治理的效能,在社会治理、治理体系、政府治理、治理能力等方面把“管”改为“治”,以“治”代“管”的民主意识越来越强。就本书的班级治理而言,概括地说,主要是指多个主体参与其中,共同管理班级事务并承担责任的过程,是一个多种机制上下互动、多种资源相互整合的过程,其特征具有多元性、民主性和协同性。“班级治理”正是学习型班级倡导的理念及其运行的组织模式。

班级管理与班级治理的区别,可以归结为以下几点。首先,主体的角色定位不同。班级管理的主体往往是辅导员或班主任,学生中班委发挥辅助作用,管理权局限于少数人手中。班级治理的主体是多元的,特别是跟学生成长成才利益相关的辅导员、班主任、学生、企业导师、行政部门、教学部门、家长、社会团体等,但班级治理的主体是学生,辅导员或班主任等其他人员发挥辅助作用,治理权在每位学生手中,充分发挥学生自我管理、自我教育和自我服务的功能。第二,权力实施的方式不同。班级管理的基本方式是控制,用征服和控制实现班级安全有序发展,管理权的行使向度是自上而下的。班级治理的基本方式是服务和协调,各成员都平等分享治理权,进行互动、协商与沟通,不存在控制与被控制,是自上而下的管理和自下而上的参与相结合,治理形式更扁平化。第三,目的不同。班级管理的目的主要是维护班级秩序、安全和纪律,提高管理效率。班级治理的根本目的是以人为本,重视班级成员之间的平等对话,实现每位学生的全面发展,强调发扬学

① 全球治理委员会. 我们的全球伙伴关系. 香港:牛津大学出版社,1995:23.

生的主动精神，突出学生的个性和创新意识。

第四节 高职院校学习型班级建设的主体

传统班级建设的实施主体主要是辅导员、班主任、班委等，班级成员是被管理的对象。随着高等职业教育校企深度合作的发展，其办学模式要求建立一种由学校、社会、家庭共同参与的、基于合作伙伴关系的、多元化的高等职业教育办学模式，因此，学习型班级建设的主体更加广泛，但这些主体是分层次的。

一、学校——学习型班级建设的主导者

学校因素中的师源性支持、培养理念、培养方式和校园氛围对学习型班级建设有重要的影响，学习型班级建设是一个系统的工程，从学校主管学生工作的校长到学工处处长，从分院主管学生工作的党总支到辅导员和班主任，再到任课老师，需要自上而下的支持和全员参与。其中辅导员和班主任是班级的直接管理者。他们与学生接触的时间最长，对学生的影响最大，他们的专业化程度直接决定着学习型班级建设的水平。任课老师则是班级教育工作的重要力量。

（一）教师

1. 辅导员

随着社会分工和职业的发展，辅导员队伍已成为高职院校的专职学生工作队伍。2006年《普通高等学校辅导员队伍建设规定》（教育部第24号令）第六条明确规定：高等学校总体上要按师生比不低于1:200的比例设置本、专科生一线专职辅导员岗位；辅导员的配备应专职为主、专兼结合，每个院（系）的每个年级应当设专职辅导员；每个班级都要配备一名兼职班主任。实际上，许多高校辅导员配置达不到这一要求，同一所高校不同级的辅导员工作量也不同。高校辅导员工作职责广、任务重，很难兼顾每个学生。根据教育部第24号令的精神，高校辅导员的工作职责体现在思想政治教育、道

德品质教育、维护校园安全稳定、落实贫困帮扶和助学工作、开展就业指导、抓好班级建设、组织开展学生活动和培养学生骨干等方面。因此辅导员的学习团队建立可从以下几个方面着手，如：就业指导与职业生涯咨询团队、心理健康教育团队、学生社区服务团队、思想政治教育团队、学生素质拓展团队等。明确辅导员的专业技能发展方向，不断提高业务能力，并将成功经验及时分享，以满足新时期高职院校学生思想政治教育工作的需要。在学习型班级建设中，辅导员应该发挥其在思想上引领、在行动上带领、在情感上凝聚的功能。

2. 班主任

加强学生的思想政治教育和管理工作，建设学习型班级，不仅要有一支稳定的专职学生工作队伍，而且还需要建立一支群众性的兼职学生工作队伍，班主任是这支队伍中最重要的一部分。在高职院校兼任班主任工作的，大多是政治觉悟较高且有教学经验的专业教师。对专业的了解是他们最大的优势，可以对学生进行专业和学习上的指导，比如可以通过组织研究性学习、设计团队学习任务和主题、邀请专家开设专业讲座等方式，激发学生专业学习兴趣，调动其自我超越潜能，组织团队学习，培养学生团队协作、积极进取、自觉自为等方面的精神，从而达到学习型班级建设的目的。

3. 任课老师

负责各门课程教学的任课老师，是班级教育工作的重要力量。一个班要建设好，仅仅靠辅导员和班主任的力量显然是不够的，必须整合教师团队的力量和智慧。所谓教师团队，就是指包括辅导员、班主任和任课老师在内的所有教师。任课老师既是具体学科的建设者和学科知识的传播者，也是学生心灵的塑造者。任课老师通过教学活动承担教学任务。一方面，在教学的过程中，教师的个人魅力影响学生的思想品质；另一方面，教学任务反映着社会的用人标准。因此，每个任课老师的教学实际上都在促进学生德智体的全面发展。从这种意义上来说，任课老师已参与了班级建设，对学生产生了影响。

(二)学生

学生是学习型班级建设的具体实践者和受益者，学习型班级建设的成效如何，主要取决于学生。高职院校实行学分制、弹性学制和相应免修制度，学生的学习已不局限于教室，而是在校学习与校外实践结合。教学班与行政班不重合，班级概念淡化，加大了班级管理难度，辅导员很难全面了解班内学生的具体情况。这在客观上要求大学班级管理向着学生自我管理和自我教育的方向发展。

1. 班委

班委，是班级(学生)委员会的简称。一般认为，班委是协助辅导员(班主任)开展班级工作的得力助手，在学生中起到带头模范和管理的作用。

在传统班级管理模式下，班委主要由班长、副班长、团支书、学习委员、体育委员、生活委员、宣传委员、组织委员、文艺委员、心理委员等构成。班长全面负责组织和管理本班的各项工作，负责召集班委会议，向班主任提议本班重大事宜等。副班长协助班长，班长不在时代行班长职权，负责本班的整体运行和管理工作。学习委员负责领取本班的教材、综合测评、作业的收发、学生考勤、学习问题反馈、帮助同学解答学习上的问题和其他职责。团支部书记全面负责本班团员的学习、管理和团组织推优工作，组织开展团主题活动，配合学校团组织开展各项团工作。组织委员负责本班新团员的发展和培训，收缴团费。体育委员负责本班晨练的组织和考勤，积极配合学校开展的各种体育活动，如校运动会、体操比赛等，以及本班体育器材的借还。生活委员负责协办本班的生活管理、宿舍卫生反馈、班费开支等。宣传委员负责协办本班宣传工作，主要包括编制黑板报、手抄报、宣传栏和班级活动的宣传等，也负责团内宣传工作。文娱委员负责协办组织班级文化娱乐活动，如文娱联欢或郊游联欢等。组织委员负责班级活动的策划和组织工作。心理委员负责全班的心理健康教育工作，业务上受学校心理健康教育中心的指导。

在学习型班级中，是以任务为导向，由不同的学习团队推荐适合某职位的学生担任班委，组成班级的组织结构。人人既是班委又是班级成员，有着双重身份。传统班级模式下的职责并没有消失，而是由各个学习团队根据不同的任务来承担。

2.班级成员

学生是教育的主体，是班级和学校的主人。他们既要参与制订班级的制度，又要遵守其所制定的各项规章制度，同时还要监督自己和他人遵守、执行制度。只有集“立法”“执法”“司法”等各项权力于一身时，他们才会由班级管理的旁观者转化为班级的主人，才有可能实现真正的“班级民主管理”。以往的班级倾向于“管”，通常由教师（主要是辅导员和班主任）和班委来管，学生的班级建设行为趋于被动。假如班级建设是教师、学生主动发起的，那将是一件令所有人都快乐的事。学习型班级就是要实现“人人参与”班级管理和班级建设，即让每个学生在班集体中都负有一定的管理权或服务责任，从而实现：使每位学生受到大家的注意和尊重，获得一种“存在感”；让每个人在日常生活和工作中与他人互动，学会换位思考，及时发现和纠正自己的不足；帮助学生挖掘、发现和发挥自己的潜力，例如记忆力、理解力、交际能力、领导者的天然气质等；使学生自觉自愿成为班级的主人。这种班级格局的形成，应该是既有个人意愿的表达，又有集体的选择；既有个人表现和发挥的空间，又有集体规范和制度的约束，是促进每个学生积极、健康发展的理想形式。

二、社会——学习型班级建设的支持者

首先，政府政策的支持和行业、企业对高职学生的认可等，会提高学生的创造性张力，改变高职学生“高职教育低人一等”的心智模式。据调查，社会支持感对高职学生的自我管理有一定的影响。高职生是被社会所认可和接受的，用人单位在招聘时不再仅看是否有名校的文凭，高职毕业生能够与本科生有同样的就业和创业机会等。认识到这些会对他们的学习积极性带来正面影响；反之，则会使他们产生自卑感，觉得“高职教育低人一等”。其次，现在的高职教育实行的是2.5＋0.5或2＋1模式，即两年半或两年在学校学习，剩下的时间在企业顶岗实习。顶岗实习期间的学生管理以企业为主，通常企业会派师傅带实习生，企业的学习方式、管理模式和文化理念，师傅的工作观和价值观等，都会对学生的学习和成长产生影响。此外，调查表明，在高职学生成长过程中，父母的理解、支持和教育引导对他们个人自主

性发展的影响是最大的。学生是学习型班级组织建设践行者，来自社会各方主体在认知、认同、情感等方面对学生的积极支持，无疑会提高学生建设学习型班级的积极性。

三、家庭——学习型班级建设的参与者

纵观中外教育学者，倡导家长参与学校教育的不在少数，但具体实施方式却不甚相同。波伊尔的《基础学校：一个学习化的社区大家庭》就强烈主张学校应该成为一个社区大家庭，家长是学校的合作伙伴。他指出“师生之间彼此没有真诚交流，家长不参与对其孩子教育的学校里，要想取得教育的成功是根本不可能的。”①佐藤学更是提出学校的大门应向社区开放。他认为学校的改革必须从内部着手，但是倘若学校改革要持续下去，就必须要有外部力量的支持。② 学校和教师需要与学生家长建立合作关系，甚至市民的参与也是学校重要的外援力量。以往家长与学校合作的形式是参观教学，而佐藤学倡导的学习共同体是以“学习”为核心的“学习参与”来推进的，这种“学习参与”是“学习共同体”中的重要一环。在欧美国家，家长在教室里作为志愿者给予教师帮助是常有的事，而在亚洲国家就比较少见。其实，家长的学习参与不仅能使其更了解、亲近自己的孩子并与孩子共同成长，同时也了解教师的教学与思考，促进家长与教师之间的信任。家长与教师彼此信赖，各自认识到自己的责任所在，相互合作才能实现，才能避免学生遇到问题，家长与学校相互推卸责任的状况。

---

① 波伊尔．基础学校：一个学习化的社区大家庭．王晓平，译．北京：人民教育出版社，1998：20．

② 佐藤学．静悄悄的革命．李季湄，译．北京：教育科学出版，2014：74．

第三章　高职院校学习型班级建设的必要性和条件

知识经济、网络社会、学习型社会、全球化等等一系列极富时代表征的社会改革行动，极大改变着人们对生活、工作、学习、沟通的观感和习惯。面对社会变迁，教育也同步变革，教育的现代化对人才培养提出了新的要求：一是从国家和社会发展的要求角度，培养能够适应社会、经济快速发展，具有国际视野的社会主义现代化建设者和接班人；二是从促进人的发展的角度，开发学生的潜能，使学生智力、能力、心理等方面得到和谐发展，使教育能适合学生的发展，把以人为本的思想贯穿教育的全过程。为此，高职教育也必须要有全新的组织形式去适应这个要求。学习型组织提出的“改善心智模式”、引导学生“自我超越”、教学生学会“系统思考”等理念，适合学生发展的个性要求，“共同愿景”“团队学习”比较适合班级组织。把学习型组织理论迁移到班级建设中，是时代和社会发展的趋势和要求，是高职院校科学发展的内在需求，是人整体和可持续发展的需要，也是大学生思想政治教育阵地建设的需要。

第一节　时代和社会发展的趋势和要求

传统班集体范式是工业社会的产物，工业社会是大机器生产的社会，强调规格、标准、统一。当前是知识劳动的社会，典型的特征是全球化、信息化，不确定性、流动性、复杂性、专门性增强，提倡学习力和原创力，强调多样、创新、个性。“以高新技术和先进理念更新和改造旧的教育手段”，建设学习型班级，实现学生自主管理，即以培养学生的创新意识为核心的管理机制等都已迫在眉睫，实现教育领先比以往任何时候都更为重要。

一、学习型社会发展的需要

伴随着知识文明时代的到来，人们越来越清楚地认识到未来社会的竞争是知识的竞争，知识经济是一种高技术经济、高文化经济、高智力经济。知识经济对人类组织的形态提出了新的要求，科学技术的新发现、新发明对知识创新的依赖程度越来越高，新的发明、新的发现，往往出现在学科与学科的结合部、重叠部。这样的社会形态特征，向人和人赖以生存的组织提出了培养学习型人才和建设学习型组织的要求。人类不可能有很多时间在学校里从事专门学习，而是要把学习和工作结合起来，必然要进入学习型社会。现代主义终身德育理论的领军人物，英国著名的成人教育学家彼得·贾维斯认为：变化是学习型社会建设的基础，社会变化越深刻、广泛，越容易促进学习型社会的发展①。“学会学习”是学习型社会教育的根本，学习型班级，是学习型组织的组成部分，是学习型社会的构成延伸。深入系统地研究学习型班级，是学习型组织、学习型学校和学习型社会完整建构的需要。学习必须成为学生工作、生活的方式之一。学习不仅是获取进入行业、企业资格的手段，工作也不仅是生存的手段，学习与工作必须交织在一起，从而共同创造具有生命意义的大学生活。

二、社会对高素质、技能型人才的需求

现代社会科学知识高速发展、信息技术快速膨胀，国家的繁荣和人类的未来比以往任何时候都更加依赖那些具有创新能力和创新精神的人才。职业教育培养人才不能再拘泥于“岗位能力”需要，而要着眼人的全面发展，在“能力本位”的基础上，培养适应知识经济社会需要的综合职业素质人才。当下高职教育中的职业素质教育滞后，跟不上市场的变化，与产业结构发展、企业需求脱节。实践证明，高职教育的改革发展，必须紧密依托社会，融入产业、行业、企业、职业、实践五大要素，强化职业素质教育的改革。职业教育不但要重视知识传授，更要重视学生的态度养成和情感教育，以培养具

① Jarvis. Adult Education & Lifelong Learning: Theory and Practice. London: Taylor Sc Francis Group, 2004: 15.

有人格特质和核心竞争力的现代公民为教育目标。这正是学习型理论的要义所在，学习型班级是对传统班级的扬弃，旨在通过改变心智模式、团队学习、共同愿景、系统思考等修炼，激发专业学习热情，形成团队竞争力和创新力，引导每位学生活出自己生命的价值和意义，进而实现个人和班级的自我超越，满足社会对职业教育培养高素质人才的需求。

三、个体社会化的需要

所谓社会化是指一个人从自然人成长为社会人的过程。在这个过程中，学生通过学习和实践，获得赖以生存的社会生产和生活经验，包括一定社会的思想文化观念、道德准则、行为规范，从而成为社会存在和发展所需要的人。教育承担着为个体社会化服务的重要功能。班级是促进学生实现个体社会化的最重要的社会单位，教育者通过班级教育和班级管理，利用各种方式和媒介，借助课程、集体规范、班级文化等载体，促使学生从一个自然有机体完成向社会成员的转化。班级活动反映着社会对教育者的培养要求，即教育者按照一定的社会要求，通过有目的、有计划、有组织的影响活动，把一定社会的意识形态、思想价值观念、社会行为准则和规范、科学文化知识等传递给学生，使学生获得应有的价值观念、社会规则意识、动机、知识技能、行为习惯等，并形成与社会一致的价值倾向，以便恰当地扮演自己的角色，履行一定的社会职责，保证社会的和谐稳定与可持续发展。班级活动同时也反映着社会环境自发的渗透和影响。在班级活动中，学生要和教师、同学这些群体中的成员打交道，这也就构成了学生们的社会关系。可见，社会性是班级的一个重要特点。

传统的班级是建立在个人对物质利益追求的基础上的，是一种生存性组织模式，是适应工业化生产的产物，它已不适应现代社会个体社会化的需要。物质决定意识，当人们的物质生活富足时，就会逐渐改变自己对工作的价值取向，即从工具主义的工作观转向一种更为神圣的工作观。汉诺瓦保险公司首席执行官奥布赖恩说："只有当我们把组织机构建设成超越对食物、住房的需要，超越从属关系的组织，建设成为符合人们更高志向的组织，管理中的动荡纷扰才会消失。"知识经济社会要求我们建立一种超越物质利益追求的发展性班级组织模式，以学习型理论为指导的学习型班级迎合了个体社会化的需要。

第二节　回归高职教育发展性本质的需要

在国家政策的导向下，各地高职院校结合地方经济和本校实际，纷纷探索具有高职特色的办学之路。但由于没有适合中国国情的现成经验可以借鉴，各高职院校在贯彻执行政策精神、探索本校特色办学模式的过程中，必然会遇到思想理念、价值判断和选择、发展取向上的瓶颈。赫钦斯指出："教育的目的不是培养人力，而是发展人本身。教育关注的是'生命的真正价值'，帮助人们过上'睿智、愉快、美好的生活'。"①然而，当前的高职教育普遍是在培养"人力"，滑入了工具主义和现实主义的泥潭。发展，从哲学的角度来说，是指事物由小到大、由低级到高级、由简单到复杂、由旧质到新质的运动变化过程，它是事物内部矛盾运动的结果，是量变与质变的统一。高职教育的发展性本质体现在，它不仅仅是一种技能教育，更是一种高等教育，这意味着要把学生的知识、技能学习和训练与其文化修养的提升有机结合起来，既不能使学生成为技能训练的机械产品，又不能过多强调学术和文化而使之缺乏实操技能。职业教育的价值在于其深厚的文化底蕴、鲜明的品牌个性、特色的教育模式。职业教育应当回归它的发展性本质，也就是主体性存在、文化性存在，重建其核心发展力。

一、摆脱高职院校办学中的功利主义倾向

如今，高职教育的发展在逐渐偏离其发展性本质的轨道：围绕市场办学的宗旨发展为办学"唯市场化"倾向，校企合作、工学结合过程中出现了各主体的"泄力"问题，高职教育以就业为导向却出现了唯就业化倾向，服务社会的职能被误解为教学实践中的唯培训化倾向等。"组织因应各种变局并进行改变的主要动力来自'学习'。"学校是主要发生"学习"的地方，提升教育

① 赫钦斯. 学习社会，周晟，译. 杭州：浙江教育出版社，2009：70.

品质与效能，回归高职教育的发展性本质，培养学习型人才，正是学习型班级建设的动因。

（一）反思办学路径的“唯市场化”倾向

当前，我们国家高职教育的人才培养定位是“培养在生产、建设、管理、服务第一线工作的高级技术应用与高技能人才”。高职教育服务地方经济需要，围绕市场办学本身没有错，但围绕市场办学并不等于市场化办学。在高职教育的主要功能中，除了服务社会、地方经济和市场外，文化传承和育人功能同样重要。教育发展历史证明，市场趋利的本能“往往排斥社会价值”。如果高职教育改革仅着眼于效率的提高，就会把教育发展的逻辑和重心放在教育产品的经济特性上。当学校作为利益体面对教育市场竞争时，在教育的经济功能的冲击下，学校教育的文化传承功能以及它固有的育人功能就有可能被忽视。职业教育的任务“不仅仅限于帮助学生获得工作”，而是要满足“学习者在个体发展和潜力开发等方面对智力、技能以及文化等重要资源的需求”。而教育的过度市场化必然导致教育的产业化、功利化、唯物质化，失去教育的独立地位，偏离教育的本质。

（二）解决校企合作、工学结合的“泄力”问题

黄炎培先生指出：“职业学校的基础，是完全建筑于社会的需要上，职业学校从其本质说来就是社会性，从其作用来说就是社会化。”这就是说职业院校要依据社会的需求培养人才，而企业需求是社会需求的具体化之一。因此，“工学结合、校企合作”是高职院校遵从职业教育规律办学、培养人才、服务社会的必由之路，是专业建设、课程设置以及整体的教育与工作实践、职业实践融为一体的必经之路。校企结合文化构建的目标是培养出适合企业需要的“专业有特色、就业有优势、动手有能力、提高有基础、发展有空间”的高技能人才。纵观世界，职业教育发达的国家，无论是德国的“双元制”、澳大利亚的“TAFE”，还是日本的企业内教育，都离不开企业在职业教育人才培养过程中的紧密参与。

当前，我国高职院校在推行校企合作办学、订单式培养、就业岗位无缝对接的过程中，有一种将高职教育“工具化”的倾向，简单地把社会与人对接，忽视了社会和人复杂联系的一面，致使“校企合作”面临着很多的问题。

首先,校企合作的表层化。整体而言,当前的职业教育最普遍的校企合作模式是以学校为主体,企业只是被动加入,尚未真正参与到人才培养过程中来。其次,企业受益度不高。我国现有的校企合作尚未形成有利于校企双方的合作机制。企业遵循经济规律,获取利润为其最大目的,在合作过程中"受益"不高。教育是"公共产品",在"无利可图"的情况下,企业很难做出为教育提供服务的"利他"行为。正如美国经济学家曼瑟尔·奥尔森指出的:"如果一个集团中的个人从利他主义出发而不考虑他们自身的福利,他们也不大可能去追求某个自私的共同目标或集团目标。"①再次,企业与学校尚未形成合力。由于教育与劳动部门的制度性障碍,企业、行业间的权责不清等问题,现有的校企合作也难以达到预期的效果。

总之,由于上述问题的存在,高职生到企业进行工学结合、顶岗实习,并不能学到真正的本领和技术,很多企业只是把他们当作廉价劳动力,导致高职生参与实践的积极性不高,甚至抱怨学校对他们不负责,进而形成恶性循环。

(三)走出人才培养目标中的唯就业化倾向

高职院校已经普遍接受以就业为导向的办学理念,促进就业成为高职教育服务经济社会的结合点。我国高职教育明确提出"以服务为宗旨、以就业为导向"的办学方针,目标是让学生毕业后能够实现高质量就业。上级部门在评价一所高职院校的办学质量时,会把就业率作为第一指标。大部分高职院校因此把"就业"作为其办学是否成功的唯一指标,一切工作的开展紧密围绕学生就业问题。然而高职院校在办学实践中出现偏差,盲目追求高就业率,在人才培养过程中过于强调就业技能的熟练程度,忽视学生综合能力、分析解决实际问题能力的培养,进而影响学生的就业质量和可持续发展,导致高职教育的本体功能弱化。单一的就业导向、仅以就业率评价职业教育成效,显然失之偏颇,它使职业教育失去教育的发展性本质,变成为就业而教,为就业而学,就业决定一切。职业教育"以就业为导向",不是"唯就业导向"。"唯就业导向"的职业教育本质上是市场经济取向的职业教育,很

① 奥尔森. 集体行动的逻辑,陈郁,等译. 上海:上海人民出版社,1995:121.

容易走向“唯市场化”。如果教师教学和学生学习的过程中，也把就业作为唯一目的，就会导致学生的片面性、工具化发展，最终导致学校的整体教学和办学质量下降。高职院校一味迎合社会需求，忽视学生的内在条件和自身利益，忽视学生的就业愿望，这是毕业生就业时低专业对口率、高离职率的主要原因。

（四）转变教学实践中的培训化倾向

在当前我国社会经济跨越式发展的背景下，职业教育过于强调和专注于学生专业技能的培养，却忽视了其个人修养的培育，造成人才知识结构的单一化。诚然，专业课程是职业教育的核心内容，成为中心聚焦课程，毋庸置疑；而通识课程却不应被边缘化。职业发展的实践证明，一个人越是走向高层管理岗位，就越是需要施展其通识教育下的通用能力。职业教育自然包括职业岗位技能的培训，但并不等于职业培训，高职教育首先应该是一种高等教育，而不仅仅是简单的岗位技能培训活动。把职业教育简单地理解为职业技能培训，偏离了教育的发展性本质，高职教育必须回归或恢复本质，关注学生文化建设、内涵提升、人格培育及人的全面可持续发展。

总之，经济社会的快速发展，产业结构的调整升级，对高职学生的综合素质提出更高的要求。学习型班级迎合了这种发展要求，它强调高职教育必须遵循“实践—认识—再实践—再认识”的教育发展规律和学生成长成才规律，改变传统“理论型”“知识型”的教学模式，深化校企合作培养机制，强化高职学生职业素质养成教育；反对人才培养上的市场主义和工具主义等急功近利倾向，主张对学生的评价要多元化；倡导理论学习与实践学习的深度结合，借鉴和运用学习型组织提出的自我超越、团队学习、改变心智模式、共同愿景、系统思考等五项修炼技能，重视高职学生全面可持续发展。学习型班级的价值理念和价值取向正是高职教育的发展性本质需要和动力所在。

二、坚持人的整体和可持续发展

学习不仅要激发每个学习者“渴望学习”的本性，还要让学习者拥有终身学习的兴趣和动力，从而促进健康、成熟的自我的完成，最终培养出“完整的人”。如果能在高职院校班级建设中，较好地运用“学习型组织”的理念，构建一个开放的、能有机合作的、充满生机活力且具备持续学习和终身学习能力的学习共同体——“学习型班级”，从而促进学生整体素质的提高，满足学生成长需要，那么走上社会后，他们将更具竞争力和发展潜力。

(一)发挥学生自我实现潜能

心理学家马斯洛把人类的需求由低到高分为生理需求、安全需求、社交需求、尊重需求和自我实现需求。他认为，对大部分人来说，当较低层次的需求获得基本满足之后，就会转向尝试满足更高层次的需求，对生命的满意度也会随之提高。马斯洛提出，在同一时期内，人们可能同时存在几种需求，共同支配和影响个体的行为，但在特定时期，总有一种需求是优势需求，对个体具有支配地位。相对于早期的大学生，当代大学生心理成熟得更早，管理能力也更强。他们通过大学的学习，具备一定的专业素养和人文知识，需要发挥自己的潜力和表现自己的才能，达到自我实现。他们有了一定的自我管理、自我教育和自我服务能力，在追求社交需求、尊重需求的同时也会向自我实现迈进。自我实现的需求使他们个体内部产生强烈的参与意识。

心理学认为，当个体的需求达到一定的水平，就会转化为个体内部行为的内驱力即动机，并引发行为。就大学班级建设而言，班级成员参与班级工作，并能从中获得成就感，能形成稳定的参与动机，进而推进他们参与班级建设的行为。当参与愿望转化为参与动机和行为，就能提高班级管理效益。而学习型班级理论的基础就是参与者有主动参与组织管理，实现自我成长和发展的需要。它能够满足大学生自我实现需要，有效地调动班级成员的积极性，充分发挥学生自我实现的价值潜能。每位学生都有表现自己的欲望、获得集体承认的愿望和在集体中取得一定地位的需求。学习型班级内角色的多样性和活动的广泛性，为学生个性和才能的发展提供了广阔的舞台。每一个学生根据各自的兴趣、爱好和特长以及班集体的需要，都能在集体中找到一个适合自己活动和工作的角色与位置，并在集体的要求和鼓励下，使自己的兴趣、爱好和自治自理能力等在实践中不断得到锻炼和发展。

(二)对学生实施"全人"教育

学生是一个完整的生命体,教育的本质实际上是一种"全人"教育。德国哲学家雅斯贝尔斯认为,教育能陶冶和生成一代新人:"教育即生成,教育就是人的灵魂的教育,其目标就是培养全人。""全人",顾名思义,就是完整的人,全面发展的人,即关注学生的全面、和谐发展。"全人教育"就是要把学生培养成具有"高境界的理想、信念与责任感,强烈的自主精神,坚强的意志和良好的环境适应能力、心理承受能力"等素养的人才。"全人教育"强调教育的整体性、全面性、全程性。实施全人教育就要做到:

首先,在对受教育者施教前,要了解受教育者的心理需求和行为,如认知、情感、态度和信念等,还要了解他们的个性特征、能力、经验、性格、意愿等主观条件,针对这些主观条件有的放矢地开展教育活动,进而激发学生的求知欲和学习动机,快乐学习。在教育过程中,"全人"教育是让学生的认知、情感、态度与价值观等都参与到学习和生活中来,使学生在认知的同时,感受和理解知识的内在意义,从中获得完整生命体的成长和精神上的丰富。学生是一个完整的生命体,他们不仅要学习科学文化知识,接受智育,还要学习道德成长、人格提升,接受体育、美育,做一个全面发展的和谐的人。教育应该肩负起使受教育者成为"历史"的人、"现代社会"的人、"未来"的人的责任。这样的教育应该赋予个人社会生存能力,应该赋予其人文观,让他了解传统和历史,体验人生的意义和价值;赋予其道德观,让他了解伦理道德,并努力践行;还要赋予其知识观,让他正确掌握人类有用的知识,促进个体能力的增长。学会思考,培养思维能力,是打开智慧大门的金钥匙。教育应该教会学生进行系统思考,进行辩证而富于创造性的思考。

总之,学生作为生命体,绝不是一部只会学习的机器,或者只是一个装知识的容器,而是一个有着广泛需求、需要全面发展的人。尊重学生的情感需要,把学生培养成一个思想完善、体格健全的人:从感性的层次来说,就是培养学生对他人的理解、尊重、爱护和容纳;从理性的层次来说,就是培养学生学会处理自己与社会以及环境之间的关系。

(三)培养学生可持续发展的核心竞争力

高职教育的目的是实现学生可持续发展。从显性的需求看,就要适应社会经济发展中技术能力提升的需求，不断提高人的专业技术能力，但这只是人作为工具层面的需求。“以人为本”是可持续发展的本质。现代高职教育发展已超越了单纯的学历教育、技能教育和专业教育，而是人的素质能力全面发展和个性自我实现的高层次需求得到满足的过程。高职教育的可持续发展，把人的发展同自然与社会的发展的需求结合起来，根本目的在于开发人的活力、潜力和创新能力，实现人自身的全面、协调和可持续发展。人的素质的提高，必须立足于开发人的“目的性价值”，具有生命性的长远意义。马克思曾说过：“只有在集体中，个人才能获得全面发展其才能的手段，也就是说，只有在集体中才可能有个人自由。”学习型班级的一个重要的任务，就是在集体中获得可持续发展的能力，学会团队合作，善于从他人那里学习，在班级集体中学会如何在社会中生活，如何与社会中的其他组织或个人和谐相处，如何实现个人和自然的融合发展。

(四)促进辅导员专业化发展

2005年，教育部颁布了《关于加强高等学校辅导员班主任队伍建设的意见》，《意见》对辅导员的角色定位作了明确规定，指出“辅导员、班主任是高等学校教师队伍的重要组成部分，是高等学校从事德育工作，开展大学生思想政治教育的骨干力量，是大学生健康成长的指导者和引路人”。对于辅导员的选聘，《意见》提出要“坚持政治强、业务精、纪律严、作风正的标准，把德才兼备、乐于奉献、潜心教书育人、热爱大学生思想政治教育事业的人员选聘到辅导员、班主任队伍中来。专职辅导员原则上要从党员教师和党政干部中选聘”。对于辅导员的职业发展，《意见》指出：“要统筹规划专职辅导员的发展。鼓励和支持一批骨干攻读相关学位和业务进修，长期从事辅导员工作，向职业化、专家化方向发展。”这是在教育部门正式文件中首次提出高校辅导员队伍建设要遵循“职业化”的发展方向。

教师专业发展是指教师个人职业能力的成长与进步。教师是专业人员，教师本身也是持续发展的个体，需要追求教师专业结构的丰富和教师素养的提升。班级建设理论研究对实践具有重要的指导作用，只有把班级实践上升为理论，再用理论指导实践，从实践中再提炼总结出理论，经过一个具体—抽象—再具体—再抽象的过程，理论才具有普遍性和科学性的指导价值。教育家和教书匠的区别就在于是否重视总结经验并把它提升为理论。研究学习型理论，建构学习型班级，必然会推动辅导员和教师提高自主学习能力，促进教师自我反思、探究和再学习，从而为其专业化和职业化发展提供理论动力和操作平台，积累实践经验，从陶冶人的情操中获得职业幸福感，提升职业价值。

三、实现高职院校的科学发展

班级是学校教育活动的基本单位，班级管理是学校管理的基本组成部分。学习型班级是班级建设的未来发展方向，加强学习型班级建设理论和实践研究，充分发挥班级的教育功能，对于实现学校管理的目标、促进高职院校科学发展具有重要意义。

（一）有利于高职院校班级共同体自治建设理论提升和实践改革

有理论的实践是自觉的，无理论的实践是盲目的。班级是学校的一个子系统，其建设的成功与否，直接影响学校教育教学活动质量，决定学校管理成败。随着社会经济和教育的发展，班级建设的主体、环境在发生变化，而要实现班级建设和学生发展的目标，就必须加强班级建设的理论研究和实践改革。尤其要借鉴新型管理理论，对不适合教育发展规律的班级管理模式进行改革，并在改革的实践中发展和提炼班级管理理论。从发展的角度看，任何一种理论都需要吸纳其他理论的研究成果，克服自身的局限性。随着学习型社会的发展，学习型组织成为社会和个人发展的载体，它虽源自企业管理学，是企业发展变革过程中产生的一种新型企业组织模式，但高校和企业共享全球化和信息化的时代背景，时代对于企业和高校的要求有许多相似性，学习型组织和学习型班级是共融的。它们都是通过培养整个组织的学习气氛，充分发挥员工的创造力而建立起来的，是一种有机的、高度柔性的、扁平化的、符合人性的、能持续发展的组织。这种组织具有持续学习的能力，具有高于个人绩效总和的综合绩效。高职院校研究学习型班级的构建，就是在传统班级管理中引入社会发展理论和新型企业组织管理理论，有利于推动班级管理的科学化，也有助于提升班级管理理论。

(二)有利于高职院校班级共同体管理自主化和科学化

受传统计划经济体制的影响,职业学校习惯以完成政府的“指标”为己任,缺少自我发展的意识和能力。现代职业教育改革的趋势,就是扩大高职院校自主办学权,使学校的正常运转及发展不完全受外力的驱动,而是有自我发展的意识和能力,能根据外在环境的变化做出适应性的反应,能和外界环境进行良性的互动。职业院校的“自主性”主要体现在特色和先进的办学理念上,能遵循教育规律办学,能和外界经济、市场及技术环境的变化互动,并能做出相应的自我调整,做到办学有特色,教学有质量,育人有效果。

高职院校学习型班级建设适应了现代职业教育的自主化和科学化发展需求,摒弃了传统班级管理中长期盛行的行政主义、管理主义、工具主义理念。传统班级强调个体对集体、权威、命令、纪律的强制性认同与服从,缺乏对学生情感、个性、交流的关怀,学生自我实现度低,缺乏合作意识、自我意识。学习型班级是一种有机的、高度柔性的、扁平的、符合人性的、形成了持续的适应能力和变革能力的组织。高职院校学习型班级建设以学习型理论为基础,用民主管理的方式,增强班级的凝聚力和向心力,强化学生对所在班级的归属感,培养弥漫于整个班级的学习气氛,充分发挥班级成员的创造性思维能力,使班级得以发展。在高校班级建立学习型组织,是加强和提高班级管理效果的有效途径,充分体现了现代职业教育和高职院校班级管理自主化的发展趋势。

(三)有利于提升高职教育质量

《国家中长期教育改革和发展规划纲要 2010—2020》中,明确规定了高等教育改革的重点是要培养学生独立自主的学习能力,要努力培养学生具有质疑、探究、解答的主动性,制定了我国高等教育要科学发展的目标,明确了核心任务是要提高高等教育质量,人才培养必须要放在高校发展的核心地位。学校是最有学习能力的组织,也是最有培养能力的组织。班级组织是学校的基本组织单位,每位学生都生活在班级里,班级管理是由人构想出来并加以实施的,是为了教育服务的。已经形成的班级管理的理念、模式、方法,又反过来对人的身心、生存、生活产生巨大的影响,它们规定着学生的学习生活空间,引导着他们的一思一言一行,决定着学生的个性发展,影响着学生的学习和生活质量。因此，改革传统班级管理模式，建设学习型班级，使其适应高等教育改革和发展的需要，是提高高职教育质量的重要内容之一。

第三节　扬弃工业社会科层制班级建设模式的需要

16世纪以后，随着资本主义的发展，生产力水平得到空前的提高，社会对劳动者的素质提出了新的要求，从而导致教育范围扩大，学生人数增多，教学内容持续更新。传统的以个别教学为主的教育活动已不能适应社会对人才的需求，人们开始考虑以集体的形式来进行教育教学活动，于是以班级为单位的教育教学活动的组织形式（即班级授课制）开始出现。“班级”一词，最早出现于16世纪法国的居耶纳中学、德国斯特拉斯堡的文科中学等学校。16世纪中叶，西方国家评价学校时，依据年龄与发展阶段把学生分为不同班级，并作为优秀学校的标志之一。到了17世纪，捷克教育家夸美纽斯总结了前人和自己的实践经验，于1632年发表了著名的教育著作《大教学论》，第一次对班级授课制作了系统全面的论述，并明确提出在全国范围内建立统一学校制度并在学校实行班级授课制。这标志班级制度的正式形成，班主任这一班级组织角色也相应产生。18世纪末19世纪初，在西方，学校把教学单位分成若干班级，教师向数十名乃至数百名学生实施同步教学，以班级为单位组织学生对教学内容进行系统的学习。而后随着社会的发展，班级的功能和教育价值不断扩展和进步，作为一个教学单位，班级成为学校管理中相对稳定的一个管理层次。

在我国，1862年清政府在北京开办的京师同文馆最先采用班级形式教学，开创了中国班级教学之先河。1901年，清政府宣布废科举、兴学堂，并于1903年11月颁布并试行《奏定学堂章程》，其中规定各学堂要按学生程度深浅分学级并编班上课，班级授课制在全国各地推广。1949年，新中国的成立标志着半殖民地半封建教育的结束。新中国的教育事业在党的领导下得到迅速改造和发展。依照当时苏联的“班级集体理论”教育经验和根据地及解放区的教育传统，我国在中小学实行分班教学，并设立专职班主任以取代级任导师。1951 年 10 月,《政务院关于改革学制的决定》使班级授课制有了社会主义教育的特点;1963 年 3 月,教育部颁布了《全日制中学暂行工作条例(试行草案)》,又强调了班主任工作要对学生进行思想政治教育;1988 年 6 月,国家教委正式颁布《全国中小学班主任工作暂行规定》,明确了班主任的地位、作用、任务和职责,规定了班主任工作的原则、方法以及任免条件等。从中国的历史与现实来看,我们的班级发展从书院到学堂再到学校中的"班级",从西方引进到受苏联影响,从军队制度、政治制度、工业制度再到学校中的"班级",呈现复杂多样的局面。

班级授课制自创立以来,已有三百多年的历史。事实证明它的出现和发展符合社会的需要,对于普及教育、提高教育效率、大面积培养人才,发挥了巨大的作用。而随着社会的发展,特别是进入知识社会后,传统班级以标准化、规模化培养人才为目标的弊端也渐渐暴露出来,学习型班级这一概念是在工业经济发展到一定程度和历史阶段后提出来的,是对工业社会科层制班级建设模式的扬弃。

一、传统班级管理理论是适应工业经济发展的产物

(一)工业社会中的科层型大学场域

工业社会采用科学技术物化成果,制造了大型动力、传动和操作机械,延伸了人的肢体,弥补了人的体力不足;工业时代的管理是以权力为特征、建立在"命令—控制"基础之上的金字塔结构,强调员工必须绝对服从老板,强调标准化管理;工业社会是一个以数量和质量求效益的社会,以产量和利润为目标,以技术和奖惩为驱动力,以"量多求进"为管理策略;工业时代用"制度和控制"促使人更勤奋工作。标准化、批量化生产作为工业时代文明的标志性生产方式,无疑对大学班级场域的客观结构产生了根本性影响。科层型大学班级场域也因此被赋予工具理性色彩:大学作为工业社会中唯一的文凭授予机构,被人们视为"教学的工厂"和"知识的仓库",课程教学和学习以标准化内容来统一设计,教师的教学以课堂传授为主,学生学习的内容被认为具有"永恒的价值"。相应的,学习方式也以获取知识为主。紧紧围绕客观知识的传递和接受活动而构建的科层型大学场域,以工具理性、实

用主义、服从权威、追求效率和结果至上为典型特征的常规性学习惯性，以及二者之间的交互作用，不断生产着一批又一批能够"服务于工业社会需求"的大学毕业生。他们在学习实践中表现出一种谦恭、过分依赖教师、顺从权威、追求效率和分数至上的认知倾向和行为倾向。

（二）工业社会高职生的应试性学习实践

工业经济时代，随着产业分化和社会分工的加剧，必然对就业者提出职业专门化的要求，即要求从业者要具备某一专门职业的资格和能力，以提高效率。在科层型大学场域与常规性学习惯性的相互作用下，直到现在"应试教育"依然是中国高等职业教育的主旋律，这种主旋律隔绝了学校与社会的联系。

尽管大学生的认知、情感、意志和思维是千差万别的，但在科层型大学班级场域中，以高分数为标准的"高质量"是绝大多数学校教育工作者追求的目标：学生以接受现有知识的学习为主，学校按照统一化、标准化的方式对学生进行培养和教化，通常是以名目繁多的考试成绩作为衡量和检验培养效果的方式。最终决定培养是否合格的标志是能否取得学历，大学通过颁发学历文凭来为大学生的学习提供合法性证明。这就如同工厂中生产好的商品，经过最后一道质量检验的工序后，被贴上"合格证"的标签，有待进入市场出售；学历文凭在很大程度上也是与一份稳定甚至具有终身保障的工作联系在一起的。

在这种情况下，学生把学习当成一种负担和包袱，为父母而学，为老师而学，为考证、升学而学，学习的过程基本上是被动的。如此也就能理解为什么在高职院校中会出现"六十分万岁，多一分浪费"的呼声，有的学生甚至会为了考试结果，为了能拿到文凭不择手段：弄虚作假、贿赂老师等案例层出不绝。学习内容重学知识、学科学、学技术、学文化，这种"学"偏重理念的获得与理解，局限于表层知识学习，动机就是获得优良的分数。这是一种非连续性课程的非反思性学习，是未加思考的文本接受，或是其他未加理解的权威与记忆，而忽视了学生的全面发展。

（三）工业社会职业教育人才培养的实践逻辑

工业社会里，资本家要攫取更多的利润，积累更多的资本，前提条件是其工厂的运行与发展，而这需要一定技术的工人。因此，资产阶级教育家呼吁教育应传授实用的知识和技能，以培养工厂劳动力，这直接导致职业学校的产生。为此，资产阶级的工厂与职业学校之间，因工业经济培养技术工人的目的而建立了紧密的联系，使"工厂—学校"共同体成为工业社会职业教育共同体的主要形态。从社会阶层角度来看，工业社会中"工厂—学校"共同体是应资产阶级的要求出现的，主要体现了资产阶级的意志。但"工厂—学校"共同体的格局也满足了工业经济发展对劳动力的需求，成为诸如德国、日本等许多国家工业经济发展的秘密武器。工业社会的职业教育"工厂—学校"正是工业经济发展的产物。工业社会中，为了在一定时间内生产大量的商品，资本家拆分了产品的操作，把同种产品分配给不同的手工业者共同生产。随着分工愈加细化，这种局部操作成为工人的专一职能，最终把人变成生产机构的一个器官。生产方式的变化要求在短时间内雇用大量的劳动力，而学徒制年限太长，分工协作式的生产方式根本不需要劳动力掌握生产一件产品的全部技能，只需对工人进行集中培训，胜任生产过程中某个专门的局部职能即可。随着工厂化学校的出现，劳动力再生产的方式就完成了变革，从"全程式"的劳动力再生产转向"批量"劳动力再生产。

二、当前班级建设模式是经济社会转型的产物

我国正处于从工业社会向后工业社会转型的过程中，我们走的是工业化与信息化并举的路线。在这一阶段，社会的新旧生产方式、生活方式、思维方式和价值观念发生剧烈的矛盾、冲突和对抗，同时也呈现出某种协调、重构和融合的趋势。转型时期，市场的普遍性交往为个人的发展提供了更大的可能性和现实性，市场经济所培育的竞争机制也极大地激发了个人的主体性、能动性和创造性，同时也对人才的培养质量提出了更高的要求。传统的班级管理模式迎合了传统工业模式对人才的需求，然而，这样的方式只能培养出流水线的"工人"，却难以培养出解决实际问题的高素质人才，这与现代生产模式对创新型人才的需求背道而驰。我国社会进入转型时期后，传统的班级管理模式和新的班级管理建设模式并存，发生矛盾和冲突。在我国知识经济社会发展成熟之前，传统的班级模式依然有重要影响，甚至占

领先地位，但我国知识社会的发展又需要班级建设以新的理论为指导。这注定了以学习型理论为指导的学习型班级建设只能是一个渐进的、否定之否定的过程。

(一)社会转型时期，我国高职院校班级结构特征

我国现在仍然处于工业化阶段，工业社会中职业教育的班级结构遵循着科层（金字塔形）等级制逻辑，是由工业经济特征和经济发展需要决定的。我们现在的高职院校管理模式基本上是科层等级制模式的延续。作为高职院校管理模式的缩影，班级自然深受社会和高校科层制组织环境的影响。

实际上我们现在所说的班级就是行政班，由校—年级—班级三层结构构成，管理主体包括校长（主管学生工作的副校长）、中层领导（党总支书记）、辅导员（班主任）和任课教师。班级以辅导员（班主任）为具体的指导者，具体到学生层面，有班委会和团支部两大系统。班委会由班长统领学习委员、生活委员、心理委员、体育委员、宣传委员、文艺委员等，下辖各小组成员。团支部由团支部书记、团组织委员、宣传委员等人员构成，下辖各团小组成员（如图 3-1）。从形式上看，班级像一个科层组织，不同的职能层次履行不同的职责，实行分级和分层管理，通过自上而下传达指令来实现管理和控制。班级成员角色由规范预先规定，各种规章制度是维持教师与学生交往、维持班级秩序的主要手段和工具。在这种管理模式下，管理内容是强调人的行为标准化，组织结构具有等级性，组织中呈现一种单向服从的状态。

在一个组织内，倘若不同层次的职责和权限被限定得过死，而且层次过多，一个决策往往须经过层层关卡，无疑，这将禁锢人的思维，限制他们的积极性和创造性的发挥，信息在不同层次的流动亦受阻。人们会倾向于认为任何问题上级都能解决，他们只需被动地、机械地完成上级交给的任务即可。从而会产生强烈的依赖感，或者感觉自己是被遥控指挥的。如此一来，学生的思想越来越僵化，可能逐渐丧失学习和应变的能力，一旦出了事故，他们会把罪责简单地归咎于上级，甚至认为是辅导员管理无方。

(二)社会转型时期，我国高职院校班级建设的价值导向

学习型理论的理念迎合了知识经济社会对人才培养质量的需求，以学习型理论为指导的学习型班级关注包括问题意识、想象力、团队合作精神、

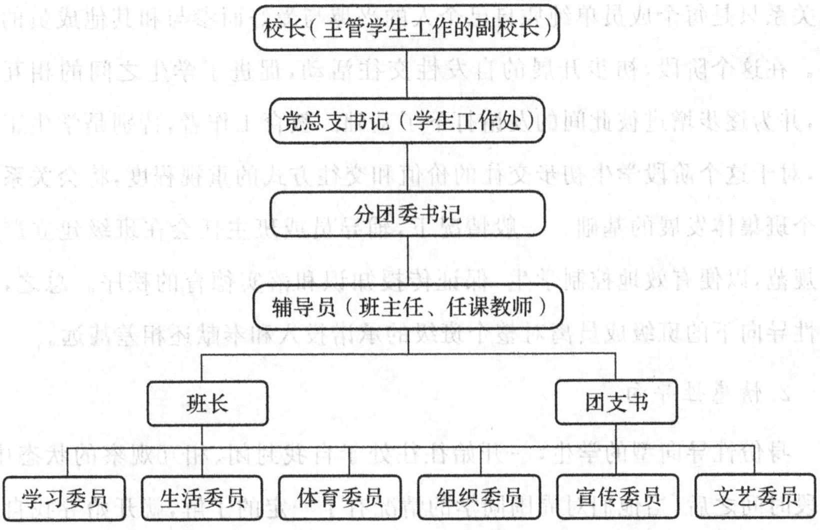

图 3-1　传统班级组织结构

创新思维等多种因素在内的综合职业能力培养，它能够更好地培养学生的自我超越精神、团体合作能力、发现问题和解决问题的能力、系统思考的能力、创造性精神等。但我国正处于经济社会转型期，传统的班级管理模式仍在发挥着重要作用，学习型班级建设的优势还没有凸显出来。这意味着学习型班级建设并不能一蹴而就，在其成熟之前，必然要经历一个由身份性导向向志向性导向转变的过程。

1. 身份性导向

新生刚进入大学就会被编到某个班级，刚刚编合起来的班级内学生彼此互不了解，这时的班级还称不上一个真正的集体。这时，新生对班级的认识仅停留在观念性和身份性认识上，知道自己是某个班级的一员。这是一种自发的、松散的状态，学生还没有意识到团体学习的重要性，只有自发的、个体的学习活动。经过一段时间的磨合，虽然部分学生也会产生群体成员身份认同，但这种认同主要停留在对自己班级成员资格的认定。如果辅导员或班主任交代某项事务，大部分学生愿意去做，也愿意为其他同学服务，但做的动机或是碍于老师的权威，或碍于个人“要好好表现”的承诺，或碍于同学情面等等。总之，这种服务仍然是被动的，停留在表层或外层，这一层中的人际关系是以成员在直接接触中情绪上的好恶关系为中介的，这种人际关系只是每个成员单纯凭自己个人的兴趣与爱好而参与和其他成员的联系。在这个阶段，初步开展的自发性交往活动，促进了学生之间的相互了解，并为逐步增进彼此间的友谊打下了基础。教育工作者，特别是学生工作者，对于这个阶段学生初步交往的价值和交往方式的重视程度，将会关系到这个班集体发展的基础。一般情况下，辅导员或班主任会在班级建立严格的规范，以便有效地控制学生，保证传授知识和落实德育的秩序。总之，身份性导向下的班级成员离对整个班级的承诺投入和奉献还相差甚远。

2. 情感性导向

身份性导向型的学生，一开始往往处于自我封闭、相互观察的状态中。一段时间之后，当他们对周围同学的情况有了一定的了解，就开始寻找自己亲近的伙伴了，或是以性格相近、兴趣相投，或是以地缘接近、同宿舍等因素为依托，班级中的非正式团体就在这个时期形成。自愿性、较强的凝聚性是非正式团体的重要特征。自愿形成的非正式团体的中心人物是自然形成的，是得到其他成员认可的，他对成员的影响，往往比班干部和辅导员的影响大。由于非正式团体成员间关系密切，彼此相互信任和认同，能开诚布公地进行思想交流，学生通过非正式团体主要满足交往、归属、友谊等心理和情感的需要，所以它对学生的个人发展和成熟有很大的影响。非正式团体对班级有积极的作用，但也有消极的影响，当它与班级目标一致时，便会起积极作用，而与班级目标偏离时，就会起消极作用。

在这一阶段，学习型班级建设的重点工作是创建组织的归属性认同。Riketta 将组织认同定义为“个体把自己和组织视为一体的自我认定（社会认定），它是个体认知并内化组织价值观的结果（认知），表现为个体对于组织在归属感、自豪感和忠诚度等方面流露出的情感归依”。因人的情感和交往需要而产生的归属性组织认同是个体的存在需要他人支持和确认的一种表现，“人人都有归属认同的社会需要，它受一种亲和性动机驱使，其中既有情感性的成分，也与认知中的理性成分有关系”①。一方面，人人都会寻求志趣相投的同伴，以满足情感沟通需要；另一方面，个体可通过获得组织的

① 周婷. 认同视野中大学生个体组织化研究. 南昌：南昌大学，2011.

成员资格取得相应的社会身份，实现自我扩大、自我增强。集体中健全的、丰富的情感生活，和睦融洽、生动活泼、民主平等的集体氛围具有强大的吸引力，能够调动学生的主动性、积极性，形成一种奋发图强、催人向上的气氛。因此，丰富的情感生活是学习型班级形成、维持和发展的重要条件。

3. 交换性导向

所谓交换性导向的班级组织化表现形态，指的是在交换性班级组织认同基础上产生的个体组织化表现形态。这个阶段，要么个人利用集体获得仅凭一己之力无法获得的信息、资源、环境和力量；要么个人会有选择地参与符合个体价值取向和发展需要的班级主题活动，而对于不感兴趣的教育活动，个人可能会成为一个旁观者。因此，在交换性班级组织认同中，对班级目标中不符合个人愿景的部分，班级需要提供足够的刺激来调动学生的组织积极性，才能使个体与班级保持一致性。或者当个体没有认识到班级目标与个人目标的一致性时，学生因认识到班级成员的身份能够换取或促成个体目标的实现，从而形成交换性的组织认同。这一层的人际关系是以群体的共同活动内容、目标、任务及其价值取向是否具有个人意义为中介的，每个成员都是从自己的角度出发参与班级的共同活动，这是交换性导向型班集体中人际关系的特征。

4. 生存性导向

个人发现可以从班级中获得单打独斗无法获取的技能或成长，这是一种由生存性需要引起的组织认同心理。生存性需要是因物质利益而产生的需要，对于一名学生而言，他的生存性需要就是通过学习获得社会认可的技能和素质，以适应社会发展需求。从前，一名高职毕业生学习的最终目的是解决生存性问题，他只需要掌握一项专门技能，适应流水线作业即可。而知识经济社会对人才素质提出了更高的要求，高职毕业生不仅要熟悉整个生产工艺，而且要具备迁移能力，更要有较高的职业素质。这是一种发展性的需要，是一种建立在价值追求基础上的组织认同心理，比如现代社会特别强调毕业生要具备人际互动、团队协作的能力。除了课堂学习，个人的成长多来自日常生活中的人际互动，在互动中，可以得到自己所需要的信息资源，也可以通过与同伴的比较，明白自己的不足，进而明确学习和努力的方向，班级为个人的人际互动提供了现成的平台。就团队协作能力而言，一个人的团队协作能力是不会自发产生的，它可以通过组织班级活动，或在团队学习中产生。班级活动和团队学习单单依靠个人的力量是无法成功举办和实现的，如何调动他人协作和参与的积极性，就是培养一个人团队协作能力的过程。

5. 价值导向

价值导向，也即发展性导向的班级组织化表现形态，以“社会—个体”关系为最高参照维度，强调在班级中形成共同价值、共同的活动目标和任务，强调通过形成集体的过程来发展学生的个性品质。学生之间相互促进、相互依赖、共同发展，形成合作性学习的深厚氛围。苏霍姆林斯基有一个非常精辟的比喻：“集体的每一个成员，一旦他自己开始着火的时候，他同时也使其他人燃烧起来，如果他不能使别人着火的话，他自己也会熄灭，这就是集体教育的逻辑。”我们要让每一位学生都能充分展现自己并形成主动发展的动力和能力，使班级成为提升个体生命质量的精神家园。因此，在价值导向的班级中，班级人际关系是建立在成员对共同活动的崇高目的及其有全社会意义的价值取向的共识上的，这是集体中占主导地位的人际关系。

6. 志向性导向

志向性导向班级组织化表现形态，源于个体自我发展需要在社会中追求发展与成功的成功性组织认同。大学生最富有理想信念，最富有创新精神，志向性组织认同及其基础上的志向性个体组织化，是大学生最高层次的个体组织化表现形态。在这一阶段，班级实行自主管理，团队成员被要求掌握多种技能，能轮流承担各种职责，团队成员之间能互相学习，协同并进，不断改进他们的学习系统。班级里的每位成员都追求理想的实现、知识的提升，追求人格的完善、心灵的和谐，个人愿景与班级共同愿景实现了高度融合。班级的组织认同度很高，每位学生都能从班级中获得个性化成长，其个性化的成长也促进了班级共同愿景的实现。大学生志向性个体组织化就是大学生成长发展的内生性力量，它意味着学生的承诺投入和奉献。

综上所述，社会转型决定了我们必然要走工业化和信息化并举的发展路线。工业化发展需要大量的技术性应用型人才，这使传统的班级管理模式仍然有生存的土壤;而信息化社会的发展需要"学习型的人才",这又诉诸学习型班级的建设。因此,学习型班级的形成是一个比较复杂的过程,并不存在以上几个阶段的明显界限,它们是相互联系、相互贯通的。这几个阶段也并不是每个班级都必须依次经历的,可能出现交叉。划分阶段的意义主要在于从总体上把握学习型班级形成的过程。

三、学习型班级治理模式是适应知识经济社会发展的产物

1960 年代以来,随着以信息技术为核心的新技术革命的兴起,以知识生产、传播、转化为特征的知识经济迅速崛起,使人类社会发生了深刻的变革,开始由工业社会向"后工业社会"即知识经济和信息社会转变。终身学习、学习型社会和学习型组织等学习型理论是后工业社会经济对人才素质的要求越来越高的产物。人才的发展离不开组织的变革,任何一种组织结构都是适应一定的环境而产生和发展的,当环境变化时,组织发展的核心理念、结构、模式等必须发生相应的变化。作为工业化经济的产物之一——学校中的传统班级管理模式,必须随之改革和发展,以适应并促进经济、社会和教育的变革,要以新的学习型理论为指导,创建学习型班级的教育管理和组织学习模式。

(一)知识经济社会对职业教育人才培养的要求

知识经济指的是建立在知识和信息的生产、分配和使用上的经济。知识经济时代的管理,是以建立共同愿景为基础的、有弹性的、开放的扁平化组织,以增强学习力为核心,重视提高员工的智商和创造力,促使员工体会生命的意义和价值。知识经济时代鼓励员工改变心智模式,不断创新,自我超越,更聪明地工作。知识经济社会依靠在产品和服务中增加知识、智力和人性化服务含量,从而提高产品和服务附加值,以市场和学习为驱动力,以不断创新求生存和发展,以"快变求胜"为管理策略。

职业教育是与社会经济发展联系最为紧密的教育形式之一,知识经济时代要求职业教育调整人才培养模式。职业能力是高职院校人才培养的目标,构成职业能力的因素主要有两个方面:一是与特定职业岗位密切相关的能力,即专业能力;另一个是可以迁移、泛化到其他职业岗位的能力,即通用

能力。新时期职业教育的人才培养要围绕着以下岗位能力展开。1.通用职业能力。传统职业已不能满足新兴职业所要求的智能结构，某一职业所要求的知识和技能已经成为许多职业活动的共同基础。在一个越来越开放的职业世界里，劳动者的人际沟通能力、应变能力、心理承受能力等通用职业能力，已经成为从事任何一个行业都必须具备的基本素质。2.结构化的专业能力。在工业社会的机械化大生产中，由于精细化的分工，传统的职业教育仅仅要求学生获得更多的知识和专项技能即可，只需要执行工作计划。而在后工业时代的社会生产中，职业教育要使学生了解生产的全过程，要培养学生更为结构化的专业能力，教会学生科学决策和规划，使学生能够对生产中出现的问题进行科学诊断并调整战略和工作计划。3.再学习能力。在知识经济时代，新知识、新技术层出不穷，学生几年的校内学习不可能全面掌握本专业、本职业所有的知识、技能，也不能期望一次学习的内容就能终身受用。这就要求职业教育人才培养要改变传统的灌输式、训练式教育，培养学生的批判和探究精神，从而使学生具备适应终身发展需要的学习能力。

(二)知识经济时代背景下高职教育的反思性、发展性学习实践

标准化批量培养的专一技能人才已经不再适应知识经济社会的职业发展要求。人们逐步认识到学习是主动的、自觉的、积极的，是为了生存发展，为了实现人生的价值，活出生命的意义。学生的差异不再仅仅是考试成绩的差异，学生是一个个生动活泼、具有各自的能力倾向、不断发展的个体，都有不同于他人的素质和生活环境，都有不同的个性特点，都有自己的爱好、长处和不足。这使得每一个学生发展的速度和轨迹是不同的，发展的目标也具有一定的个体性。

反思性与发展性学习关注个体间的差异和个性发展。其中反思性学习通过个体思考的文本接受和理解后的权威与记忆展开实践，它需要探究性和分析性的内容及诠释方法，教师专业性学科知识的引领是深一层的提升。反思性学习是一种发展性学习，它涉及学生的学习态度与情感，使学生产生学习的内部动力。专业精神、专业理论和专业技能等都不仅仅呈现为“原理性知识”，也常常以一种“意会性知识”“心灵性知识”的形态潜藏在教育实践中，需要学生通过反思性实践来体悟。而发展性学习不断地以新的知识丰

富学生的智慧，让他们思考，树立自己去探索真理的志向。与反思性和发展性学习实践相对应的发展性评价不再局限于考试，而是要依据学生的不同背景，正确地判断每个学生的特点及其发展潜力，提出适合其发展的、具体的、有针对性的建议。教师和学生的发展是同步的，教师的反思性实践是“一种思考经验问题的方式，要求教师具有做出理性选择并对这些选择承担责任的能力”。波斯纳曾提出过一个教师成长的简要公式：经验＋反思＝成长，并指出“没有反思的经验是狭隘的经验，至多只能形成肤浅的知识，如果教师仅仅满足于获得经验而不对经验进行深入的思考，那么他的发展将大受限制”。

（三）知识经济时代背景下高职教育人才培养的实践逻辑

以知识为基础的社会既依赖知识的不断进步，更依赖知识分子的再生产。进入知识文明时代后，知识创新和知识更新的速度越来越快，知识应用于生产实践的速度越来越快，工作的要求也在发生变化。我们进入了用脑多于用手的时代，职业教育下的人才培养方向正在从依赖记忆和行动转变为学习的主动性和创造性，从单一的重复性技能转变为能够科学诊断问题、解决问题的能力，从规避风险转变为敢于承担风险，从关注政策、程序到建立人际互动机制和协作关系。职业教育只有跟社会教育、社会生活逐步融合，其培养的人才才能尽快适应社会生活和生产力发展。彼得·圣吉说：“未来唯一持久的优势，是有能力比你的竞争对手学习得更快。”①

知识经济时代的教育不仅要为社会培养合格的公民和人才，还要使每一个学生成为有能力追求幸福生活的个体，着眼于人的“全面的发展”和人的素质整体提高，教学生“学会认知，学会做事，学会共同生活，学会发展”，完善其个人品格。职业教育学习内容要逐步转向关于人本身的学问，主要是了解人的思维、行为、人与人之间复杂而微妙的互动、沟通、协作和相处；学习则偏重知识的运用，偏重人的全面素质和人格的提升，偏重职场的演练，偏重动手的活动，偏重能力的培养，重点在习，习比学更重要。评估学习既要看分数，更要看效果，主要是看对知识的综合运用能力、创新能力所产

① 张声雄. 学习型组织的创建. 上海：上海科学普及出版社，2002：22.

生的成果。

(四)知识经济社会中学习型班级共同体的结构性特征

学习型班级是伴随知识经济社会产生的学习型组织的产物。同工业社会中的科层等级制班级不同,学习型班级是“学习型团体为主”的、扁平化的

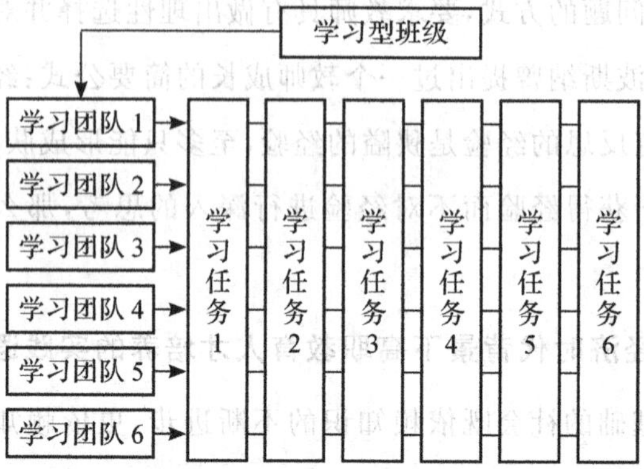

图 3-2　学习型班级组织结构

组织结构(图 3-2)。这是一种鼓励和支持班级成员沟通共享的结构模式,能够为信息的交流和知识的传播提供良好的平台。班级管理以学习任务为导向,以学习团队的方式进行运作。每个学习团队同时是一个管理团队,在从事某项学习任务时,其他团队都是班级成员。各个学习团队之间不是互相独立的,而是相互配合、资源共享的。在学习型班级管理中,每位班级成员既是管理者又是被管理者,在考虑自己利益的同时,也要考虑其他成员的利益,考虑班级管理的整体目标,这就迫使每个成员学会合作和沟通。扁平化组织结构隐含的人性假设是“自我实现人”。该假设认为,人除了有社会需求外,还有一种想充分表现自己能力、发挥自己潜力的欲望。基于这样的人性假设,就要建立较为分权的决策参与制度,拥有充分的自主权,实现个人在集体中充分成长、满足自我实现的需要。在这种结构模式下,学生实现了自主化管理,学习团队能自主有效地策划、组织和实施班级活动,学生能够互相分工协作,共同完成各项任务,从而自主处理班级事务。此外,这种班级特别关注发展学生的个性、特长、兴趣,因为要真正自主管理好班级,不可能仅仅依靠统一的思想、单纯的组织能力和一致的生活内容。

综上所述,学习型班级共同体经历了一个发展过程,由传统的科层制班

级管理模式，到现在传统班级管理模式和学习型班级建设模式的交锋、切磋和发展，再到知识经济社会条件下学习型班级建设比较成熟的一种未来发展模式，这是一个从量变到质变再到量变的否定之否定的发展过程。

第四节 大学生思想政治教育阵地建设的需要

思想政治教育一直是我党的“生命线”，在革命、改革和建设各个时期发挥了重要功能。高校的思想政治教育工作也全面推进，2004 年 8 月 26 日，中共中央、国务院发出《关于进一步加强和改进大学生思想政治教育的意见》。该《意见》是新时期新阶段我国高校开展大学生思想政治教育的纲领性文件。《意见》第五条指出“班级是大学生的基本组织形式，是大学生自我教育、自我管理、自我服务的主要组织载体。要着力加强班级集体建设，组织开展丰富多彩的主题班会等活动，发挥团结学生、组织学生、教育学生的职能”。

一、学习型班级是大学生思想政治教育的新载体

随着信息科技和市场经济的深入发展，班级个体的时空意识、交往方式、学习方式、语言和思维方式都出现了变化，大学班级管理的主体对象——学生也发生了明显的变化，大学班级管理也需要及时调整管理方式。变革的时代，班级环境具有开放性。学生不再局限于传统的“教室”这个狭小的生活空间，也不再局限于“班内”的话语系统与班级文化。学生在班级中的学习和活动充满着偶发性，特别是网络环境的介入、新媒体的普及，使得班级更加具有开放性。这给高职院校大学生思想政治教育带来了挑战：传统的班级建设被辅导员或班主任“强逼”或“牵着走”的活动，已经不再适应高职院校思想政治教育的发展要求；而以学习型理论为指导的学习型班级，有着更多的主动精神、强烈的个体目的和解决问题的愿望，适应了思想政治教育环境变化的需求，为改革思想政治教育提供了新的载体。学习型组织的五项修炼是思想政治工作的优良传统在新时期一种新的实现形式。借鉴学习型理论创建学习型班级的过程，实际已成为思想政治工作作用于

班级工作的一个新途径。

二、学习型班级是大学生思想政治教育的主阵地

伴随着社会转型和信息科技的发展，高等职业教育也处于不断的变革和发展中。高职院校大规模扩招，学生的数量、素质、结构等都发生了深刻的变革。学生自身特点也发生了变化，加重了大学生思想政治教育的负担。高职院校的环境发生了诸多变化，使得大学生思想上产生了诸多困惑。这些变革和变化不仅要求创新思想政治教育形式和方法，也要求强化大学生思想政治教育的阵地建设。

学习型班级是学生学习与成长的重要场所，有着重要的教育和管理功能。高职学生的辨别力和自制力还不成熟，难免会受到社会上一些消极、负面因素的影响。学习型班级具有自主性、合作性、平等性、开放性和发展性等特征，它通过营造弥漫在整个班级中的学习氛围和环境，以团队学习的形式，开展形式多样的班级学习活动，关注每位学生的个性化发展，人人都能在这里找到归属感。班级的管理功能主要是通过培养学生自我管理、自我教育和自我服务的能力来实现。此外，学习型班级承载着个体社会化的主要功能。在这里，教师可以通过开展主题教育活动对学生进行思想品德和国家政策、法律法规教育，也可以通过引导班级活动、社会实践、学生日常的人际互动等来提高他们的能力，完善他们的人格，提升其生命品质。总之，高职院校思想政治教育通过学习型班级在学生中所产生的影响，发挥其凝聚、驱动和同化的育人功效。

三、学习型班级是大学生思想政治教育的重要力量

学习型班级有着共同的愿景、扁平化的组织结构、规范的制度、严格的纪律等，因此它是一种集体。集体是教育的重要手段和力量，在一个向心力和凝聚力强的班集体中，每个人都与集体荣辱与共，因自己对班级的贡献而提升自尊感，因集体的退步或个人退步导致集体退步而感到羞愧，班集体因此也就成了强大的教育力量。在这样的集体中，每一个个体的道德失误或错误都会引起集体的关注，而不仅仅是个人的偶然事件，而对集体的热爱和

珍惜,也是个人安全感、自尊感、归属感、责任感以及团队协作、主人翁精神等思想意识和能力提高的重要源泉。集体的关注,对个体成长就是一种内存的动力。学习型班级是开展高职学生集体主义教育的重要阵地。现在的高职生个人主义观念较强,而集体主义是当今中国社会重要的价值导向与道德原则,它强调通过协调个人利益和集体利益来达到共同发展的目的。

需要注意的是,在开展集体主义教育时,要防止集体凌驾于个人之上。这里的集体是个人组成的集体,而不是没有个人的集体。集体利益要上升为集体主义,必须满足以下条件。1.集体所有成员利益的集中体现真正代表集体成员的最大利益,不能借集体之名行小集体之实。2.当这种真正代表集体利益的集体同个人发生矛盾,在价值量上存在不确定性时,要比较谁的价值量大,集体利益可能让位于个人利益。以往我们往往默认个人牺牲是理所当然,集体事再小也是大事,这在某种意义上是对个人利益的忽视乃至牺牲。3.当个人利益牺牲成为一种必然,作为集体,应该使个人牺牲降到最低限度。4.即使个人牺牲降到最低限度,亦须对个人利益给予必要的补偿。如此两者之间才有对等性,避免集体压迫者的角色。个人也必须努力对社会尽义务、担责任,避免个人利益滑向自私自利的情况(从正当到不正当):1.伤害了他人和社会利益;2.虽然无越界,但只追求个人利益的满足,不考虑满足他人和社会,不履行一定的责任和义务。何谓公平正义?就是要保障有道德的人能有所得,道德与幸福是一致的。个人利益追求的无限性与社会利益诉求的有限性之间的矛盾是一个永恒的矛盾,思想政治教育就是要从价值导向和行为规范等方面为这一矛盾的解决提供人力保证。①

第五节　高职院校学习型班级建设的条件

高校本身就是学习的场所,是从事知识生产、创造和产出的地方。学校的一切活动都以学习为前提,这里有丰富的资源,如教师、图书和环境等。班级是学校教学的最基层组织。由于班级的特殊性,同企业的科层等级管

① 王增芬.东西文化比较视域下思想政治教育悖境探究.中国青年政治学院学报,2014,33(2):67.

理组织机构不同，从表面上看，班级像一个科层组织，实行自上而下的管理，实际上各科层成员之间在某种意义上是平等的，因为学生的主要任务是学习，学习面前，人人平等。因此从某种意义上讲，高校更能体现学习型组织的特点和特征，能为建设学习型组织提供优良土壤，班级更有利于开展组织学习。正如彼得·圣吉所指出，教育组织在建立共同愿景、分享愿景以及学习如何改变既定的心智模式方面，应当比企业组织更有效。作为高等教育的半壁江山，高职教育是与社会经济发展联系最为紧密的教育层次之一。高职院校的办学模式为学习型理论在班级中扎根提供了沃土。

一、外部环境土壤

《工业转型升级规划(2011—2015年)》(国发〔2011〕47号)指出，我国工业"已进入到必须以转型升级促进又好又快发展的新阶段"。转型时期，社会经济发展需要大量的技能人才，党和政府近年来对职业教育高度重视，《国家中长期教育改革和发展规划纲要(2010—2020年)》提出要建设现代职业教育体系，满足经济社会对"高素质劳动者和技能型人才"的需要，中共中央《关于全面深化改革若干重大问题的决定》中，也将"高素质劳动者和技能型人才"的培养作为深化职业教育改革的目标。

产业转型升级对劳动力提出了新的要求，给直接为社会经济发展培养劳动力的职业教育的改革和发展带来了难得的机遇和严峻的挑战。职业教育与经济的紧密联系远超以往任何时期，职业教育更是直接融入这一升级进程之中。产业转型发展，主要取决于掌握先进科学技术知识并有创造能力的劳动者；而劳动者知识技术的不断更新、能力的持续提高，要靠不间断的在职学习和培训。学习型组织本身是经济社会发展的产物，是企业拥有核心竞争力，实现可持续发展的必然路径，是高职学生走上社会后依然保持或具有核心竞争力的学习载体。产业的转型升级，要求劳动者不断提升技能，频繁转换技能，掌握多种职业技能，提高综合素质。以学习型组织为基础，建设学习型班级是满足这些要求的基础举措。创建学习型班级的根本目的，在于使学校在不断变化的内外环境中增强适应和变革的能力，用系统思维来寻找并有效地解决学校在发展过程中遇到的问题，最终提高学校教学和管理的效能。

二、内部环境土壤

(一)学习环境上的优势

学校是培养人、教育人的组织,是高知识含量的工作,是学习工作化与工作学习化相互结合的典型。把班级建设成学习型组织,具有得天独厚的优势。学校的目的就是培养优秀人才,学生的目的只有一个"学习",教师的目的也是指向"教会学生学习"。从学生(学习主体)来看,学生的当前任务就是学习,他们有时间、有精力、有兴致把眼前的任务做好。教师是富有责任感的理想主义者,最容易为理想和愿景感召,他们也最容易感受到教育教学过程中的创造性劳动的美和相应的成就感。在学习环境上,学校本身是一个学习系统,不仅要传播知识,更要培养学生终身学习的能力,即教会学生做人、做事、做学问。在人力资源上,高校的教师(包括教育管理者)可以担任学习型班级的顾问。在受教育者特质上,大学生具有很强的成才渴望性和成长的可塑性,容易成为自我超越的人。此外,高校在人才管理、民主制度建设、管理文化建设等方面进行了大量探索,在人才的激励与使用方面也积累了大量实践经验,这些实践虽然还存在不少问题,但它们都为学习型班级的创建提供了较好的基础。现在,学习型企业、学习型城市、学习型机关等都有了成功创建的典范,这些都是以学习型组织为基石的。班级建设也必然以学习型理论为指导和基础,创建学习型班级。

(二)校企合作办学的优势

职业教育最大的特点就是直接与经济生产相结合,其目的是通过对劳动者职业素质的培养来提高劳动生产率。2010 年国务院办公厅颁发《关于开展国家教育体制改革试点的通知》(国办发〔2010〕48 号),提出了改革职业教育的办学模式,构建现代职业教育体系的战略思想,明确指出"建立健全政府主导、行业指导、企业参与的办学体制机制,创新政府、行业及社会各方分担职业教育基础能力建设机制,推进校企合作制度化"。2014 年 2 月 26 日,国务院召开常务会议,部署加快发展现代职业教育,明确提出要"引导一批地方本科院校向应用技术型高校转型",淡化学科、强化专业,按照企业的需要和岗位来对接。同年6月，将其列为国务院印发的《关于加快发展现代职业教育的决定》重点任务之一，全国有200多所本科学校向应用技术型高校转型。《决定》还指出："当前职业教育还不能完全适应经济社会发展的需要，结构不尽合理，质量有待提高，办学条件薄弱，体制机制不畅。"2014年8月，教育部印发了《关于开展现代学徒制试点工作的意见》，要求各地教育行政部门要推动政府出台扶持政策，引导企业和职业院校积极开展现代学徒制试点。2015年8月，教育部办公厅公布了首批现代学徒制试点单位，其中试点地区17个，试点企业8家，试点高职院校100所，试点中职学校27所。国家关于加快发展现代职业教育的系列政策为高职校企合作实践的深入开展提供了支持，也为学习型班级建设提供了土壤，学校可根据企业对人才素质的需求方向来有的放矢地培养学生，为企业输出高质量的技能型人才。

(三)高职教育人才培养方式上的优势

高等职业教育的目的是培养适应区域或行业发展需要的高技能应用型人才，特别是能在生产实践中解决技术问题的高素质技能型人才。"高等职业教育与普通高等教育的重要区别，在于注重以职业岗位能力为重点施教；与中等职业教育的区别在于除职业岗位能力的水平要求普遍提高外，更注重基本素质的养成和应变能力的加强。"①改革发展过程中，为顺应高等职业教育发展规律，凸显职业教育特色，高等职业院校大都通过多种不同的途径开展校企合作或项目合作，进行校企联办、工学交替、顶岗实习、"订单式"培养；按照学生就业岗位的核心能力和关键能力，确定专业人才培养的目标，构建专业教育教学体系，使课程内容能较好地与岗位工作任务相匹配；强调通过实训、实验、实习等环节提高学生的动手操作和实践能力。工学结合，"教、学、做"一体化。工学结合是一种将学习与工作相结合的教育模式，形式多样，有工学结合，工作与学习交替进行的；也有在校上两年半，到企业实习半年的。无论是什么形式，其共同点是学生在校期间不仅要完成学习，而且要进行工作实习，也就是半工半读。学生的实习工作是学校专业培养

① 高银桥，蔡桂荣．浅谈高职教育的办学目标定位．黄冈职业技术学院学报，2006(4)：7-9.

计划的一部分，除了接受企业的常规管理外，学校有严格的过程管理和考核，并给予相应学分。学校的实训环节，让学生在真实的职业环境中感受企业文化，以达到与企业需求的无缝对接。在实习、实训过程中，应加强学生的技能培养，重视学生的职业形象、职业心态、职业道德以及职场角色意识和规则等方面的体验与反思。学习型组织源于企业管理理论，高职院校人才培养模式为学习型班级建设提供了企业资源和学习环境。

（四）学习时间和空间的优势

学习是要花时间的，学校在推动组织学习的时机上占有很大的优势。学生以“学习”为根本任务，他们可以有整块的学习时间。同时，学校本身教学设备较充足，学习环境幽静，是进行组织学习的良好空间。一个良好且具美感的校园及班级环境，有益于学习效果的提升及人文艺术的向上发扬。《天下杂志》2001 年教育特刊《美的学习》中提到：“不只与自然融合，美的公共空间也是人与环境互动的协调。”又引述建筑师姚仁喜的话：“人在好的环境，行为举止自然会变得比较好，不会糟蹋好的环境；若是在不好的地方，很容易就弄坏。”时间、空间环境和学习资源的支持，让学习团队有充分的条件进行共同学习。

第四章　高职院校学习型班级建设的困境与挑战

目前我国高职院校学习型班级建设还处于理论呼吁阶段，零星的学习型班级试验也仅限于形式上的，而传统班级建设的模式并没有发生根本性和实质性的改变。彼得·圣吉认为组织是个系统，从系统的视角分析组织中存在的问题，这正是人们经常忽视的关键所在。在学习型班级的构建过程中，传统班级管理模式沉积下来的多方面障碍（包括系统、认知、体制、管理人员、管理思想等）已形成一定的惯性力量，致使其在短时间内不会发生较为有效的变化。要消除这些障碍，首先我们必须要透过现象看到本质，对其有比较清晰的认识，然后进行深入分析，以探究阻碍学习型班级建设的深层次原因，更好地推进学习型班级的构建。

第一节　职业教育系统中人才培养与社会需求的脱节

班级是职业教育系统内的重要一环，学习型班级建设的好坏直接受职业教育系统环境的影响。传统教育目的是向贫困开战，首先要满足人的物质生活需要，因此，职业教育的重心偏向知识的传授和技能、习惯的训练。随着社会经济的发展，物质生活水平的提高，现代职业教育所培养的学生除了具有必备的知识与技能外，还必须具有健康的职业伦理和职业心理。在面对新知识、新技术的急剧增加与变化时，他们用终身化的教育思想，积极生存、发展、向上的精神和自主创业的意识，去面对和迎接现实的挑战和未来的职业生涯变化，把市场经济条件下的失业视为学习和自我提高的机会。学习型学校、学习型班级概念的提出是职业教育时代境遇呼吁的结果。全球化进程、现代性境遇、技术的革新、经济的转型等综合因素都对职业教育发展产生了重大的影响。从“学习型组织”视域审视现代的职业教育，其处于以下境遇中。

一、技术与人文的不和谐

随着科学技术在社会进程中扮演着越来越重要的角色，现代教育“越来越关注自己满足个体和社会习俗性发展的能力，越来越从这种世俗性需要的满足方面来变革自己，从而忽视甚至是放弃了自己传统的人文关怀和人文追求”。自然科学教育是主要研究自然和物质世界的教育，注重自然的开发、人的生存、物质生活的满足等工具手段意义的成果教育，具有较强的现实性和功利性；而人文教育强调对美、情感等精神层面的追求，关注人生发展的意义，关注人的精神价值追求。自然科学对社会发展的影响是直接的、具体的，而人文社会科学的影响是潜在的、不易察觉的。这就使人们不自觉地重科学教育，轻人文教育。

一旦忽视人文社会科学的作用，在短期内其危害或许不明显，其潜在的危害是却是深远的、无可估量的，甚至难以弥补的。缺少了人文的熏陶，学生不能成为一个完善的人，要承受技术和人文两个领域割裂的痛苦，人与人之间会变得冷漠，学校也不再是一个温暖的地方。“客观化的技术的世界已降为纯粹的市场，而文化认同的世界则受到顽固的社群观念的禁锢；个别的存在，即个人都遭受到被分裂的痛苦，感到他们所生活的这个世界和制度的秩序或世界的本身也被肢解了。”①

现代学校职业教育自产生以来，就深受科学主义的影响。学校的教学和评价活动沿袭近代科学的客观主义和实证主义传统，局限于对学生知识的传授和技能、习惯的训练，教学活动成为一种纯粹的知识性活动，导致教学活动中理性与非理性的割裂，忽视了学生完整人格的养成。② 就当前的职业教育教学过程来看，关注得更多的是技能的培养，而忽视综合素质的形成，或者将素质培养与技能锻炼分开来做，这些做法都难以达成“高技能”与

---

① 图海纳. 我们能否共同生存：既彼此平等又互有差异. 狄玉明，李平枢，译. 北京：商务印书馆，2003：75.

② 李松林. 论回归生活世界的教学论变革. 华东师范大学学报（教育科学版），2005(1)：17.

“高素质”的教育目标。“学习型组织”是以“系统整合”为标志的，职业教育种种“分离”的境遇促生了“学习型组织”。

二、学校主体与经济领域的不协调

随着社会的变迁，进入后工业社会以后，公共领域、私人领域和日常生活领域出现“分野”。作为公共领域的学校成为独立的法人单位，独立性增强，以育人为其首要目的成为其价值追求；而以企业为代表的经济领域，在市场机制的支持下分工越发精细，逐利性是其主要的价值追求。学校的教育性与经济领域的逐利性，使学校主体与经济领域的价值观不可避免地出现了分裂。同时，学校知识的更新具有“滞后性”，技术更新的速度使学校知识与社会需求脱节。

学校主体与经济领域分离的表现之一是学校与行业、企业之间“利益共同体”难以达成。我国的职业教育采用政府主导和推动下的办学模式，在发挥政府“有形之手”的调控方面有其自身的优势，在计划经济时代也发挥了积极的作用，但这种办学模式在应对经济市场“无形之手”时先天不足。首先，国家主导的职业教育突出特征就是学校主体。教育都具有一定的周期性，学校主体的职业教育，在应对市场变化的需求时有明显的“滞后性”，当职业教育完全导向经济世界时，又不能实现社会赋予职业教育的所有社会功能。其次表现为主体学校与经济领域的合力机制难以达成。主要表现在：第一，校企合作的表层化。我国的职业教育校企合作是学校主体的校企合作，企业参与的主动性不强，尚未真正参与到人才培养过程中来。行业、企业的缺位，是造成高等职业教育人才培养目标定位不准、质量不高、实习实训基地缺乏、毕业生就业难等一系列问题的根本原因之一。第二，学校与企业尚未形成合力。政府政策管理机制不健全，企业参与校企合作得不到保障，因此企业的积极性不高。缺乏适合我国国情的校企合作运行机制，教育与劳动部门的制度性障碍，企业、行业间的权责不清等问题，使现有的校企合作也难以达到预期的效果。第三，企业受益度不高使企业参与职业教育的积极性不高。职业教育的校企合作存在“校方热、企业冷”、合作深度不足、合作质量不高、合作动力不足等问题。企业虽然用人，但他们也不想花大力气、大代价参与人才培养，因为在企业看来现在仍然是“买方市场”，人力市场总体还是供大于求，企业总能招到人。而且目前学生和企业是双向选择，花大力气培养了学生，也未必能成为他们的员工。

三、工具领域与价值领域的不统一

职业教育领域人为秩序的出现，派生出工具和价值认同两个领域。受工具理性支配的社会领域被称为工具领域，大众对于社会领域的价值观念和价值判断被称为价值领域。理性是工具性的支配意志，工具理性追求数字化、定量化、功利化、最优化、实用化、工具化、技术化。当工具理性主宰世界，效率成为目标，价值理性往往被忽略，两个领域的不统一产生许多矛盾。

就我国的职业教育发展现状来看，这种工具领域与价值领域之间的不统一，主要表现在国家政策的积极干预与大众对职业教育认同之间的矛盾。职业教育是科学技术转化为现实生产力的桥梁，是高等教育与社会经济发展联系最紧密的部分。它培养的是高技能应用型人才，是企业人力资源开发的重要途径，能够直接培养企业发展所需的技术性人才。职业教育通过校企合作办学，实现资源互补，合理设置专业和人才培养规格和数量，有利于改善区域性的投资环境。然而在现实中，职业教育的社会认同度却与它所体现的价值背道而驰。一方面，近年来，随着市场经济的深入发展，各地频频出现“技工荒”，企业招不到人的比比皆是，这说明经济社会发展需要大量的高技能人才。另一方面，职业院校培养出来的学生又遭到社会的排斥，专业性、技术性、研究性不强的岗位在招聘人才时，也非名校学生不招，造成“人才浪费”。

这种现象固然与我国传统的职业等级观念相关，但也不能忽视职业教育本身缺乏吸引力的问题。正如杜威所指出的：“在文化和技术发达的社会里，很多必须学习的东西都存储在符号里。这就产生了一种危险，正规的学习活动所学习的仅仅是与实际相脱节的知识，这些知识被去除了社会和生活背景，它们仅仅是一些抽象化的符号，学生难以理解这些符号的意义。”①

① 杜威. 民主主义与教育. 王承旭，译. 北京：人民教育出版社，2005：72.

在职业学校中，教师是掌握知识的权威，学生成为被灌输的对象，学习内容是脱离实际生产需求的知识。学生学习这些并不能给他们创造美好的生活，社会和企业对职业学校的毕业生也并不满意，觉得这些学生仅仅是掌握了一些抽象知识的"书呆子"，职业学校也逐渐被人们所怀疑，甚至出现了生存危机。

四、职业需求与学生需求的脱节

职业需求主要指的是职业对高职人才的需求以及高职人才素质的要求。就我国职业教育发展的现阶段来看，职业教育仍处于"供方教育阶段"，是社会的"选择意志"而不是学生的"选择意志"。这使职业需求与学生的需求脱节：一个是面向劳动力市场的职业领域，因职业教育与市场、经济有密切的联系，职业院校要依据劳动力市场的需求设置专业、培养人才；另一个是因历史文化传统、时代特征和社会舆论而构筑的学生需求领域，在这个领域里学生的个体意识强烈，而职业教育的认可度非常低，学生对其常持排斥态度。这种分离的局面使职业教育往往不是学生的"需方选择"，学生的非自主行动将会影响学业质量和人才培养质量，最终也不能达到根据劳动市场的需求来办教育的目的。

通过"企业对毕业生素质要求的调查"(见表 4-1)，笔者发现，用人单位最重视的毕业生素质依次是沟通协调能力(82.5%)、解决问题的能力(72.5%)和实践能力(69.5%)；其次是吃苦耐劳精神(60%)和工作适应能力(52.5%)、敬业精神(40%)和团队合作能力(40%)。而专业知识能力虽然也是用人单位比较重视的，但调查发现企业对其要求不是很高(30%)，因为大部分学生上岗前都要经过企业的岗前培训。可见，随着人才竞争的不断加强，职业学校培养人才激增，专业岗位竞争能力增强，用人单位不仅仅注重学生的实际业务能力，也越来越重视学生的文化理论水平；不仅仅重视学生的专业技能知识，更重视学生的综合素质。

表 4-1 用人单位最注重的毕业生素质调查(多选)

调查项目	该项选择比例(%)
专业知识能力	30
敬业精神	40
吃苦耐劳精神	60
工作适应能力	52.5
心理承受能力	17.5
团队合作能力	40
解决问题的能力	72.5
职业道德	35
沟通协调能力	82.5
创新能力	20
实践能力	69.5

第二节 顶层设计认识和思维上的局限性

从学校的校长,到行政人员、教师和职工,再到学生,大家一致认为只要各人把自己的工作做好,比如行政人员把工作做好、教师把书教好、职工把分配到的工作完成以及学生把学习任务完成,学习型班级就能建设成功。这样的观念是将工作与自身混淆了,被固守本职的观念桎梏了,归罪于外的心态便由此而生。一个努力做好自己工作的人自然会把组织的学习障碍归罪于外,从而使组织中的人逐渐失去了工作或学习的积极性和创造性,致使他们迷恋、依赖以往的工作和学习经验,对新生事物和理论缺乏敏感度,对自身的工作状态认识不足。

一、学习型班级建设的意识不强

意识和思想是先导,没有正确的意识或思想,就不可能有正确的行为,因此,转变观念、端正思想是重中之重。班级是思想政治教育的基础,传统的班级建设侧重班级管理,尤其倾向于思想政治教育管理,而忽视了思想政治教育的“教育性”。1980年代末，邓小平同志在总结我国改革开放的历史经验教训时就曾指出，改革开放“十年最大的失误是教育，这里我主要是讲思想政治教育”①。此后，思想政治教育又重获重视，特别是2004年下发的中央16号文件，将思想政治教育的地位提升到前所未有的高度。显然，不断强化对大学生思想政治教育重要性的认识，推动大学生思想政治教育的体制机制不断完善。随着信息和网络社会的发展，大学生思想政治教育环境变化，传统的班级教育管理理念已不能切合实际，高职学生思想政治教育方式、手段和载体等必须与时俱进，才能提高实效性。然而大部分高职院校对新的班级教育管理和学生思想政治教育管理目标认识不够、不清晰，对伴随工业化发展而产生的学习型组织更是缺乏理论敏感性，鲜有学生工作者把它融入班级建设中。顶层设计者往往聚焦于探索高职教育的办学模式、校企合作机制等宏观领域，而对思想政治教育的微观场域班级普遍缺乏重视。

二、学习型班级建设存在认知误区

首先，从学生工作主体的思维认识和工作态度来看，长期以来，“学生工作是为教学服务”的观念使学生工作处于从属地位，以为学习型班级建设是完全为教学工作服务的。这削弱了班级功能，也影响了学生工作的地位和作用，影响了学生工作者的积极性。目前班级建设的教育主体是辅导员，受传统观念影响，在工作态度上，辅导员仅仅是为了完成工作任务而工作。这里的工作任务主要是学校各职能部门下达的通知或文件，以及所在院系主管学生工作的院长或党总支书记交代的工作。“上面千根线，下面一根针”，辅导员忙于应对大量事务性工作，而对学生进行思想政治教育的时间和精力明显不足。在这种情况下，大多数辅导员失去了工作的创造性和积极性，工作处于被动状态，只满足于完成上级交代的工作任务。有些辅导员甚至把各职能部门或直属领导视为服务的主要对象，工作以上级部门或领导的意愿为转移，对学生的管理和教育便异化成取悦上级领导的工具。此外，大

① 邓小平文选：第3卷. 北京：人民出版社，1993：306.

部分辅导员工作时不沟通，不交流，不学习，不思考，循规蹈矩，束缚于规范、经验、习惯和知识，结果往往会走远路甚至弯路。

其次，从对学习型班级的认识来看，随着高职教育改革的深入，越来越多的师生认同并接受学习型班级理念，学习型的教师队伍也日益壮大。但因对学习型组织理论缺乏深入的研究，其对学习型班级的认识和实践存在很多误区。

1.没有认清传统班级意义上的“学习”和学习型班级的“学习”的本质区别。这是一种最为普遍的共性错误，把学习型组织建设理解为强调人们要学习更多理论知识和书本知识；认为在知识经济时代，只要组织内人人都学习知识，就是学习型组织。因此，学校本身被认为已经是学习型组织，班级更是为了学习的目的而组成的，自然也是学习型班级。在实际运用中，往往因为对学习型组织一知半解，而出现似是而非的“学习型班级”。

2.忽视了组织结构的有机整合。比之于传统班级，学习型班级绝不仅仅是结构扁平化、信息共享、组织开放、共同愿景那么简单，更重要的是全体班级成员的生命潜能得到了有效激活，生命质量得到了提升，班级中的每个成员是组织发展的能动者和创造者，而不是被动者和顺从者。

3.有些实验学校过分强调了辅导员或班主任在学习型班级建设中的权威和作用，忽视了群体智慧的发掘和个性在群体中的发展。学习型班级区别于传统班级的一个关键点，就在于团队学习行为和团队智慧的深度发掘。

4.部分学校在创建学习型班级实验中，过分强调用刚性目标来激励人们为之奋斗，强化制度文化和纪律意识，弱化了班级里良好的人际氛围和情感态度的形成，忽视了学校本身的核心价值观和整体向心力等柔性目标的建设，甚至没有想到核心价值观的建构以及实践价值观的责任感和使命感。这样做把组织引向了僵化，使组织失去了活力，最终走向了学习型班级的反面。

最后，从班级建设目的来看。由于传统思维认识的惯性与固化，目前许多学生教育工作者（主要指学院领导、中层干部以及基层学生工作者）对学习型班级建设的目的认识不清，把握不准，存在如下问题。

1.执行命令观。一些学生工作者认为，班级管理就是要按照上级或职能部门的要求来进行,固守本职的心态使他们仅接受上级的指示行事,本身毫无自主创造的能力。即一切奉令执事,有错,一定是上层的决策出了问题,错不在我。班级管理是自上而下的,而不是从班级实际出发,自下而上,更没有考虑每个学生发展的实际需要。班级工作只是做表面文章来应付上级检查,班级活动流于形式,为了组织活动而活动,存在盲目性,学生因此缺少参与的积极性。

2.消极防备观。一些学生工作者认为,班级管理就是防备出事的,不出事就是优秀班级。在这种心智模式下,学生工作者习惯于高压政策,消极防备,班级建设缺乏系统思考和前瞻性规划,以致“救火式”处理问题多,积极有效引导少,传声筒式布置任务多。工作中不会防微杜渐,更不会主动促进班集体建设和每一个学生的发展。

3.问题解决观。持这种观点者认为,班级管理就是解决问题的,一旦学生发生违规违纪等问题,就对犯规学生严厉惩罚。学生工作者被动地等待问题发生,而不是主动全面地关心班集体的每一位学生,积极正确引导学生的发展。

4.争取荣誉观。一些学生工作者把班级进步和是否优秀简单等同于班级集体荣誉的获得,因而往往只顾及集体荣誉,忽略全体学生的发展。一般情况下只有少数“过硬”“能干”的学生得到任用和培养。而有些情况下,在“为了群体”的借口中,学生干部往往只被使用不被培养,成为集体荣誉的牺牲品。

三、学习型班级建设缺乏先进理论指导

随着科技、信息和市场经济的发展,当代大学生思想日益多元化,追求个性和特性,思维和行为都具有鲜明的特点,对传统的思想政治工作方式越来越排斥。这就对学习型班级建设的教育主体高校辅导员的素质提出了更高的要求。辅导员素质对班级的学习效果具有决定性的影响,班级学习活动开展的效果如何在很大程度上是由辅导员素质决定的。由于思想政治教育见效周期长、成果无形化、工作评价模糊、辅导员工作价值难以显现等原因,学校往往重视教学科研,轻视或忽视对辅导员的培训、培养。再加上自

身不寻求提高，导致辅导员角色知识欠缺、角色认同度不高、队伍不稳、流动过快、专业化水平不高、学科支撑薄弱、自我评价低和社会认可度不高等问题。最终导致思想政治教育工作的滞后，主要体现为思想政治教育的基础理论和教育方法研究相对滞后，既没有随着经济、文化、信息的不断发展转变必要的工作观念和思路，也没有随着大学生的思想动态变化而更新必要的教育语言和方式，限制了思想政治教育的持续发展。具体表现为辅导员不能按照学生的身心特征计划性地开展工作，缺乏创新意识，甚至对工作出现排斥心理，对工作投入不够，对学生及学生活动缺乏热情。有些辅导员总是绕着自己的工作领域打转，认为只要完成分内之事，就是努力的表现，对周边情境的变化及专业发展的契机缺乏敏感度。受环境影响，许多热心工作的辅导员，也局限于固守本分的观念，无法认清现况、辨别潜在的危机或机会。

四、学习型班级建设缺乏系统规划

现代的高校沿用了传统组织功能导向的设计——将组织功能割断分工的科层制管理模式，作为高校组织系统一部分的班级管理也难逃藩篱。在这样的管理模式中，整个组织内各个单元被切割，组织内壁垒森严，各部门各自为政，自扫门前雪，局限于部门责任，形成狭隘的部门利益观，导致组织内的创新智障、信息自由流动受阻、沟通和协作困难。在这样的管理模式中，大多数人认为自己对整体无甚影响，往往只专注本职，很少会主动去了解他人的事，或整体、全局的事。试想，当一位辅导员关起门户，施展班级管理自主能力的同时，若未与学校的行政人员和教学人员配合，各唱各的调，则无法配合班级整体发展的要求。圣吉提到，如果只专注自己的职务，我们便看不见自身行为的影响到底怎样延伸到职务范围以外。割裂的科层制管理模式会导致员工习惯以片段思考推断整体，当任务无法达成时，自然归咎于外在的原因，而不会先检讨自己。传统专业职能分工是职能障碍产生的根源，随着社会的发展，分工越来越细，沟通和协作显得尤为重要，然而不幸的是，人们却越来越相互隔离。这与学习型班级是相悖的，推行组织学习，信息的流动、组织成员的沟通和共享是基本前提，学习型班级建设要求部分之间、部分和整体之间有机联系并相互作用。部分是整体的部分，整体是部分构成的整体。不仅不同阶段、不同部分构成的发展着的有机整体是一个开放的系统，班级与班级之间同样是一个开放的系统。

第三节 班级的育人功能萎缩成管理功能

重机构、重权力、重章法而不重视人，是当前高职院校管理中一个十分突出的特点。传统的科学管理推崇“刚性管理”，主要依靠组织职权、规章制度，把一切事务都规范化、标准化，实行强有力的控制。当前的班级管理更多被赋予行政和事务性层面上的意义，结果就是用行政上的刚性手段来管理，忽视了班级的教育性意义。班级管理的最终目的是培养人、发展人，造就人的和谐和可持续发展。一旦将班级管理简化为纯粹“管”的活动，班级管理就会偏离教育的宗旨，就会出现控制，造成学生的压抑与奴役状态，损害学生的主体性发展，班级的育人功能萎缩成管理功能。

一、班级建设重管理轻教育

（一）班级建设的管理主义

现行的班级管理沿袭了重“管”轻“育”的传统班级管理模式，用简单、统一的制度和模式来要求班级管理主体，走上了追求“科学化、标准化和功利化”的道路，教育价值被人为割裂。大学生班级教育不仅失理失范，还失智失善，过分强调管理者的权力或权威，为管理而管理，为管住学生而“管训”学生，凭主观经验盲目地管学生，违背班级管理的教育意义，导致班级单一的管理功能。谢维和教授指出，教育活动中的管理主义是指“把作为一种教育手段和重要形式的教育管理绝对化，变成一种目的本身……也就是把教育管理者所拥有权力绝对化”①。这种班级中的“管理主义”主要体现在两个方面：第一，班级教学活动质量和师生水平往往是以班级教学活动管理水平的高低来衡量；第二，解决班级教育教学活动中出现的各种问题的手段往

① 谢维和. 论班级活动中的管理主义倾向：兼答吴康宁教授的商榷文章. 教育研究，2000(6)：54.

往是加强班级的管理。这样，班级建设往往成为一个终结性的目标，而不是服务于学生成长的手段，即“为管理而管理”。而真正的教育是管理和育人融为一体的，即管理以育人为目的，否则便不是教育；育人需要管理作保障，没有有效的管理，育人活动难以维系和实施。

班级的教育管理活动应是紧紧围绕“培养全面发展的社会人”这个最终目标而进行的，它包括学生身心、人格和素质的全面发展。班级是学生学习知识、启迪心智、陶冶情操的场所，也是学生通过人际互动实现个体社会化、个性化的重要场所。班级管理作为一种基本的教育活动，是指向教育性并为教育服务的。教育的一个基本任务是实现学生的个性化培育，而通过各种活动与措施来促进学生个性化是班级的一个基本功能。但在当前班级管理主义模式下，“管训”完全代替了“教育”，学生在教师权威的严厉注视下，产生畏惧心理，唯恐自己行为出现错误。这种管理不是指向学生身心的全面、和谐、健康发展，而是以学生的片面发展为代价，来换取所谓班级目标的实现。

（二）班级建设的制度主义

制度是为达成教育目的而普遍采用的一种手段。在班级场域下，制度是班级管理的必要条件，由一定标准及相应的规则和规范构成。但若制度过分繁琐，规则名目过多，则行为缺乏选择的余地，形成强制整齐划一的行为模式。同时，对学生的纪律检查又过分严厉，对违反者施以重罚。久而久之，学生会产生防卫性心理，时刻担心触犯了规条，行动时就会畏首畏尾。这样的班集体里，制度权威的维持变成一种目的。

在这种氛围里，辅导员只关心如何矫正学生形形色色的错误行为，学生干部只从事监视活动，按照辅导员的指令行事。学生在这样的监视下被动地遵守各种规章制度，其主体意识被压抑，缺少主动发展的动力和能力。这样在班级活动时，学生的参与度会很低，活动的开展也就被规章制度所束缚，班级也会缺少生气。“教育者往往以控制和要求代替理解和沟通，考虑的不是个体的需要，而是制度及其规则的不容侵犯。”①名目繁多的制度，加

① 杜洁，屈陆．反思制度化学校生活对学校教育的异化．中国德育，2009，4(11)：28．

上以“分数”为主导的班级考核，使学生诚惶诚恐地应对那张量化表，不能真正做到潜心学习。辅导员的工作变得机械，统一指令即可解决问题。学生变成听话的“工具人”，以“服从”为标准，以“执行”为原则，缺乏自由性、灵活性、责任感，甚至失去了反思和批判意识，被扼杀了创造性和个性。

(三)班级建设的工具主义

班级管理中管理主义、控制主义、制度主义的盛行，造成了学习型班级建设的工具主义。很多高校引进学习型组织流于形式，学习型班级成了一种缓和班级矛盾、增强班风和学风的口号。班级管理者并未清醒地认识到，班级管理中教师统治的方式即“人治”，过分放大班级管理者的教育和管理职责，以期班级能够在一条预定的轨道线上运行；制度化的班级管理只能治标，不能治本。班级建设指向外在的效率，服务于工具性目的。

班集体这种人的生存形态极容易出现异化，“给人的共在和共处造成各种人为的痛苦和困境”①。这样的班级里，学生得不到精神上的发展，自主性和合作性将受到极大损害，导致学生片面的发展。同时，由于班级的分层结构，极易形成敌对氛围，也会导致学生之间不和谐气氛和不健康思想的产生。这种做法又由于班级量化考核的绝对化，而得到推进。

教师只是班级建设的引导者，在认识到班级生活中学生的情感、需求、愿望、兴趣的前提下，应把班级管理的主动权交给每一位学生，学生才是班级的主人，管理应该由他们发动、执行、监督、评价。因此，激发学生的主人翁意识，培养学生的民主精神、团队合作精神和团队竞争力，创造学生成长成才的健康氛围，达到班级自治，是辅导员工作的重要内容，也是班级建设的理想境界。

(四)班级建设的经验主义

传统的班级管理注重“管”，用简单、统一的制度和模式来要求班级管理主体。部分班级管理者采用“管、卡、压”的手段，检查、督导、评比、监控等约束过多，以命令型的管理方式来实施管理。这是一种经验式的管理，过分强调行政本位或制度本位，强调权力意识，导致班级建设过程中普遍存在问

---

① 胡群英．社会共同体的公共性建构．北京：知识产权出版社，2011．

题:一是“重管理、轻教育”,往往忽略学生的主观需求和能动性,忽视了学生思想政治教育的内涵要求;二是思想政治教育管理缺乏平等意识、民主意识,师生之间产生距离感。

经验管理是基于工作实践而提炼出的有效的管理原则,但随着信息化社会的到来,传统的班级管理理念已经不能适应当前社会发展。在相当长的时间内,这种经验管理的形态成为班级管理的主要方式,已形成惯性。许多辅导员或班主任仅凭自己的经验行事,要么把班级管理当行政性和事务性工作来处理,习惯于充当“班级办事员”的角色;要么将班级管理视为无足轻重的“小儿科”,不屑于研究新形势下大学生思想政治教育的理论、机制、规律、方法、手段,以及诸如网络大学生思政工作、思想政治教育理论创新等重点、难点、热点问题;要么将班级管理视同“管教”,等同于纯粹的纪律教育,唯一目标就是不出大事。凡此种种,都是对班级管理错误理解的经验型管理。经验管理的惯性使教育工作者难以接受先进理论指导,少有人能根据学生特点、遵循班级管理规律而采用科学合理的方法,从而导致班级管理低效。

二、班级评价重显性轻隐性

传统的班级管理在指导思想上,过于注重社会价值和集体舆论,过于强调集体意志和统一思想,片面要求学生守纪、听话,忽略学生个性特点和需求。在评价内容上,过于注重成绩、常规和外在的行为评价,对学生深层次的心理、精神和个性发展很少关注。在评价方法上,过于偏重制度规约,缺乏个性化的评价方法。从评价效果看,评价强化了教师和学生对学习作为外在的、工具性目的的认知,把学生变成“考试机器”。传统班级评价是一种线性评价,强调评价的选拔、淘汰功能,常以考试分数、文凭、证书等量化评价来做参照。从学习型班级的深层含义来讲,它需要学校组织及其全体成员树立把“会学”作为基本存在方式的学习观,来展示发自内心深处的自主学习行为。显然,现行的学生学业评价制度和以此为主要基础的教师评价制度违背了这一宗旨。

(一)评价的价值取向倾向于功利化

高职院校现行班集体建设评价中存在“通病”:评价指标过于注重外在

的、物化指标的测评，过于强调整齐划一的规训，过于拉近所谓结果与荣誉、待遇的关系，过于重视学生的成绩水平，忽视了对学生的道德素质、职业素质、情感意识等综合素质的考核；管理方式也存在不科学合理的地方，领导考核多于学生考核，虚化考核多于实效考核，书面考核多于实践考核，这严重挫伤大学生班级建设各相关主体的工作积极性。一般来说，学校内部对于班级管理的业绩考核，主要集中于文化成绩和社会活动两个方面：

1. 各种考试的优秀率和通过率。主要体现在期末考试的优秀率和通过率、英语和计算机通过率、专业技能证书等量化考核。

2. 社会活动和竞赛加分。学生的社会活动分包括两部分，一是职务分，即在学生组织和社团内担任的职务。二是活动名次，针对不同的名次赋予不同的分数。竞赛分指的是参加各种层次(校、市、省和国家等)的专业和非专业竞赛，针对不同层次比赛获得的名次赋予不同的分数，加以量化考核。此外，除了这些加分项目，还有一些减分项目，如处分率、出勤率、不及格率等。

这些量化标准被定为学生就业推荐、评奖评优和入党等的评选依据或条件。这样，教师对班级管理的关注异化成了对分数指标的追求。学校、教师和学生唯分数和荣誉是从，而他们真正需要的、持续的学习行为则难以产生。教师和学生都缺乏持续学习的动力，学校组织氛围及其成员的学习心态都有待改善。

这种功利性价值评价取向导致传统班级建设工具主义和实用主义的价值理念和价值追求。这样的班级评价直接导致这样几种结果：

一是育人行为异化。只强调规训、服从，只注重卫生、安全等边缘性、派生性目标的达成。只针对执行纪律、知识掌握、少数学生，很少顾及所有学生的全面发展，很少顾及学生知识以外的能力、态度、情感、价值观等的综合发展，很少顾及学生的主动发展。在对辅导员和班主任的评价中，只关注他们是否完成任务，是否勤于到班，能否管住学生不出事；至于辅导员是怎么工作的，他们的心理状况如何，能否获得专业发展，则不予考虑。

二是教育过程简单，方法单一。只注重外在考核，忽视了内在的道德体检。过程程序化，只注重对检查、统计的数字管理，抹杀了管理者的教育智慧。由于只注重外在的考核指标，教师的班级管理往往也只注重扣分、处罚，忽视情感上的人文关注。为了赢得班级管理的好评，许多辅导员直接将目标对准了考评分数，刻意追求考评结果，对教育事业的追求和对学生的责任心逐渐被赢取分数所代替，甚至与学生一起弄虚作假。

三是评价结果不公。往往只关注“鸡毛蒜皮”的小事，人情分盛行，考核结果与班级实际严重不符。这样的评价，规避了发展的主题，抓了枝节，忽略了主干，实际上成了班集体建设的“杀手”和“元凶”。

因此，方案编制、过程实施、结果处理等评价环节，要凸显发展主题。把评价过程变成一个促进班级发展、学生发展、辅导员和班主任发展的过程。

（二）评价方法或手段过于量化

学校在其发展过程中自觉地向工业生产领域靠拢，企图通过量化的检测方式达到培养目标的实现。所谓量化考核就是把某项工作的具体操作过程与结果细化分解成若干模块，并对这些模块做一定的数量要求，然后用这些数量要求对照、比较、审定、考量已完成的工作，从而对该项工作的完成情况做出评价。量化考核虽具有目标明确、标准清晰、客观性强、易于操作等优势和特点。量化考核初衷是奖励优秀，鞭策后进。但追求量化的过程中，往往会绝对化、目的化，追求量化所得到的分数和利益往往代替了班级管理的发展质量和学生的全面发展。过多强调量化评价只会使评价变成衡量的工具，失去了评价的既有价值。过度的量化考核就会落入“检查主义”，滑向为评价而评价。为了在量化考核中取得好成绩，对于那些考核的指标，人人争相以优秀的姿态出现；而对于那些不考核的指标，大家充耳不闻或加以限制，以免因意外而扣分。学生在班级生活中的丰富活动需求在量化面前被扼杀了，在过度的量化考核下，学生被限制了自由，被工具化，被抽掉了生活的丰富性，被规限了思想眼界和人格发展。过度量化评价的班级，颠倒了班级管理的目的与手段，脱离了教育性要求的纯粹，导致班级教育和管理的异化。就如某学者指出的，这样的评定，要么将班级管理的一些核心因素放逐掉，要么因为肆意的物化而流于疏浅，导致评价的低效、无效甚至负效。物品的生产可以通过量化做到精确控制，但是对于教育领域的一系列活动，量化是有很大的局限的。我们迫切追求的目标应该是建立人性化、柔性的班级考核理念。

学校对辅导员的评价同样是简单而庸俗的“量化”。对辅导员的所有工作都用琐碎量化的方式考核，使他们有做不完的统计、填不完的表格、挣不完的分数。“以智论德”，不管辅导员平时做了多少工作，不管这些工作带来了多少效能，只要学生考试成绩不理想，不管原因如何，首先归咎于辅导员。提倡并鼓励辅导员当“保姆”，越是陪着学生自习、盯着学生打扫宿舍卫生的辅导员，得到的评价就越高；而那些培养学生自育自治能力、放手让学生自我管理的班主任，往往被视为“不负责”“不深入学生”。如此评价，辅导员的手脚怎么会不被束缚？我们不反对科学量化，但辅导员工作的效果并不是都能量化的；学生考试成绩当然反映了辅导员工作的一个重要方面，但毕竟非全部；辅导员事必躬亲的精神固然可敬，但“垂拱而治”的管理方式更为合理科学。因此，只有使辅导员工作得到全面、科学、公正的评价，他们才可能从沉重的体力负担与心理负荷中解脱出来。

(三)评价内容重事实性评价，轻价值性评价

我国职业教育领域传统的纸笔考试和技能考试，注重学生对理论知识和技能的掌握情况，这样的评价只能测量学生“知道什么”和“能做什么”，但却不能评价学生“能够解决什么样的问题”。社会对毕业生的评价应该是多元化的，包括专业能力、创新意识、工作态度、学习能力、执行能力、应变能力、自我规划能力、职业忠诚度、实践能力、心理调适能力、人际沟通能力、团队协作能力等多个维度。具体到对班级管理的评价，则包括班级精神、人际关系、学生可持续发展、特色个性等。

然而我们的教育只重视用分数来评价学生对知识的掌握情况，不关心学生能力的成长和素质的提高。比如不少高职院校仅根据学生学习成绩的高低、获奖数量和级别、出勤率、卫生和纪律等状况来对班级管理者进行评价。这就使得班级管理者只注重常规工作和工作结果，而对学生的独特个性、全面发展、创新创造精神以及社会实践能力等方面无法进行同等评价。

不仅如此，我们倾向于教导学生只有一个正确答案。据统计，一个大学毕业生平均经历2600多次测验和考试，“一个正确答案”深深地印在我们的脑海中。但生活中的大多数问题并非只有唯一解，生活是不确定的，它有很多正确答案。我们应该努力去寻找第二个，第三个，第……个答案。往往，第二个或第三个答案才是解决问题的真正答案。而大学生思想政治教育实践中，往往习惯于遵守"千篇一律、千人一面"的教育规定和目标要求，从而极易忽略不同学生在各个成长阶段各自的发展特点；常常会因为一时一事的要求调整教育内容或内容的侧重点，在一定程度上忽略了大学生成长成才的全面需要。这是造成学校教育与社会现实彼此割裂的重要因素之一。

学习型班级评价强调培养目标和评价内容的多元化，不仅包括知识与技能，还包括情感、态度、价值观、过程与方法，它们之间没有主次之分，对任何一个方面的忽视都可能造成学生发展的偏颇。

（四）对评价结果后续的改进和干预措施不完善

在分析学生的班级评价结果之后，教师要帮助班级和学生制定改进教育管理和学习的计划，要考虑"表现好的班级和学生要如何改进与发展"，"表现不好的班级和学生要如何改进与发展"。当前班级评价结果反馈的问题一般有两种：一种是评价者未及时将评价结果的解释反馈给被评价者，后者也就无从知晓自己哪些方面需要改进、发扬或保持，评价变成暗箱操作；另一种是评价者缺乏反馈问题的意识和能力，未能真正了解反馈的意义与目的，评价结果处理过程缺少互动，也没有相应的改进建议。很多学生工作者坦言，在评价结果处理过程中并没有针对班级评价结果反映出的信息制定改进计划，对改进计划的落实情况也没有采取任何监督与跟踪的措施。学生工作者往往只将班级评价结果看成表明班风、学风的标尺，没有对学生在评价活动中的表现进行正确归因，就无法找出班级建设的长处和不足，不能为学生的后继学习提供尽可能多的、有利于学生发展的信息。

总之，班级评价是职业教育人才培养的一个重要方面，也必须在后工业时代紧跟劳动力市场对人才需求的新变化做出调整，积极发挥其在人才培养中的引领、反馈、激励作用。

三、班级组织文化缺乏向心力和凝聚力

班级文化是由班级组织中各种因素综合而成的，影响班级成员的价值期待、思想观念、思维模式、行为方式的文化环境与心理氛围。班级文化是

一种“教育存在”，是班级教育的软实力，其教育力量在于引领班级全体成员自觉遵循班级的价值、规范和尺度去建设学习型班级，谋划班级整体协调发展，创造积极向上的学习氛围，以完善个体的自我素质，提升个人品格，实现学生自我价值。因此，班级文化对班内学生会产生强大的同化力和驱动力。苏联著名教育家苏霍姆林斯基在《帕夫雷什中学》一书中说过：“用环境、用学生创造的周围情景、用丰富的集体精神生活的一切东西进行教育，这是教育过程的一个微妙的领域。”班级文化就是这样一个微妙的领域。传统班级管理中，由于管理主义、控制主义、制度主义、工具主义的盛行，班级中的防卫性文化现象普遍存在，导致学习型班级建设受阻。

（一）来自个人主义和非正式群体的挑战

我国的历史文化传统中，集体主义、集体利益对个人主义和个人利益有绝对的价值上的优先性，强调个人服从集体。在多数人的眼里，没有冲突的团队才是优秀的团队，谁敢站出来提出不同于集体的看法、意见，就会被视为异己分子。集体主义价值观对社会主义建设有着巨大的认识、激励、凝聚和调节作用，但也有一些人在市场经济发展过程中借集体利益之名谋个人利益之实。受社会环境中负面因素的影响，加上大学生自身因素，更重要的是新的集体主义价值观尚未确立，在面对集体主义和个人主义的抉择时，很多大学生虽然明白集体价值的重要性，但还是选择了个人主义，这在班级建设中表现得尤为明显。例如很多学生认为班级建设是辅导员和班委的事情，与自己无关，班级每次组织活动时，自己感兴趣的就参加一下，反之就不闻不问，甚至有意回避。因此班级举办活动，要花大力气“拉人”参加。班级组织的运作，包括活动的开展，常常缺乏有效的沟通机制，使得组织无法有效运转，班级活动流于形式。由于组织专业分工的影响，任课老师、辅导员（或班主任）也只关注自己的工作任务，只从单一角度考量，往往见树不见林；任课老师之间、任课老师与辅导员之间各自为政，互动有限，缺乏了解沟通，容易陷入个人本位主义的思维困境，难以在某个班级凝聚共识。彼此各说各话，往往也就造成学校思想僵化、停滞不前。

班级中的每个人都有责任为班级的利益作贡献，但这不是说我们只是听班级的号令，而是要善于和敢于提出不同的观点，为班级的学习与发展提供新思路、新方法。一个团队，如果能在冲突中求同存异，才能发挥巨大的学习潜能，求同存异是团队学习的精髓。当然，学生参加活动的积极性不高与班级活动缺乏吸引力也有关系。班级不能根据学生的认知、个性、情感、兴趣等需要举办有针对性的学习和文娱活动，很多学生就组成了不同的非正式群体：有的是因相似的个人爱好、人生观和价值观而产生的，比如兴趣球队、酷跑吧、轮滑社、读书之家等；有的是因情感需要而产生的，比如闺蜜党、网友、好友党等；有些是因共同的生活背景和经历而组成的，如同乡会、宿舍之家等。这些非正式群体有积极的，也有消极的，由于其封闭性、排他性等特征，对班级文化乃至思想政治教育有着不可忽视的影响，对学习型班级建设也提出了挑战。强烈的团队精神是学习型班级的突出特征，也是其竞争力强的基本元素。而个体突出、团体协作不足则是班级建设的通病。

（二）来自防卫性学习文化的挑战

班级文化是团队学习力凝聚的产物，由班级共同的价值理念、价值追求、价值判断和价值取向构成，一旦被全体成员所认识和维护，就会形成一种班级精神力量，成为班级成员学习的动力源泉。如果没有一种开放的、彼此信任与理解的、愿意承担风险的、鼓励共享与合作的、激励个人与组织共同成长的组织学习文化，任何造就组织学习力的努力将化为泡影。然而在实践中，我们发现，组织成员自我防卫心态与行为相当严重；各行其是，经常抱着多一事不如少一事的消极态度，缺乏共同的认知图像与愿景。当组织发生问题，大家通常只专注于结果，而忽略了问题常发生于细微，逐渐形成。组织仅能对可预测的问题提出预案，但却无法学会以更有效的方式来解决问题。这就是组织文化智障，也是班级学习文化的危机。在这样的班级组织中，同学之间不信任，个人不适应班级组织的要求时就会陷入不安，或者形成相互庇护的小团体，或者相互抱怨，甚至伤害，形成防卫性的风气。

（三）来自班级中人际关系的挑战

人际关系是人与人之间在人际互动过程中形成的一种相对稳定的心理关系或心理距离。交往双方满足需要的程度决定着它的形成与变化：如果交往双方都能满足对方的需要，就容易形成接近、友好、信赖的心理关系；否则，就会形成疏远、回避，甚至敌视的心理关系。和谐的人际关系会使双方心情舒畅，反之会使双方感到忧虑和苦恼，甚至影响心理健康。显而易见，班级中的人际关系将直接影响班级气氛，班级管理者应该成为善于处理人际关系的艺术家。班级中的人际关系主要涉及师生之间、学生之间、教师之间的关系。就师生关系而言，受传统应试教育的影响，往往把老师当作权威，学生已习惯于听命行事，对班级规范极少去怀疑或抗争，教师和学生之间形成了“权威与服从”的关系。就同学关系而言，随着新媒体的发展，很多人与同学交往主要靠手机、网络，校园里随处可见边走边玩手机的“低头族”，关于高校网络交友、网络诈骗的新闻层出不穷，很多学生甚至沉迷网络，不能自拔。就教师之间的关系而言，缺乏有效的沟通机制，任课老师与辅导员或班主任之间、任课老师之间缺乏了解沟通，他们只关注自己的工作任务，从自己的角度去认识和培养学生，不能相互汲取智慧和力量，个人成长和专业发展相对缓慢，对学生的认识有时是片面的。

(四)来自精神文化建设的挑战

班级的精神文化是弥漫于整个组织的价值观、核心理念、学习信仰、共同愿景、战略等。学习型班级文化也包含物质文化、制度文化和精神文化三个方面。物质文化是班级文化发展的初级阶段，是班级制度、规章形成的基础；精神文化是班级文化发展的深层次，是班级成员在精神上对班级的肯定，是班级成员共同遵守的信念，也是班级文化的核心部分。现在的大学生物质生活相对富裕，而精神生活匮乏，信息社会的发展要求他们从对物质的追求转向对知识和精神的追求。在班级文化建设过程中，物质文化和制度文化是比较容易建设的。几乎每个班墙上都有班级制度、心理广角、名人名言和黑板报等之类的文化内容，但是，这不能代表这个班级已经形成了班级文化。班级积极的精神文化是最难建设的，精神文化是班级文化发展的深层次，是班级成员在精神上对班级的肯定，是班级成员共同遵守的信念，也是班级文化的核心部分，它需要一个很长的建设过程。现有班级建设中普遍存在重物质文化和制度文化建设、轻精神文化建设的现象，甚至错误地认为物质文化完成，精神文化便随之完成。班级的精神文化具有很强的影响力和渗透力，从建设得比较好的班级来看，班级精神文化的力量是凝聚力、激励力、约束力、导向力、纽带力和辐射力。打造班级品牌活动是精神文化的重要组成部分。然而当前大学生活动过于强调工具价值,而忽视人性关怀上的意义价值,活动策划纸上谈兵,活动流于形式主义,"重结果、轻过程","重评比、轻实质","善口号、淡决定",从而失去了活动的教育意义。

四、班级管理亟需自主性和专业性

教育要面向现代化,从人的发展角度而言,就是促进人的现代性不断增长和提升的过程。现代性就是现代社会的精神,就是指自由、理性等核心价值观和在此基础上建立的现代文明秩序,它是一种衡量现代化过程的尺度和标准,是一种价值理性与工具理性的结合(其中价值理性是第一位的)。班级不但是教师对学生实施教学的基本单位,也是实施学生建设的基础载体。受传统公共管理模式的影响,建立在韦伯式官僚制理论基础之上,以分工、等级制、制度化、非人格管理、稳定性为特征的班级管理模式,在一定范围内具有积极的功效。而如今的教育已经进入一个开放、多元、信息化的新时代,传统班级管理中存在的强制、僵化、形式主义、信息失真、协调困难等问题逐渐凸现。与传统教育的等级制、特权式、精英化的特征相比较,现代教育是民主、法治、普及、理性的教育。

作为一种教学组织,班级组织的强制性在弱化,学生的自主选择性在增强。随着网络的发展和信息化的普及,学生的班级生活成了偶发性的,这是一种不确定的、无法预测的生活。因为价值观、理想、信念在这里呈现出多元性,生活条件、生活方式也表现出复杂性、多样性,学生的班级生活经常出现突发的和无法预见的事件。作为一种管理组织,班级目标的模糊性、班级生活的随机性、班级成员的差异性、班级群体的无序性等构成了一幅班级丰富多彩的画卷,在这个画卷里,充满着生命的活力。班级组织内部不仅有细胞、骨骼、系统,也有理念、精神与灵魂,在这个意义上,可以把班级组织视为一个有机的生命体。由于班级组织的不确定性特征,就可以对班级组织进行生命化提升与改造。班级管理的主体辅导员(班主任)专业化趋势在加强,学生民主管理意识也不断增强。师生关系被重新建构,学生不必完全按照社会或者成人的预期去生活,对教师的依赖减少;教师的权威感也因此受到了挑战,权威不再是超越性的、外在的,而成为共有的、对话性、专业性的。

从班级环境来看，强调更新学校教育日常活动方式，为每一个个体生命意识的觉醒创设良好的成长氛围和发展基础。在班级建设中，既关注每一个班级可能拥有的成长机会，考察具体班级的发展历史，探讨班级未来的发展方向，也研究学生成长的需要，开拓新的发展方向。就培养学生现代性的班级载体而言，无论从学生“成长需求观”，还是从辅导员（班主任）“导师制”的成长路径观来看，形成健全的学生自理机制都是班级变革的核心要素。学生自理主要是发挥学生的主体参与意识，提升学生自主积极性，培养学生的自我管理能力，自我发展，自我负责，塑造学生自治的形象，坚守团队信念和素养，进而展现学生自治的魅力。当然，这些变革也包含“管理”与“治理”的交织转换，并非“管理”消亡而代之以“治理”，只是体现为“管理”与“治理”的一种分化和向“治理”发展的趋势而已。“管理”的目的在“成事”，“治理”则倾向于“成人”，处在一个变革的新时代，只“成事”不“成人”的班级建设观与教育的本来面目相去甚远。这样看，班级建设应该是非线性的，既要“成事”，也要“成人”。“成事”不仅是目的，也是手段，“成事”是为了“成人”，“成事”的过程也是“成人”的过程。

第四节　新媒体对高职学生思想政治教育的挑战

伴随着网络的普及和数字化技术的发展，新媒体以其便捷的交流渠道，以图文并茂、视听结合的交流和传播形式，以传统媒体无可比拟的渗透力成为当今社会的传播利器。学校的地位被高度信息化、知识化社会和终身学习社会的出现逐渐蚕食：它已经不是普及知识、垄断知识的唯一组织，书刊、电视、电脑也可以让人学到丰富的知识，学校或将成为学生温习这些知识的下游场所。高职院校里面的“低头族”，教室、宿舍、图书馆，校园处处都能看到他们的身影。新媒体改变的不仅仅是信息资源的传播方式，它对高职学生的思想、思维、生活、学习、心理、行为、价值观和交友方式等方方面面都产生了深远的影响，也使得思想政治教育的外部环境变得更加复杂，工作对象、模式、队伍等都受到了冲击。新媒体给高校学生思想政治教育带来的挑战与机遇并存。

学习型班级是高职学生思想政治教育的重要载体，思想政治教育是学习型班级建设的重要功能。学习型班级建设的目的是更有质量地教育和服务学生。研究和评估新媒体条件下高职学生思想政治教育现状，能够为学习型班级建设指明今后努力的方向。为了准确和深入把握高职学生使用新媒体的情况、新媒体对大学生思想行为的影响、新媒体对传统思想政治教育的影响程度等问题，课题组成员选取了信息化程度较高的南京市的 7 所高职院校进行了调查。本次调查的主题是“新媒体环境下高职学生思想政治教育现状”，共发放了 2000 份问卷，收回 1600 份，回收率为 80%，全部为有效问卷。此外，课题组成员还从教育效果、课堂生态维度对部分思想政治教育工作者和学生进行了深度访谈。通过调查掌握了大量扎根资料的数据，进行了定量与定性分析，试图找到更多的关联性，提炼出新媒体环境下高校学生思想政治教育现状及其存在的问题，为建设学习型班级提供现实支撑。

一、新媒体成为高职学生获取信息的主要渠道

众所周知，新媒体以其自身的优势正悄然影响着当代大学生。那么这种影响到底达到了何种程度？高职学生关心时事吗？他们最青睐的了解国家大事及形势政策的途径是什么？网络新媒体能不能提高当代大学生的思想高度呢？围绕这些问题，笔者进行了如下调查（表 4-2）。

表 4-2 高职学生对新媒体关注现状调查表

调查题目	选项及其比例（%）				
	A	B	C	D	E
1. 作为一名新时代的大学生，您经常关注网络信息吗？	很关注	比较关注	很少关注	不关注	/
	25.04	65.25	9.42	0.23	/
2. 在学校，您最青睐的了解国家大事及形势政策的途径？	思想政治理论课的学习	各类专题报告会、研讨会、交流座谈会	广播、电视、报纸等传统媒介	微信、微博、微公益等网络信息传播	/
	16.8	8.60	9.29	65.31	/

续表

调查题目	选项及其比例(%)				
	A	B	C	D	E
3.与传统媒体相比，您认为使用网络媒体更具有的哪些优越性？(多选题)	具有相对宽松自由的言论环境	更能激发人的创造力，言辞更容易吸引人	在网络上传播的流言谣言更难以辨别和控制	网络同样是传播的一种技术，并不能真正推动民主进程	/
	77.21	63.22	36.73	24.25	/
4.网络对您的生活品质和思想高度的提升主要表现在哪里？(多选题)	随时随地学习	随时随地查找生活资讯	随时随地关注好友	随时随地了解时事新闻	随时随地发布生活状态
	63.53	62.34	57.39	64.51	53.23
5.您平均每天用电脑或手机上网的时长	不到二小时	约二三小时	约四五小时	六小时以上	/
	2.35	9.24	56.17	23.24	/
6.您是否认为新媒体时代下新的思想政治教育载体(如微信，微博，微公益等)会逐渐超越甚至取代传统的思想政治教育载体？	是		否		
	72.23		27.77		

与传统传播方式相比，微媒体传播速度快、范围广，信息量几何级数式增长。喜新性和猎奇性是当代大学生鲜明的个性特点，微媒体因此受到了大学生的普遍欢迎。据调查，79.41%的学生平均每天上网四小时以上，其中74.7%是通过手机上网。被访谈的学生表示，上课时带智能手机已是标准配备。就国家大事及形势政策关注的途径而言，65.31%的学生用QQ、微信、微视频、微博、论坛等关注网络信息传播内容。可见，学生的兴趣关注日益微观化、微视化、微小化和感性化，而微信、微博、抖音、微视频等已成为争夺高校主流思想舆论话语权的主战场。在对高校思想政治教育工作者的访谈中也发现，学生认知方式的变化、网络信息的多元化在消解高校思想政治教育的效果。学生对网络和智能手机等微媒体有过度依赖的倾向，几乎24小时机不离手，个别学生甚至上思想政治理论课只带手机，他们对宏大

叙事、理论性和政治性强的教学内容缺乏兴趣。可见，微媒体已成为学生获取信息的主要方式，碎片化阅读成为一种不自觉的习惯，高校思想政治教育的权威性也受到了冲击。

二、新媒体成为促进人际互动的重要方式

作为生活在新媒体时代的高职学生，他们主要用新媒体做什么呢？对此，笔者的调查情况如表4-3所示。

表4-3　高职学生新媒体使用情况调查

调查题目	选项及其占比(%)					
	A	B	C	D	E	F
1.您上网一般会做什么？	玩游戏	看实时新闻	查生活信息	公众平台学习	查看好友状态	其他
	15.52	29.74	20.20	13.42	15.52	5.60
2.您在微信、微博、QQ等网络媒体中关注的好友是？(多选题)	同学朋友	校园名人、明星和偶像	官方微信、微博	老师或辅导员	/	/
	86.95	31.83	49.32	18.04	/	/
3.您在微信、微博、QQ等网络媒体经常关注和发布哪些内容？(多选题)	参与微公益	转载、评论各类新闻事件	发表个人观点、心情	娱乐、体育	生活资讯	哲理、人生感悟、心理类
	42.36	48.89	67.92	40.52	38.42	49.88
4.您认为哪些方面有助于提升自身的思想政治修养？(多选题)	社会公益活动	学校或班级组织的各项比赛和活动	思想政治理论课的学习	与小伙伴们一起学习和交流(如宿舍卧谈)	网络媒体上的言论	阅读
	75.12	44.83	49.75	35.47	19.52	28.63
5.您所参与的“微公益”活动中，哪几种类型的活动比较多？(多选题)	帮助寻找走失儿童、老人	扶贫，捐助衣服、资金等	支教，捐助书本、铅笔等支持教育事业	环保，呼吁保护环境、爱护动物	无偿献血	关爱留守儿童、艾滋病患者等群体
	47.41	49.45	43.23	62.62	30.48	34.73

续表

调查题目	选项及其占比(%)					
	A	B	C	D	E	F
6.您参与“微公益”的主要形式有哪些?(多选题)	微博微信	公益网站	基金会	志愿服务	其他	未参与
	67.86	48.34	23.71	51.05	2.96	8.19

新媒体背景下,个体成为信息传播源,集传播者和受众于一体。媒介交流衍生出点对点、点对多、多对多的交往形式,信息也具备了双向、多向流动的性能,这为高职学生构建人际关系提供了一个全新的交往方式。

调查得知,新媒体已成为高职学生人际互动的主要方式。他们既是信息的传播者,也是信息接受者。他们上网的目的集中在看时事新闻(29.74%)、查生活信息(20.20%)、学习(13.42%)和交友(15.52%)等方面。他们对同辈群体尤其是身边的同学和朋友比较关注,认为人际互动对促进个体的学习很重要,而同学间的人际互动多是通过新媒体(86.95%)进行的。调查显示,高职学生对微公益活动的关注度比较高(未参与者仅占8.19%),大部分同学(75.12%)认为通过新媒体参与社会公益活动有助于提升自身的思想政治修养。他们参加的微公益活动主要有环保类、支教类、无偿献血、帮助老人和儿童等。这与当前高职院校里,学生对志愿者活动参与积极性普遍较高是吻合的,大部分学生是热衷于服务社会、服务他人,并从中获得成长的。由此可见,新媒体已经融入高职生的学习和生活中,成为他们不可或缺的一种生存方式。

三、新媒体成为高校思想文化交锋的主阵地

新媒体几乎无孔不入。那么,当代高职学生是不是对新媒体已经产生了依赖?他们对新媒体的态度如何?新媒体信息是不是对学生产生了决定性的影响?对于西方思想的侵蚀,他们的态度又如何?笔者对此展开了调查,结果见表4-4。

表 4-4　高职学生对新媒体信息的态度调查

调查题目	选项及其占比(%)					
	A	B	C	D	E	F
1. 假如出现官方媒体与境外媒体对同一敏感事件报道迥异的情况，您通常的态度？	坚决相信官方媒体的报道	有时相信官方媒体，有时相信境外媒体	通过对官方媒体和境外媒体的报道进行对比，得出自己的结论	认为境外媒体的报道更加客观真实	/	/
	12.87	19.83	65.46	1.85	/	/
2. 对于 QQ 空间、人人网、微博、论坛等互联网媒体上关于党和政府的负面信息，您通常的做法？	坚决不看、不信、不传	会看，但坚决反对并给予批评	会看，但不信、不传	偶尔也会分享(转载)相关文章	经常浏览和分享(转载)此类文章	其他
	8.93	15.89	49.94	20.38	1.97	2.89
3. 您是否浏览(收听、收看)境外网站(电台、电视台)？	经常浏览(收听、收看)	有时浏览(收听、收看)	偶尔浏览(收听、收看)	从未浏览(收听、收看)	/	/
	17.43	30.48	33.56	18.53		
4. 您观看美剧/好莱坞电影的频率	经常观看	有时观看	偶尔观看	从未观看	/	/
	34.98	41.44	21.86	1.72		
5. 对于观看过的美剧，您认为其内容是怎样的？	在有目的地系统宣传美国的政治思想	经常掺杂美国的政治思想	娱乐为主，偶尔涉及政治	纯属娱乐，不涉及政治	/	/
	17.55	15.76	39.04	27.65	/	/
6. 如何评价学校的政治理论老师对于西方的“自由”“民主”“人权”等政治思想的讲解？	讲解非常透彻，我清楚地知道它们的历史演变与内涵本质及其利弊	讲解透彻，我基本掌握了它们的历史发展与内涵本质，了解其利弊	讲解较为清楚，我大致掌握它们的大概内涵，不清楚其利弊	讲解模糊，不清楚它们的内容	/	/
	20.94	44.27	30.17	4.62	/	/

续表

调查题目	选项及其占比(%)												
	A	B	C	D	E	F	G	H	I	J	K	L	M
7.对我国现阶段存在的如下问题,请挑选三到五个您认为最严重、紧迫的,按照严重程度排序。(多选题)	外敌入侵	领土争端	和平演变	贪污腐败	贫富分化	法治不健全	高房价	吏治黑暗	人情冷漠	食品安全	看病贵	就业困难	其他
	22.6	41.19	7.94	48.6	64.29	29.80	47.41	11.82	42.36	54.37	25	42.18	0.62

调查表明,互联网上关于党和政府的负面信息,大部分学生会去了解,但持不信不传的态度(49.94%),他们会浏览境外网站、看美剧,也知道美剧在传播西方政治文化思想。可喜的是,多数学生对新媒体传播的内容能够采取理性分析的态度(65.46%),他们会通过甄别、比较来鉴别真伪,而不是盲目从众,但也有部分学生盲目相信媒体报道。而对于我国现阶段存在的社会问题,大部分学生较为关注,社会参与积极性较高,与传统的"一心只读圣贤书,两耳不闻窗外事"截然不同,这种态度的转变更多的是一种责任意识。它与新媒体的发展息息相关,新媒体的便捷使当代大学生随时随处都可以了解社会信息,有条件去关心社会问题。贫富分化、食品安全、贪污腐败、高房价、人情冷漠、就业困难等问题依然是高职学生关注的热点问题,也是高职学生学习的动力所在。

四、同辈群体对高职学生理想信仰形成的影响较大

个人理想信仰是班级共同愿景形成的基础,也是个人奋斗的目标和动力,是个体价值观形成的源泉,指导着个体的行为。笔者分别从"个人信念""对信仰宗教同学的态度""信仰产生的源泉""影响自己思想的因素""同辈群体对自己的影响"等五个角度进行了调查,具体调查数据见表 4-5。

表 4-5 高职学生理想信念现状调查表

调查题目	选项及其占比(%)					
	A	B	C	D	E	F
1.哪种信念更符合你?(多选题)	我的命运把握在我的手中	这是个物质的世界,钱主导了我们的生活,要实现经济自由	知识就是力量,尽我所能学到一技之长,成就一番事业	珍惜时间活出价值,奉献自己	家庭幸福、身体健康、快乐就好	其他
	79.02	27.85	63.18	50.68	64.67	1.86
2.如何看待有宗教信仰的同学?	保持一定距离避免受影响	理解接纳	有兴趣了解不同的信仰	无所谓异同	/	/
	8.54	61.63	14.29	15.53	/	/
3.你的信仰产生的来源?	通过自身积极寻求探索自身的经历及阅读	受家庭的影响	受教育或老师的影响	受同辈群体(包括同学和朋友)的影响	受网络和社会信息的影响	其他
	53.09	17.95	11.01	8.42	5.40	3.47
4.当遇到思想或学习上的困惑时,你首先想到的帮助的途径?	家人	朋友和同学	老师	长辈	网络上前人的经验	/
	20.92	58.97	7.43	4.58	8.11	/
5.同龄人的哪些方面对你影响较大?	日常行为规范	学习态度、方法和目标追求等	价值观	兴趣和爱好	情感成熟	其他
	26.67	31.06	23.14	13.37	4.52	1.24

调查可知,整体而言,大部分高职学生认为命运把握在自己手中(79.02%),相信知识是力量,可以通过自身的努力来实现人生理想(63.18%),他们会通过自身的积极寻求——比如探索自身的经历或阅读——来建立自己的信仰,活出生命的价值和意义;但仍有部分学生(27.85%)认为"这是个物质的世界,钱主导了我们的生活,要实现经济自由"。在树立理想信仰的过程中,外部因素方面,依次是家庭(17.95%)、教师(11.01%)和同辈群体(8.42%)对学生的影响比较大。而在实现理想信仰的过程中,对他们影响最大的是同辈群体,如同学朋友,其次是家庭,再次是老师。可见,同辈群体对学生的影响最大,而新媒体是学生同辈群体间沟

通交流的主要桥梁。美国社会学家戴维·波普诺在其著作《社会学》中，对同辈群体做了详细的定义：有大致相当的社会地位，且通常年龄相仿的一群人。[①] 因同辈群体间的交流具有自发性、主动性、自愿性、真实性、共时性、认同性、开放性等特点，同辈群体间的日常交往对大学生的社会化的影响力往往要比教师的日常教育更大。从影响的程度和涵盖的范围来看，包括高职学生的日常行为规范、学习态度方法和目标追求、价值观、兴趣爱好和情感等方方面面。有基于此，在学习型班级建设中，要充分发挥高职学生的自我超越精神，不断激发他们的创造性张力，引导和帮助他们厘清个人愿景；同时充分调动学生自我管理、自我教育和自我服务的积极性，积极发挥同辈群体在个体成长中的重要作用。此外，对于那些片面追求物质主义价值观的学生，要加以引导和教育：追求物质生活本身并没有错，只要用自己的能力、智慧和勤奋，采取合法和合乎道德的手段和途径，就是一个对社会有贡献的人。

总之，新媒体对高职学生的影响面广意深，而且这种影响是潜移默化、无法估量的。新媒体已不再仅仅是学习型班级建设的载体，可利用它有效地、迅捷地传播学习信息和资源。更重要的是，学习型班级建设要把它作为研究的重要对象，对新媒体的影响特点、规律、方式方法以及学生关注的内容等等进行系统研究，充分发挥新媒体在学习型班级建设中的优势，更好地规避新媒体带来的消极影响。比如学习型班级可根据学生的关注点来设计团队学习的主题、内容和形式，由于他们对这些问题的关注度高，可以激发团队学习的热情，从而提高建设学习型班级的动力。再比如，研究如何有效利用新媒体做好学生的思想政治教育工作；如何引导学生正确对待新媒体；如何引导学生的新媒体学习；如何建设新媒体视域下的学习型班级等等，不仅是当前思想政治教育的重要任务和挑战，也是学习型班级建设的重要内容。

① 波普诺．社会学：第十一版．北京：中国人民大学出版社，2008：174．

第五章　高职院校学习型班级建设的实践路径

受思维认识、传统班级建设经验、文化环境等各方面因素的影响，要使班级管理转向班级自治，建设学习型班级，直接移植学习型组织的一些理念和做法是不现实的，必须结合班级实际、学生实际，循序渐进。建设学习型班级是一个系统的、全面的过程，它包括班级价值理念的重建、学习文化的重塑、组织模式的重构、技术支持、评价体系和机制保障重建等各个环节。

第一节　树立学习型班级的价值观

班级是学生在学校学习和生活的主要家园，班级价值观是一个班级的精神、作风和理想追求的综合体现，是班级文化的本质与核心。班级教育价值取向直接或间接地影响着学生的价值观和学习观养成。同时这种价值观又会渗透每一个学生，影响其终生。班级价值观的形成需要较长时间的磨合和提炼，不能一蹴而就。

一、动员宣传学习型班级的先进理念，搭建新的学习架构

要用一种新的理念指导实践，首先要建立理念与实践之间的联系。正如马克思所言："观念的东西不外是移入人的头脑并在人的头脑中改造过的物质的东西而已。"[①]因此，要建设学习型班级，首先要在班级里广泛宣传学习型理论，并在实践中指导学生内化其先进的思想和观点，使学生亲身感受学习型理论的强大生命力和魅力。这个理论不是教义，没有固定的模式，而是经过实践证明，能够激发班级成员不断创新的理论，是提升自身人格魅力

① 马克思恩格斯选集：第 2 卷．北京：人民出版社，1995：112.

的理论。只有真正理解学习型理论的精髓，才能够使学生充分认识到，在高职院校建设学习型班级是班级发展的必然方向和趋势，才能为建设学习型班级作好铺垫，使学生真正把学习型理论的理念作为班级建设的指导思想，将班级管理转向班级治理，并达成实践共识：

1. 建立扁平化的班级结构。发挥学生自我教育、自我管理和自我服务的才能，培养学生民主、公正、公平意识。2. 改变学生心智模式。提高学生的批判反思和研究能力，培养创造型学生，适应社会对复合型人才的需求。3. 团队学习。用集体的力量帮助后进生转化，在班级内形成互助互学、凝聚智慧、完善人格的氛围。4. 学生可获得交往、团结、互助、关怀人与纪律性的体验，解决人际关系中的种种矛盾，减少心理冲突。5. 整合各种教育力量。学校、家庭、社会、企业结合，实现学校教育的整体优化。6. 开发和提高个体自我教育的能力，提升理性生存的精神，使其成为自主学习的“学习人”，培养学生优良的个性品质。7. 促进良好班风、学风、校风等班级组织文化的形成。

从根本意义上说，发展是学习型班级建设的核心命题和第一要务。新的学习架构要围绕学生的发展来设计。第一，班集体目标导向的亲社会性与班级成员对目标的内化程度。第二，健康舆论对集体的整合性与对班级成员的参照程度。一个对原则问题有一致认识和高度情绪认同的团结的班级，必然有统一的对成员有参照作用的舆论。第三，人际关系的民主平等性与成员的归属感度。班级组织成员彼此能够心理相容，每个人在组织中都有归属感、责任感和义务感。第四，共同活动的动机、目的、价值的中介性与成员对活动的积极性。第五，管理与自我管理机构的完善性与成员的自主、自觉水平，是班级形成教育主题、教育力量的保证。第六，班级成员的个性与能力得到充分发展。以上六点是设计班级组织的主要依据和预期目标。

二、结合学生实际，更新学习观念

观念的转变不是一蹴而就的，需要时间反复磨合，要允许师生有一个逐步认识和接纳的过程。愿景、理想和价值观，都需要根据实际情况随时调整，这样才能不断激发班级所有成员奋发向上，共同努力完成愿景任务。

(一)评估班内学生现状

班级管理的对象是一群生动活泼、个性各异的学生。如何遵循教育教学规律和学生身心发展的规律,并根据学生的个体差异,积极有效地教育好学生是一项非常复杂的工作。辅导员或班主任要在对班级周围的环境、学生家庭、学生个性特点,以及宏观社会中潜在的教育因素、教育影响与教育功能进行调查的基础上,在主客观条件许可的范围内,充分发挥学生的主动性、积极性,在充分酝酿的基础上提出相对理想的学习型班级建设模式,各种班级管理方法也有各自的优势和局限性,这就要求实施班级管理方法时要有针对性,因材施教。

(二)了解学生的需求

在了解学生现状的同时,也要了解学生的个体需求,只有在统筹整合个体需求的基础上,才能把握班内学生的共同需求(如图 5-1)。人本主义心理学家马斯洛认为人有五个层次的需要,依次是生理需要、安全需要、归属与爱的需要、尊重需要、自我实现的需要。个体较高层次的需要如“归属和爱的需要、尊重需要、自我实现的需要”,只有在人际互动中才能实现,人情冷漠、关系僵化、缺乏信任感、诚信意识淡薄、价值观歪曲和理想信念迷失的环境是培养不出优秀人才的。团队学习是学习型班级建设的关键,学习型班级根据学生的需求,设计丰富的团队学习项目,通过组织学习中的人际互动来更好地满足个体较高层次的需要。不能排除个人需求与班级组织需求冲突的情况,在这种情况下,就要遵循罗尔斯的“最少受惠者的最大利益”原则①,使每位学生都能够在班级中获得最大限度的发展。

(三)树立正确的职业教育观

改变“高职教育是二等教育”的传统思维,提高全社会对高职教育的认可度和高职教育的影响力。教育之可贵,在于因材施教,开发潜能,高职学生可能输在起跑点,但经教育,可以赢在终点。职业教育有着自身的优势和广阔的发展前景,实现中华民族伟大复兴,不仅需要大批科学技术专家,同时也需要千千万万的能工巧匠。“工匠精神”作为一种优秀的职业道德文

① 罗尔斯. 正义论. 北京:中国社会科学出版社,1988:57.

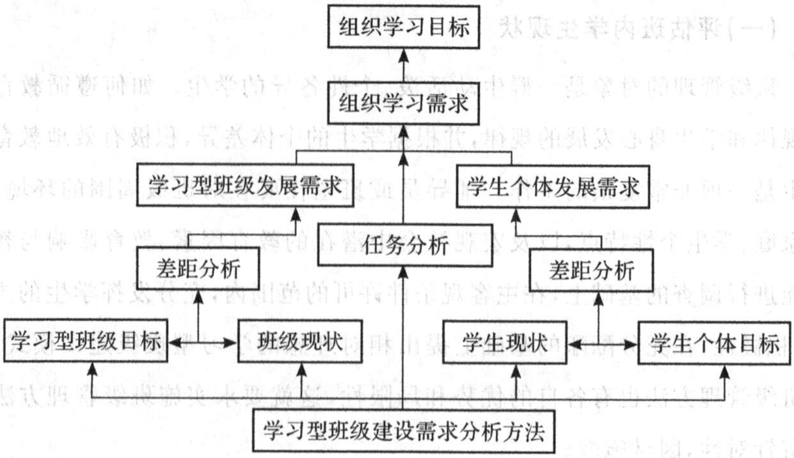

图 5-1　学习型班级建设需求分析法

化，它的传承和发展契合了时代发展的需要，支撑“中国制造”转型升级为“中国智造”。通过对社会用工需求和职业院校的培养目标、办学特色及学生实际的分析，引导学生认识到职业教育的发展前景，认识到自己潜在的未来价值。加强职业、专业的思想教育，端正就业态度。引导学生对自己的能力、优势和不足有一个清晰的认识、学会客观地认识和评价自己，给自己一个恰当的定位，避免因期望值过高或过低而造成发展障碍和心理障碍。另外，高职学生有着较多的失意感受，缺乏成功的体验，应努力帮助他们去发现自身的亮点，发展个性，开发潜能，使他们意识到教育并无等级差别，只有适合或不适合，适合自己的教育才是最好的教育，高等职业教育一样可以成才。

(四)建立新的学习观

在知识经济时代，学习是一种工作和生活方式，是责任，是更新和发展，甚至是一种生命意义的追求和生命质量的提升。学习型班级中的团队学习，已经超越一般意义上的学习，它是一种源于心灵和沟通心灵的学习，人们的思维方式、心智模式和心理素质在这种学习中得到调整和升华；这种学习还能以一种文化的力量作用于个体和群体，使之迸发出新的愿景，催生新的行为和发展，进而实现组织的自我更新和发展。学习力也不再单纯只是一种获取信息和知识的认知行为能力，而是班级组织在共同愿景的前提下，进行自我更新行为的全部总和，这是一种方向性和发展性的学习。个人的学习行为应当服从和服务于团体，服从和服务于社会的进步。学习型班级里要形成这样的认识：学习渗透到学生所做的每一件事，而不仅仅发生在课堂上，宿舍卫生、学生活动等同样是学习的载体；学习是一个持续不断的过程，而不仅限于学生时期；合作是所有关系的基础，只有先学会合作，才能真正学会学习；每个人是成长的、进步的，并在这个过程中改变着组织；学习型班级是有创造力的，人们共同创造了这个组织，组织也为每个人提供了成长和发展平台；组织向其自身学习，师生自己教会自己提升效率、提高质量和创新。

三、统筹设计，把握学习型班级设计的原则

学习型班级设计总的原则是以教师为主体的管理转向以学生为主体的治理：坚持整体与局部相统一、管理性与教育性相统一、学生内功修炼与环境促进结合、整体推进与榜样示范结合、个人自主学习与团队学习结合等原则，发挥学生的主体参与意识，提升学生自主积极性，培养学生的自我管理能力，自我发展，自我负责，塑造学生自治的形象，坚守团队信念和素养，进而展现学生自治的魅力。

（一）整体与局部相统一原则

所谓系统，即指任何事物不仅与其他事物相互联系，而且事物内部的各个要素之间都相互联系，从而构成一个有机的整体。学校是个有机的整体，是一个系统，班级是学校这个系统中的基本要素，相对学校来说是一个小整体、子系统。

建设学习型班级是一个系统的工程，首先要从人的方面把握整体性。一方面，要改变传统班级管理的陈旧观念和看法，即认为班级建设就是辅导员或班主任管理学生，学生被老师管理；在学习型班级中，辅导员、班主任和学生是一个有机的整体，师生之间是民主平等的关系。另一方面，要把握好班级管理系统的全体。班级管理系统是由与之相关的各要素（成员）构成的，学院领导、行政职能部门和任课教师都是建设学习型班级的主体，在班级建设中发挥着重要的作用。学院领导的决策和政策支持直接关系到学习

型班级建设的成功与否，行政职能部门的服务性体现了其是否以学生为本，任课教师授课的过程也是其人格魅力对学生潜移默化的过程。把握好班级系统的整体性，就要面向全体师生员工，学校整体发展了，班级管理才可谓成功。

此外，要从班级管理的内容方面把握整体性。班级建设涉及的面很广，内容繁多，包括班级组织建设、班级教学管理、班级活动管理、班级制度管理、班级文化建设、班级宿舍生活和纪律建设等，如果我们不从整体上去系统地认识和把握，在学习型班级建设过程中就会认识不清，行动乏力，或“一手硬，一手软”，导致工作杂乱无章。

（二）管理性与教育性相统一原则

班级是学校管理的基本单位，虽是学校管理系统的一个行政组织，但更是一个教育组织。学生学习、生活、工作于其中，身心发展都要受其影响。班级管理活动就是要为学生创设一个良好的教育活动环境，这也就决定了学习型班级虽发挥着管理的重要功能，但最终目的不是管理和控制学生，用外在的纪律约束来维护教学秩序，而是让班级成为学生自我教育、自我服务、自我管理的重要载体，充分发挥班级的集体教育功能，使学生在集体中学会成长，学会自治，学会团队学习，学会与他人交流合作。因此班级的管理功能是通过教育功能实现的，并最终落实到教育上。

随着网络信息技术的发展，新媒体时代的到来，学生的语言和思维方式、学习方式、时空意识、交往方式都出现了变化。班级信息沟通和资源共享、成员间的交流更多通过QQ群、微博、微信、论坛等新的网络形式来实现。在虚拟网络中如何实现班级教育的价值引领是对传统班级管理的挑战。学习型班级是信息网络社会的产物，集管理性与教育性于一体，是一种扁平化的自治组织，通过共同愿景、团队学习等修炼，更好地发挥了集体的教育功能。比如通过组织各种学生兴趣小组、课外协会组织等，不断开拓专业以外的知识领域，培养适应社会需要的复合型人才。再如支持学生参与各种科技比赛，与企业界交流、学习，参与企业项目研究，培养学生创新精神。

(三)内功修炼与环境促进结合的原则

学习型班级建设的关键是团队学习,只有把内功修炼和外功修炼有效结合起来,团队学习才能事半功倍。五项修炼对个体而言尤为重要。学生工作者,尤其辅导员个人的修养将直接关系到学习型班级建设的质量,所以辅导员应该成为学生学习的楷模,成为最具学习力的引领者。辅导员的学习直接关系到学习型班级的前途和命运,而学习力的源泉就是加强各种修炼,特别是加强系统思考和创新人格的修炼。如果没有很好的个人修养,辅导员就很难克服智障、超越自我,也难以提高专业化水平。

此外,学校的领导者应该高度重视学习型班级建设。学习是需要投入的,提高师生的学习力,是一种着眼长远、着眼发展的战略性投资,除了创设有效的机制外,还要舍得人力、物力和财力,同时要注重隐性投资,加大辅导员和班主任专业化建设的力度,提高辅导员队伍的学习力,调动全员育人的积极性。在这一过程中,学校的领导者更要以身作则,起模范带头作用。在开展班级团队学习时要关注细微的变化,调动辅导员投入学生思想政治研究的积极性,建立高效、立体的信息沟通机制,建立快速、准确的科学决策机制,使班级成为培养学生综合素质的窗口。

(四)整体推进与榜样示范结合的原则

一只木桶的盛水量,取决于最短的一块木板。构建学习型班级,其根本目的是促进班级学生整体水平的提高。因此,在开展班级组织学习的过程中,要关照全体学生的水平和感受,班级所学习的主题、交流的内容、开展的活动等要符合绝大多数学生的要求和兴趣。

一是要开展境界教育,学习是一种境界。二是要把工具性学习观转变为创造性学习观。如果一名学生学习的目的仅仅是拿奖学金,得到老师和同学好评,毕业后找到一份“好”工作,那么他的创造性学习就难以实现。如果一个学生认为学习是为了发挥自我才能,创造美好人生、事业,那么他具有很大的创造性张力。三是要向极限挑战。很多大学生,被问及为什么不好好学习、好好表现,往往归因于学校和社会环境、教育体制、家长、老师等等。而学习型组织告诉我们,一个人发展的最大障碍不是上司,更不是环境,而是自己头脑里的极限。许多极限是自己设定的,妨碍了你的成功,而你自己浑然不知。学习型班级要不断强化“做自己主人”的观念，让班里的每一位学生向自己的极限挑战。四是要重视开发学生的知识资源和智慧资源，激发学生的学习欲望和持久学习的动力，培养学生自觉和自主的学习态度，强化其终身学习的观念，开发和提高个体自我教育的能力，提升理性生存的精神，使其成为自主学习的“学习人”，并将这种具有鲜明的方向性、自律性的学习动力作为班级发展的推进剂。

与此同时，还应看到榜样的示范和引领对于整个组织具有极强的带动作用。毋庸置疑，每个人的个性追求、发展潜力和努力的程度是不同的。在学习型班级建设中会涌现出一批先进和典型，只有充分发挥榜样的引领作用，学习型班级的实践与研究才会更加如鱼得水、游刃有余，班级管理和体验活动才能开展得红红火火、有声有色，才能促进教学的提升和优良习惯的养成。所以学校在注重组织学习的同时，还要打造名师和优秀学子，推出品牌活动，让组织和名师、优秀学子和谐互动，共生共荣。

(五)个人自主学习与团队学习结合的原则

它直接关系个人学习力与班级组织学习力的提高。自主学习是基础，团队学习是提升，只有给学生留下充分的自主学习时间和空间，团队学习才能显示出强大的威力。团队学习只有建立在个人自主学习的基础上，依靠自主学习，引导自主学习，才能真正实现“1+1＞2”的目标。在学生进行团队学习前，要做好充分的个体准备。一是给出问题的研究方向和主题思想，让学生平时就开始充分注意这个问题；二是让学生通过自我学习去了解问题的症结所在，提出自己的见解；三是创设可以悬挂假设的汇谈条件，使学生的自主学习转入团队学习，真正能集中起群体智慧，使信息迅速流通，切实反映真实情况，从而最快地解决问题。这样学习和提高的过程就在每一个个体的身上实现了，也就预示着组织综合素质得到提高。

四、建立班级共同愿景，打造学习共同体

愿景是指愿望和前景，建立共同愿景是指建立共同的愿望、理想和价值取向。有了共同愿景，集体才能有使命感，才能有动力和活力。在缺少愿景的情况下，充其量只会产生适应性的学习，人只有致力于实现某种深深关切

的事情时，才会产生"创造性学习"的动力。共同愿景要将个人愿景与组织愿景结为一体，既是"我的"也是"我们的"。彼得·圣吉指出"一个缺少全体衷心共有的愿景、价值观和使命的组织，必定难成大器"，而"有了衷心渴望实现的愿景，大家会努力学习、追求卓越，不是因为他们被要求这样做，而是因为衷心想要如此"。共同愿景会激发个人对于生命崇高意义的追求，只有把个人愿景与组织愿景的实现最大限度地统一起来，才能打造出"生命共同体"。

(一)建立共同愿景的原则

建立共同愿景必须遵循以下原则。一是方向性原则。坚持社会主义的办学方向是班级管理的宗旨，所谓教书育人，其出发点必须把坚定正确的政治方向放在首位，舍此就丢了灵魂。二是激励性原则。一个好的愿景应当具有较强的吸引力和较高的达成度，而达成度的高低取决于吸引力的强弱。辅导员需根据学校的总体目标，针对本班的现状，着眼于学生的最近发展区，选择一些经过努力能够达成的目标，引导学生爬"坡"，使全体学生在实现愿景的过程中都能分享成功的快乐。三是可测性原则。班级愿景必须是可量化、可操作、可评估的，而不是抽象的模糊之物。目标在实施过程中应分阶段、按要求进行定量分析。有些是能直接量化的指标，可以先定性，然后再进行二次量化；实践证实无法测量的指标，要更换合适的指标。四是人性原则。希望得到成长并与他人建立联系是我们与生俱来的愿望。班级管理的最终目的是开发人之所以为人的最深层的本性，就要建设与自然相一致的管理系统。在这里，自然是指人的本性，以及我们所处的社会系统和自然系统的本性。班级管理中的目标、规范等并不是外在于学生个体的、客观的、对象化的存在，而是学生不断完善自身心智发展的养料。

(二)实现班级共同愿景与学生个人愿景的融合

建构共同愿景是建设学习型班级的关键。共同愿景是班级未来的图像，它将引导全体学生共同奋斗，使班级的整个学习和改革行为具有鲜明的方向性。学习型班级既需要个人主义，又需要集体主义。在这种组织中，有共同的价值追求和理想信念，有共同的行为规范，有合作共享的态度和习惯，有对彼此人格的充分尊重。同时，组织又允许并激励个性张扬，创造条件实现个性解放、个体人格和价值观念得到充分尊重，个体创造性得到充分体现。班级中不同学生个性的差异要求制定适宜学生个性发展的个人愿景。个人愿景是按照每个学生的特点，为发展特长与才能潜力、培养创造精神，精心设计的发展路线和未来图像。明确的奋斗愿景对个体的思想行为具有指导作用，它能将人的需要变为动机，从而引导行为指向愿景，同时给人以力量，促使人去克服困难，一步步地达成愿景；通过个体愿景的努力，使得班级的个性化功能得以有效发挥。

个人愿景是内在的、个性化的、主观的；组织愿景是外在的、非个性化的、客观的。学习型班级建设的基础就是班级共同愿景逐步内化为每个成员的精神需要，使每个学生的认知、情感、意志和行动同集体的要求统一。共同愿景的形成不是依靠某位专家的精心设计，不是依靠某位校长或老师的振臂一呼，班集体的奋斗目标是反映全班学生共同要求和愿望的，集体愿景的实现为个体的要求实现提供了良好条件。同样，个体要求的实现，又是集体愿景实现的构成部分。个体要求与集体愿景越一致，学生行动的自觉性越强，愿景实现得就越快。班级集体愿景的提出要建立在群众的基础上，经过学生的充分讨论而确定，才能使愿景与学生个人要求紧密结合起来，变成学生的自觉行动，而不是外在于学生、由教师规定的愿景。因此，在确定共同愿景时，辅导员应充分调动每个学生的主动性和首创精神，让他们积极参与，建立班级共同的愿望，树立共同的价值观念，确定学生共同认可的目标，发挥每一个人的力量，把个人利益同集体利益相融合，使学生与班级“荣辱与共”，增强班级的凝聚力。愿景一旦确定，就要要求全班学生努力实现，并逐步内化为每一个学生的自觉行动要求。它需要比较长时间的认知、认同、整合、融合，逐步形成能够促进学校发展的凝聚力、驱动力、创造力及其理想和价值观。

(三)共同愿景要具有层次性和可行性

愿景可分为近期愿景、中期愿景、远期愿景。当一个愿景实现后，即可提出一个更高的愿景，并不断总结、完善，充分肯定、表扬和激励先进，树立起良好的榜样，增强学生的信心，促使各层次愿景的实现，使集体持续发展，从而促进优良班级的形成、巩固和发展。确定愿景要注意不同年级的不同情况，使愿景具有可行性。对不同年级提出的愿景应有所不同，使学生感兴趣，同时在愿景制定、分解时，难度以中等为宜，不要过易或过难：过易会使学生感到没有压力，不值得去争取，激发不出应有的干劲；过难又会使学生丧失信心、失去勇气。一般的做法是先提比较容易实现的，然后提出比较难的，年级越低，要求越具体，年级越高，要求也应越高。

第二节 创建学习型班级的组织学习模式

团体学习是班级组织学习的关键，其目的是发展团体力量，使团体力量超过个人力量加和。要在学习型班级内有效开展团队学习，除了以共同愿景凝聚目标和力量、以自我超越提高学习动力外，还需要激发团体的智慧潜能，把潜在的个人智慧变成现实的团体智慧的学习行为。对此，要在班级里拓展学习型班级的组织系谱，打造学习型管理团队，构建开放共事的学习交流平台，实现个人修炼与团队学习相融合。

一、拓展学习型班级的组织系谱

学习型班级中的竞争，要立足于共进共长，而不能陷入“适者竞存、优胜劣汰”的偏执；要组成一个个小团体，建立不同的共生圈，相互带动，相互促进，各个“共生圈”之间也相互学习，相互竞赛，整体提高，形成一个总的“共生圈”。我们要围绕学生的知识结构、兴趣爱好、人际互动、学习任务、职业发展等方面，打造多元化的学习团队，以拓展学习型班级的组织系谱，形成人人好学的学习风气。个人把学习作为一种生活的常态与人生境界，组织把学习作为组织目标实现和组织创新的手段，形成“工作学习化、学习工作化”“生活学习化、学习生活化”的组织系谱。

（一）学科“技能竞赛”导向的团队学习

技能大赛，是拓展和展示专业生技能和综合素质的平台。高职院校把学生在各类竞赛中的表现作为检验学生素质教育成果的重要参考，既可以使学生的专业知识和技能得到提升，又使学生经历了一次人才选拔的比拼，从而发现自身不足。大赛的题型来源于企业的实际技术需求，比赛往往以团队的形式参加。高职院校比较重视的大赛主要有全国职业院校技能大赛、中国“互联网+”大学生创新创业大赛、“挑战杯”全国大学生课外学术科技作品竞赛、“挑战杯”中国大学生创业计划大赛、全国大学生数学建模竞赛等。这些比赛往往先由校赛到省赛，再到国赛，经过层层选拔和竞争。实践证明，每一次技能大赛不仅使学生的专业技能和心理素质得到了一次提升，增强了学生竞争意识和团队合作精神，更使他们对未来的工作充满信心，为他们将来的就业增加了筹码；同时也深化了教育者对新业态的深层理解，引导办学模式、培养模式、教学模式和评价模式的改革，使培养的人才更加符合产业发展的需求，有效提升人才培养质量，进一步推动产业发展和人才培养互动并进。

（二）“兴趣互动”导向的团队学习

兴趣能触发积极的探索性行为，有利于发现问题和创新。霍华德·加德纳将智能（智力）分为音乐智能、身体运动智能、数学逻辑智能、语言智能、空间智能、人际关系智能和自我认识智能。由于个体智能发展的偏向不同，学生的个性和兴趣也不同。兴趣能激发学生的求知欲望，它无疑是学习的营养剂和催化剂。因此教师应该采用多种方式和手段启发和激发学生强烈的求知欲和浓厚的学习兴趣，把激发学生学习兴趣、调动学生的主动性贯穿教育教学全过程，让强烈的兴趣与求知欲成为学生学习和能力锻炼的“向导”，成为增强学习动力的“催化剂”。

（三）“任务驱动”的团队学习

班级建设涉及学生思想认识、日常学习和生活等方方面面。可围绕班风建设、学风建设、志愿者活动、主题班会活动、团组织生活会、班级日常管理、文体活动、文明宿舍的创建等方面设计任务。根据不同的任务把学生分成不同的小组，每个小组结合班级实际，发动全班，在广泛征求大家意见的基础上，制定任务完成的目标和计划。任务设计在整个任务驱动过程中有着非常重要的地位和作用，任务设计的好坏，直接关系到整个任务的成败。学习型班级强调学习者一定要“从做中学”，也就是“从活动中学”，学习者要对活动有强烈的兴趣，在那些真正有教育意义和有兴趣的活动中进行学习。在传统班级中，学生往往把活动看成负担，辅导员和班干部每次组织活动前都要花大力气动员，活动的质量可想而知。学习型班级把活动看成是争相学习的机会。皮亚杰认为，学习中光有“做”是不够的，学习者还需要在学习过程中不断“反思”。因此，学习的过程应该是反思的过程。

（四）“问题与经验”导向的团队学习

这种团队学习的动机是学习、工作中发现某种问题，促使他们进行学习。毋庸置疑，他们学习的最终目的是解决问题。这些问题不仅仅来自专业学习领域，也可能来自思想认识领域、工作领域，甚至生活领域中。围绕问题，他们组成了团队，一起探讨，一起研究。他们重视在实践中体验和感悟，通过互动交流来进一步验证自己的想法；他们注重观察和反思，既关注理解和认知新的问题，也重视对具体经验加以修正和完善，以及对新经验进行提炼、升华；他们注重对经验的总结，形成思路，并在实践中进行验证，也重视对观察和反思的内容进行分类整理，在总结归纳中形成自己的思路，把别人的经验内化为自己的，从而建立自己的某些观念、设想。在获得新经验的过程中，始终以实际问题为导向，以解决问题作为学习的动力。

（五）“职业能力”导向的团队学习

高职院校校企合作办学的实践，使学生有更多的机会通过工学结合、实训等途径认清自己的职业兴趣和职业方向，把握职业能力要求并与个人所具有的知识和能力进行比较、评价，从而提出适合自己的学习计划和步骤，明确学习方向。当准确地意识到自己职业的某种要求时，个体会促使自己的各种行为朝着符合职业要求、组织和社会期望的方向努力，从而引发学习的意向和行动。以“职业能力”导向的团队学习，因其奋斗目标的一致性，能够发挥团队中每个成员相互促进的作用，最大限度调动学习积极性；同时，成员间可以对学习的各个环节进行体验、监督、交流和分析，充分开发团队学习的智慧，最终使个体自我认知在团队学习中起到调节的作用，从而实现预定的学习计划和目标。

总之，每一个人对学习的投入及其学习能力是学习型班级的基本要素。在团队中，个人学习的机会很多，包括自我管理的学习、向师长和同学学习、网络辅助学习、从日常工作经验中学习、通过特别的项目任务学习。更重要的是把个人学习与团队学习融合，个人可在团队中开发自己的智慧，个人智慧的提高也会促进团队智慧的提升。

二、打造学习型的班级管理团队

学习型班级建设主要依靠全体学生的自主管理和自我服务，但一个优秀的组织需要管理团队的引导和协调。辅导员是学习型班级建设的指导者，而班干部是辅导员的助理，二者组成了班级的管理团队，负责将各团队的信息进行收集、整理并加以管理，以整合班级内的团队学习力。团队间可通过网络查询各自信息，这更有利于信息共享，增进了解，彼此沟通，从而达到引领全体师生在班级组织中共同成长的目的。打造学习型班干部团队和学习型辅导员是学习型班级建设成功的关键。

（一）学习型班干部团队

高职院校可以发挥校企合作的优势，利用现有育人平台，创设学习和育人环境，加快完成高职生向职业人的转变。班干部的选拔要在上述组织谱系里，由不同的学习团队酝酿产生；班干部产生的唯一原则是量才适用，让更合适的人担任其适合的岗位，对团队成员进行合理的搭配，以充分发挥团队整体的学习力和行动力；班干部由团队成员轮流担任；就班级组织结构而言，可模拟企业组织结构，明确岗位职责分工，组成学习型班干部团队。

1. 班干部的选拔

班级要在各种学习活动中更高效运行，就应该具备一个合理搭配、协同行动力强的核心团队——班委会、团支部。班干部是班集体建设的支柱，是班级工作和班级愿景的实践者，是老师必要的得力助手。这个核心将班级内部的每一个成员组织起来。如果辅导员或班主任困于大量的日常管理工作，就难有时间和精力提高自已的业务能力、教育水平和管理素质。学习型组织并不认为学习力不强的学生其他方面的能力就不强，每个人的个性特征和心理行为特征是不同的，构建一个强有力的班干部团队，其核心在于对团队成员进行合理的搭配，以充分发挥团队整体的学习力和行动力。以往学生干部选拔通常要么由辅导员或班主任指定，要么由班级公开投票产生，选出来的班委个个能力较强，但往往协同行动力较弱。学习型班级则鼓励围绕“学习任务”建立各种各样的学习团队，在团队学习的过程中，再根据学习任务、学习能力、个性特征和心理素质等方面的不同,由团队同学酝酿产生每个团队的小组长,由这些小组长依据团队成员的搭配组成班委会。团队小组组长由团队成员轮流担任。由此,班委会人员是围绕着学习任务,根据其在团队中的表现,依据个人的性格、能力和兴趣等综合考量后产生的,这样选出来的班委在学生中才具有权威性和公信力。总之,在学习型班级中,人人都是学习型管理团队中的一员,学习型班干部选拔的唯一原则是量才适用,根据不同的职责和不同学习团队的需要,合理选用、任用合适的学生担任适合他们的职务,班干部轮流担任,让每位学生都能发挥和提高自己的潜力。在学习型班级里,同学之间是荣辱与共、共生共荣的关系。班干部在责任上具有从属关系和"相互服从"的关系。例如,在某种场合下,A 是组织者,B 是参加者,而在另一种场合下可能相反。这就是责任从属关系和"相互服从"的关系,也就是每个班委对集体负责的关系。

2.班级组织结构

模仿"企业"组织结构。校企合作办学的高职教育特色,使班级有条件模仿企业的组织结构,建设学习型班级的组织结构。企业组织结构有多种,直线职能式组织结构是现实中运用最为普遍的组织形态,而学习型班级倡导扁平化的班级组织结构。试点班级中设立股东代表大会,由辅导员担任董事长,总经理和办公室、人事、研发、广告、后勤、生产等部门职务由各学习团队的小组长轮流兼任。班级企业化管理模式实行总经理负责制,总经理每学期选举一次,各部门(小组)的部长(组长)等每月选举一次,让更多学生有机会走向企业领导岗位,锻炼和提高企业管理能力。班级企业提炼形成自己的文化,在日常学习、工作和生活中,通过微博、微信、板报等形式,每月公布各部门(小组)取得的成绩,引入进竞争机制,树立团队合作精神,引导学生(员工)自觉践行企业文化。

部门职能定位。股东代表大会、董事会、总经理,以及下设的办公室、人事、研发、生产、广告、后勤等部门,按照股份公司职能定位,组成班级的管理团队,其职能是为团队学习服务,比如确定团队组合、学习方向、学习任务、学习重点和学习考核、建立学习平台和整合学习资源、外部信息等。把企业管理模式引入班级日常管理,不同的角色定位,使学生能够提前感受企业的工作环境和氛围，提高学生对企业文化的适应能力；引进积极向上、公平公正的竞争机制，激发学生领导、管理、组织和创新的潜能；通过虚拟工资的方式，培养学生的数字意识和理财能力，对家长提供的生活费进行更加合理的支配。让学生们逐渐对企业员工角色产生心理认同，初步完成从学生向职员的角色心理转变。

（二）学习型辅导员队伍

随着社会的不断发展，社会职业的专门化程度越来越高，辅导员正在逐渐发展为具有自律特征且具有专门的职业理论、职业道德、职业技艺的专业工作者。为确保和调动辅导员职业化、专业化、专家化的发展路径，辅导员队伍有了自己的职级制评定和职称系列评价体系。国家政策的支持，为辅导员实现专业化发展、成为一名学习型辅导员提供了崭新的“平台”。因此，高职院校的顶层设计者要转变辅导员的传统保姆性角色，为他们提供发展平台，好把学生的思想政治教育和日常管理工作当成终身职业去研究，在研究中体现自身的价值，在促进学生发展和班级发展实践中体现专业化成长的乐趣。

1. 转变辅导员角色

辅导员不仅仅是班集体的组织者、教育者、管理者，同时还是学生主要的“精神关怀者”、影响学生发展的“重要他人”。辅导员在班风、学风的建设中不仅要以科学的道理武装学生、以高尚的精神塑造学生、以优秀的人格影响学生，更应该注意班集体的舆论导向，以正确的舆论引导学生。正确的舆论中心和导向能够使学生坚定自己的学习信念，明确自己的学习目标，形成自己的纪律观，从而自律、自强，最终形成正确的人生观和世界观。

依据学习型组织理论，为推行组织学习，构建学习型班级，辅导员必须转变传统保姆性的角色，从事务性工作中解放出来，首先做一名学习者，既要愿意学习，又要善于学习，成为组织成员学习的楷模，担当组织学习的倡导者、执行者和引路者。只有站在组织学习的最前沿，坚定信念、持之以恒，才能实现自我超越，使班级走上不断学习、创新发展的道路。同时，要成为一名倾听者和教育者，通过倾听来学习。据调查，辅导员的倾听中20%来自同事，40%是自己的想法，20%来自上司，20%来自学生，倾听的过程就是学习的过程。其次,必须是一个战略家,深谋远虑,着眼于班级组织的长远发展,引导班级成员建立共同愿景,而不是固步自封,陶醉于已有的成绩。要在学习中提高反思的能力,应有自知之明,否则没法向别人学习。再者,必须是一个授权者,信任班委,给予权力,协调组织内的各种关系,而不是绝对的命令者和控制者。学习型班级的辅导员要能让学生说真话,创造开放的信任环境、参与环境,从而使组织形成自己的核心竞争力。

辅导员角色发生转变,从前是教师,现在变成设计师、仆人和教练。作为设计师,辅导员要引领学生开发愿景,并设法让这种愿景深入人心;要整合班级资源要素,规划好学习型班级的发展理念和学习过程,设计出其结构、制度和发展战略。仆人角色表现在实现愿景的使命感,带领学生不懈努力,全心全意献身于班级工作,促进学习型班级的建立和发展,最终促进学习型班级的发展与成功。作为教练,辅导员要了解班内学生的个性和成长状况,提高他们对学习型组织的了解,促进每个学生培养不断学习的观念;保持整个班级学习的能力,不断突破组织成长的极限,从而保持持续发展的态势。

2.建设专业化的辅导员队伍

信息化的发展,丰富了学生的生活,却让学生和辅导员之间的共同语言越来越少。这是因为,学生对外界信息有着不可遏制的热情和猎奇心理,而辅导员却由于繁重的工作疏于关注新信息,如此一来,便不可避免地形成了信息差。现实表明,班级管理的效果会随着信息差的增大而减弱。这一现状迫切要求辅导员要研究学生的成长环境,尤其是环境中已介入学生生活的新因素,诸如大量存在的新媒体信息等。辅导员应扬长避短,缩短与学生间的信息差,利用自己的一切优势资源来提高学生对新事物的鉴别、筛选、分析和运用能力,培养学生的信息处理能力。辅导员要自觉地成为一名“教育行动研究者”,在实践中发现问题、研究问题、解决问题。不仅研究学生的成长环境,还要研究学生。教育要尊重学生,理解学生。实际上,做辅导员最重要的是学会如何去欣赏自己的学生,研究自己的学生,陪伴他们成长。欣赏学生,研究学生,不仅能激发学生学习的热情,也能将琐碎的辅导员工作带进一个完整、愉悦的世界。

马斯洛需求层次理论告诉人们，最高层次的需要是自我实现。这就需要不断提升辅导员需要的层次，辅导员的主体价值如果依存于自我实现这一层次，就会自觉自愿地尽职尽责，就会无怨无悔地对待学生，就会孜孜不倦地研究和改进自己的工作，就会竭尽所能地挑战自我、发展自我、展现自我。他感受到的是充实、幸福，体验到的是潜能的释放和自我的提升，这是一种最为稳定、最为硕大、最值得倡导的主体价值。因此，国家要通过政策导向，力求把辅导员的社会价值和主体价值辩证统一起来，构筑起完整的价值体系；应认可辅导员是由专业人士担任的工作，提高辅导员工作的专业信誉；应想方设法引导教师从事辅导员工作的专业追求，努力提升辅导员的需求层次，促进其主体价值不断攀升。

学校应努力为辅导员打造专业化的发展平台。①学习和研究的平台。如鼓励辅导员进行业务进修，参加关于学生的心理辅导、管理技术的专题培训；申报和组织各级学生工作、班级建设、学生思想政治教育等方面的课题，组织辅导员进行共同研究；定期组织辅导员工作论文评比等。②反思和体验的平台。如引导辅导员制订班级建设和发展规划；鼓励、组织辅导员撰写德育案例、反思日记；引导辅导员与学生换位思考、体验等。③交流和共享的平台。如开展主题班会的设计、观摩和评比；召开班级管理焦点问题诊断会和经验交流会；组织新老辅导员结对、联谊；编印辅导员工作论文集；在学校网站上开设“辅导员论坛”，开设班级网站、班级博客、微博，建立QQ群、微信群等。④展示和提升的平台。如根据拟订标准，定期评选优秀班级和辅导员，进行表彰；对特别优秀的班级，用辅导员的姓名为其命名；鼓励和帮助辅导员著书立说、成名成家等。

三、搭建师生开放共事的学习交流平台

鼓励对话和交流。这可以避免“只有一个最好”或“只有一个正确”的片面认识，在交流讨论中，可以产生新的观点和思想。隐性知识是个人和团队核心竞争力的真正源泉，它不仅包括那些非正式的、难以表达的技巧、经验和诀窍等技能方面的，也包括洞察力、直觉、价值观、感悟、团队默契、心智模式和组织文化等认识方面的。这些隐性知识正是在交流学习的过程中产生

的。学习在本质上是一种社会现象——我们的学习能力与知识的性质取决于所拥有的关系的质量和广度。我们的世界观和人生观等心智模式也是在与他人的交互中形成的。对话是一个不断对自己的观点进行批判、反思、重新评价的过程，这增强了学习的可能性。而自满、封闭是不利于学习、对话的。维果斯基认为学习过程中要强调学习者和他人的互动，分享、交流彼此的知识能够极大丰富和提高学习者自身。① 现代网络技术的发展不仅为搭建资源共享和信息、技术管理服务平台提供了便利，也为实现组织学习和创新、建立学习联盟和学习阵地提供了条件。

(一)以融合为导向，构建以学校为主导的互动系统

学校应发挥协调作用，加强顶层设计，通过建立相应的机制，融合新媒体资源，形成全员育人合力，发挥所有课程的育人功能，构建起课内与课外、线上与线下相结合的全方位、立体化、跨时空、流动性的思想政治教育互动系统，使传统的思想政治教育理论与网络教育产生协同效应。发挥新媒体的传播优势，营造氛围，让大学生在思想政治场域中有一种归属感，这也是媒介的功能之一。正如斯蒂芬·李特约翰强调的："媒介的首要功能不是传递信息和获得个人的利益，而是让大家聚合到某种形式的社群当中，为大家带来一种归属感。"②运用新媒体新技术使高校学生思想政治教育话语真正变得"鲜活起来"，充分发挥思想政治教育的把关功能和价值引领作用，做到形式上有趣，内容上有味，教育上有效。

(二)以学生为本，创新主体互动模式

新媒体技术带来的主体性、开放性、平等性和互动的空间，使大学生从传统的话语接收者向话语制造者、传播者转化，大大削弱了高校思想政治教育说教模式中教育者的"话语霸权地位"。面对受教育者权利意识觉醒和主体性诉求增强的现实，思想政治教育要充满活力，就必须以"平等对话"代替之前的单向灌输模式，逐步从"独白"转向"对话"，构建一种师生互为主体的话语共享模式。在"双主体"话语的沟通中，教师必须尊重学生群体的话语

---

① Vygotsky. Thought and Language. Cambridge:MIT Press,1962.

② 李特约翰，福斯. 人类传播理论. 史安斌，译. 北京：清华大学出版社，2009:338.

表达权，尊重他们主体人格的建立，最终实现双向交流。思政课教师应进行科学合理的教学设计，以发挥新媒体技术在课堂互动教学中的作用，着力打造有趣味的课堂，让思政课堂不仅在形式上"活"起来，带动每位学生加入问题的探讨和交流中，也要在"解惑"中晓之以理：只有在情理交融、有趣有味的课堂中，才能真正达到思想政治教育入脑入心的效果。

（三）以课堂为主阵地，发挥新媒体议程设置功能

新媒体平台为创新创造思想政治教育环境、模式、手段提供了有利条件，但网络世界的虚拟性也增加了大学生选择和辨别信息的难度。一方面，当前大多数高校采用了线上线下相结合的教学模式，将概念性、事实性和知识性的教学内容搬到网上，延伸和拓宽了思想政治理论课的时间和空间。但不可否认的是，网络教学在内容的精深性、情感的感召力等方面并不能满足学生的需要，传统的思想政治理论课堂教学仍然对大学生的思想引领、价值塑造、能力培养发挥着主导性作用。另一方面，高校的思想政治教育应该主动占领网络意识形态的主阵地，发挥新媒体的议程设置功能，主动设置合理且受大学生关注的思想政治教育主题。总之，以课堂教学为主阵地，以问题为导向，运用技术手段创设问题情境，为学生提供充足的信息，搭建共同讨论的平台，发动全员参与、全员思考，引导学生剖析问题的本质，充分调动和提高学生的价值判断力、情感感化力、交往沟通力，实现过程管理、精准教学与科学评价，最终实现网络和实体课堂有机融合的高效新型课堂，牢牢掌握高校舆论的话语权。

（四）运用新媒体平台，发挥大学生同辈群体的榜样效应

善于团队协作和合作学习是新时代企业对人才的要求。同辈群体中学生干部的思想素质、价值观念、行为方式往往对身边其他成员的价值认同和行为塑造有重要影响。对此，高校要运用新媒体创建合作学习平台，发挥大学生同辈群体中的榜样效应。在课堂上，针对当前学生注意力不集中、迷恋手机、学习动力不足等问题，可以充分利用学习通、易班、大学 MOOC 等新媒体学习平台，实现设置议题、资源共享和互动讨论，带动同学间的学习互动，促进学生的认知、态度、情感、意志等不断提高，并产生一些学习行为。课堂外，针对社团活动参与积极性不高、趣味性不强、活动质量不高等问题，

一方面可将新媒体与社团活动相融合，通过 PU 平台、智慧团建等网络平台，为学生提供他们感兴趣的志愿者服务、文化娱乐、研究性学习和社会实践等活动，营造与校园文化相结合的社团新媒体文化氛围；另一方面在活动中可发挥新媒体的力量，为学生提供发表意见、建立认同和塑造行为的平台，让高校社团活动“活”起来，“亮”起来，让学生“动”起来。充分发挥学生自我管理、自我教育和自我服务的功能，在与同辈群体共事的过程中，在与别人比较过程中，发现自身的不足，认清自身的发展优势，确定自己的发展目标。

四、构建行动导向的学习型课堂教学模式

“行动导向”教学模式是 1980 年代德国为培养职业技术人才而建立的一种现代化职教模式。德国职业教育专家托马斯·胡格教授及其团队，从行动导向的研究视角对职业教育模式进行了系统的探索，开创了“胡格模式”，成为德国职业教育发展的助推器。行动导向教学以建构主义为理论依据，以可视化教学为导向，重构了教学理念、课程体系、师生关系、教学设计、教学组织、情境创设、教学评价等基本要素，使学生由被动学习转为主动学习，从传统教学单一的知识性学习转向知、情、意、行多维人格的协调发展，从而形成了独具特色的职业教育课堂教学形态。借鉴行动导向教学的理念和实践经验，创新高职院校课堂教学方法，构建具有高职特色的学习型班级课堂教学模式，已成为高职教育教学改革研究的重要领域。学习型班级的理念与行动导向教学的理念高度契合，为开展行动导向教学提供了重要载体和平台，也为建设学习型班级提供了思路和具体实践路径。

（一）行动导向教学的核心理念转化

行动导向教学模式是指导和组织整个教学设计和教学实施过程的一种思路，包括以行动为导向的师生关系、课程（模块）体系和教学内容、教学组织、教学方法和考核标准等等。教师通过“信息、计划、决策、实施、坚持、评估”六个步骤，让学生在周密的计划中“获取信息、制订计划、实施计划、评估计划”，在亲身实践中理解并运用知识解决实际问题，获取职业技能，从而形

成自己的知识和能力。[①] 行动导向教学将“可视化”贯穿教学始终，强调让教师看得见学生的“学”，学生看得见教师的“教”。可视化教学即通过联想、引申、通感等方式，将抽象的理论性知识转化成相关具体形象的学习活动、知识体验和视觉图像等，以促进知识的获取、传播和共享。行动导向教学顺应了当前教育教学改革的趋势，使教与学有机结合，在培养学生的主体性和发展性人格方面有着独特的优势。

1.由威权式“教”向平权式“学”的转变

托马斯·胡格教授的行动导向教学强调职业教育的基本出发点应该是以学生为中心，围绕学生未来所从事的职业开展教育教学活动，教育要为年轻人应对未来的生活挑战提供“有用的工具”。教学要遵循“让学生全员全面积极参与，以行动为导向，以能力为本位”的理念，关注每一个学生，用发展的眼光看待学生个体。教师的职责不应局限在教授知识，更多的是组织学习。在以班级为单位组织的教学或学习活动中，学生应该被置于活动中心。教师要成为“导演”，是学生学习的组织者、指导者和促进者，学生则由“观众”变为“演员”，项目则是课堂驱动的“剧本”。教师需要细心观察学生学习的反馈情况，及时调整教学策略和教学方法，激发学生的学习动力和学习兴趣，让学生在恰当的班级课堂教学活动中获取知识、提升能力和培养完整的人格。行动导向教学强调学习和情绪密切相关，师生关系也会成为学习纽带和动因。行动导向教学的重心由传统教学模式中的教师“教”转向了学生“学”，传统班级的课堂管理功能更多地转化为教育功能。

2.由“教内容重灌输知识”向“教方法重培养能力”的转变

行动导向教学认为，在当前的职业教育中，专业知识的统治地位逐渐让位给更重要、更基本的能力——方法能力和社会能力，因此强调学生应该具有独立解决任务和问题的能力，职业教育要以提升学生的职业行动能力为培养目标。胡格教授认为，在当今社会向知识社会、信息社会转变的背景下，学生为了适应劳动力市场，必须具有职业行动能力，它由专业能力、社会

① 姜大源．“学习领域”课程：概念、特征与问题——关于德国职业学校课程重大改革的思考．外国教育研究，2003(1)：27．

能力、方法能力组成。专业能力不仅包括直接与职业有关的知识和技能，如理论知识和实操技能，也包括将知识迁移和应用于新任务的能力。社会能力涉及责任、团队意识、宽容度、冲突解决、礼仪、行动力，以及个人工作和团队工作时的解决方案。方法能力要求学生在新的工作、学习领域中，能够认识任务结构，运用恰当的方法解决问题、评价问题和决策，独立地将已获得的知识和经验，运用到没有预先给定解决方法的特定任务中。其中，方法能力是最重要、最核心的，它是由易到难的阶梯式培养；社会能力贯穿专业能力和方法能力的始终，它帮助团队更顺利地合作与解决问题；而专业能力是载体，确保能完成职业任务。胡格教授强调教师不仅“教知识”，更重要的是“教方法”，他致力于探索一种侧重“学生能获得什么和他们能做什么”的培养模式。他主张在信息瞬息万变的今天，方法能力和社会能力的学习甚至比专业知识的学习更为重要。教学目的由专业学习转向学生全人格的培养，即有条不紊地安排任务，按照工作计划完成任务，并对工作结果进行核查和监督，确保工作质量。

3. 由“静态应然的宣讲式教学”向“动态实然的建构式教学”的转变

行动导向教学强调，教育工作者要在学生已有的知识体系、学习水平和学习能力的基础上，运用适当的教学策略和教学方法来进行教学设计。胡格教授强调学习是学生自己建构知识的过程，即学生根据原有的经验和知识主动选择和处理外部信息，并据以构建新的经验和知识体系的过程。他主张通过自我负责、整体、过程导向和行动导向的学习来掌握职业行动能力。首先，教师要通过“情境”“会话”“协作”“意义建构”等手段使学生对新知识进行主动选择和建构。推进以“教材”为中心向以“学材”为中心的转变，在框定教学内容的基础上，教师可以自由决定“学材”的形式，建设模块化和项目化的教学内容体系。其次，学生能力的培养要通过具体的行为来驱动。专业能力是载体，是确保能解决职业任务的能力。任何能力的培养都要融合到各自专业的教学中。要求教师在教学中以专业知识为载体，设计一些重大的问题或任务，将大任务分解成小任务，分层次地按照资讯、计划、决策、实施、检查和评价六个步骤(或环节)给学生下达行动导向，每个环节都有教学目标、能力培养、工作方法及完成时间上的要求。教师要运用适合的教学策略和多样的教学方法，支撑并驱动学习者主动思考、探索、构建和解决问题，并及时地进行反思与调控，充分掌握获取的相关知识，培养学生应用知识和技能、独立解决问题和完成任务的能力。再次，要实施可视化教学。让教师看见学生的“学”，看到他们在学生学习过程中所起的作用；让学生看见教师的“教”，促使学生逐渐成为自我教育的老师。最后，“团队学习”是行动导向教学的基本组织单位和活动方式。在教师的组织引导下，基于项目的任务学习，学生以团队的形式，通过小组讨论、实验实训、项目竞赛、游戏活动和成果分享等形式在“学中做、做中学”，以充分激发学生的学习兴趣和成就感。

4. 由“单一静态考核”向“多元动态考核”的转变

传统的课堂教学评价以教师为主，主要考察教师风度、语言组织能力、课堂知识点含量、教学方法和水平等。今天如何评价好的课堂教学？行动导向教学提出了“三有”(有用、有趣和有效)课堂评价标准。有用是指教学内容围绕基本的专业技能展开，摒弃过多的理论知识和过深的专业技能，保留真实有用的内容。有趣则是通过组织形式多样、生动有趣的课堂教学活动，吸引每位学生积极参与。有效主要指一段时间的教学后，学生具体的进步或发展。为此，行动导向教学的一个重要环节是教师指导学生进行成果评价，以实现“以评促学”。行动导向教学主张评价多元化和可视化。多元化评价包括主体多元化、评价标准多元化、评价手段与方法多元化等，强调只有采用以终结性考核为主、过程性考核为辅，自评和他评兼而有之的多元化评价，由关注教学内容投入转向关注学习成效，关注主观感受到关注实证，关注典型案例到关注全体，才能实现评价的真正价值，培养出具有分析和解决问题能力的学生。可视化评价即学生成果的呈现与评价，采用卡片学习、思维导图以及知识海报等可视化形式，使学习成果得到固化和展示；通过小组评价、教师评价、开放式走廊评价等方式，及时评价和反馈学习成果，强化学生的知识记忆和思维训练，层层推进，以促进学生进步与发展。可视化评价注重固化学习成果，不仅提高学生自我反思的能力，也提升学生自信心和成就感。

(二)行动导向教学在高职院校课堂教学中的应用

高职教育的特点要求高职课堂教学要坚持职业导向,以学生职业核心能力的形成为目标,突出职业素质和工匠精神的培养。行动导向教学目的不在于学生掌握了多少知识和概念,而在于能否运用所学的理论知识提高职业素质及分析问题、解决问题的能力,这与高职院校的课堂教学目标高度契合。行动导向教学的理念与实践为班级课堂教学模式的改革提供了思路。

1.回归主体性需要,培养学生整体的职业行动能力

受传统教育观念与教学方法束缚,目前仍有部分教师未能摆脱“教师中心、教材中心、课堂中心”的传统灌输式教学模式,忽视和弱化了学生在“课程学习”和“课堂学习”中的主体性需求,即培养学生的社会能力和方法能力。马克思主义的认识论指出人不是被动地接受外界客观的作用,而是具有主观能动性的:“人的本质活动是对象性的实践活动,人正是通过实践活动把自己的主体力量对象化为客观实在,而使外部物质世界具有了属人的性质。”①人这种通过实践来主动地认识、选择、接受和改造客观世界的能动性和目的性,即“人的主体性”。课堂教学要回归学生主体性需要,教师要在对学生专业、职业发展进行调查研究的基础上,贴近学生的思想实际和成长需要,基于学生现有的知识经验和理论体系,运用多种灵活有效的教学策略和教学方法,激发学生的学习动机和主体意识,引导其将理论形态的教材知识体系与现有的认知结构联系起来,从感性认识和现实实践出发深化对理论问题的思考和理解。同时找准其自身问题,在释疑解惑的过程中提升学生的思想政治和道德法律素质,提高其职业行动能力,全面培养学生的主体性和发展性人格。

2.分解三级能力指标体系,设计行动导向的模块化教学内容体系

首先要对课程目标及其所指向的能力进行分解和细化。课程目标力求清晰、明确和具体,与所属专业能力指标相呼应。课程目标要对应职业行动能力指标和专业人才培养要求,可以设置3—5项一级能力指标点,达成度

---

① 费尔巴哈哲学著作选集:下卷,北京:商务印书馆,1984:235-236.

设定为70%以上的学生能够完成。二级能力指标数量以4—6项为宜(特殊指标除外),不宜过多或过少,涵括认知、态度和技能三个领域,与之相对应的三级能力指标可以设置若干项。其次,循着以职业行动能力为培养导向的思路,对教学内容进行整合和重构。在课程名称不变、内容不变、学时不变的前提下,根据学生的认知规律和思想行为轨迹,围绕单元教学任务,结合学生的专业人才培养方案要求,对教材中的知识和能力点进行设计,编写出与行动导向教学法相匹配的系列教学专题、学习活动及其方法,创制教学任务书,在课程能力指标中融入专业要求、人文素养和企业文化。

3. 遵循"六步教学法",组织行动导向的学习过程

每个单元设计的教学活动,遵循资讯、计划、决策、实施、检查、评价六个步骤(表5-1),围绕"三个明确"的目标:明确阶段学习的专业能力、社会能力和方法能力,明确学习情境,明确学习方法。在教学过程中,针对某一个学习项目,采用行动导向学习,鼓励学生独立制定计划、组织控制学习过程、制定评价标准并检查学习成果(而不是教师给出和确定组织措施)。引导学生进行团队合作学习,鼓励提出多种建议(而不是只有一种答案),彼此对学习过程和成果负责。在整个过程中,教师主要是观察而不做指点,除非发生安全性问题或昂贵的设备会被损坏,才指出错误,告诉其正确的做法。观察什么呢?并不是学生掌握了多少知识,主要是观察学生社会能力和方法能力的达成情况,学生把握学习任务的数量和难易程度。整个学习过程由学生主导,让学生在做与辩中学,在解决复杂问题或任务的过程中,不断反思学习和改进,激发学生的创造性思维。有计划地完成完整的学习活动后,学生也就掌握了相关的理论知识和实践技能。

表5-1　六步教学法

学习活动步骤	学习内容
资讯	独立理解掌握一个简单的工作任务,对其进行分析并从中引导出目标;自行回答并引导问题,和他人共同总结出一个简单的思维导图
计划	确定目标,并为达成目标制定简单的战略规划;订立简单的规则;明确团队分工

续表

学习活动步骤	学习内容
决策	对给出的信息进行分析判断，准备并作出简单的决策
实施	愉快地完成一项任务，发现自己的学习方式并开始学习
检查	团队成员间互相复述自己的学习或操作过程，呈现自己的观点或结论，以相互对照检查和检验学习成果
评价	借助引导问题和学习陪伴者，对学习过程进行反思和记录

4. 以学习成果为导向，实施动态的多元化教学评价

伴随着学生学习需求和学习模式的改变，思想政治理论课教学改革尤为需要与其相匹配的课程评价体系。可视化评价以学生学习效果为导向，以终结性考核为主，过程性考核为辅，自评和他评兼而有之，尽量将学生的学习成果细化为可观测、可评价的指标点，以提高学生自我反思的能力，提升自信心和成就感，促进课程教学，培养出适合企业岗位胜任力的应用型人才。它采用多元主体进行评价，如学生自评、小组互评和教师评价等。其中，学生评价侧重将自己或小组学习成果与资讯、计划、决策、实施四个步骤中要完成的各项任务对照，以检验学习成果的达成度和合理性。小组互评侧重学习成果的任务达成度和创新性的分析。每个小组的可视化成果不同，体现了小组的个性和不同的理解：每个小组有自己的特点，每个人采用适合自己的表达方式，对于信息的理解不一样，用适合自己小组的方式表达出学习内容。教师评价在整个过程中不必关注细节，只要关注学生表达的逻辑关系，通过小组学习海报即可大致把握学生掌握知识的程度。将海报以一定的形式展览出来，可以激励学生再学习，加深对所学内容的理解与记忆，强化逻辑思维和形象思维能力，也能够增强教学过程的趣味性和成就感，从而调动学生主动参与学习的积极性。

第三节　塑造学习型班级文化

班级文化是班级内部所有成员或大多数成员在长期的教育实践中共有的思想意识、价值观念和行为方式的总和。班级文化是社会文化的一种形

态，是学校文化在班级中的个性体现，是班级的灵魂所在。① 信任和开放的组织文化鼓励学生对现有模式提出怀疑和挑战。学习型班级的文化应该支持并奖励学习和创新，提倡探索、切磋、冒险和试验，允许犯错并将错误视为学习的良机，关注全体学生的成长。班级的学习文化作为一种教育文化，它对学生的教育不像知识传授、道德说教和行政命令那样立竿见影，而是“润物细无声”的，是一种无形的教育力量。

一、开展境界教育，树立不断自我超越的观念文化

学习是一种境界，这种境界是有层次的：学会→会学→学专→学精→学化，是一个不断深化和持续发展的过程。很多高职学生满足并停留于“学会”：获取更多的知识、信息，参加更多的活动和实践，得到更多的锻炼，拥有更多的证书，获得更多的奖项。这些都只是量的积累，而一旦踏入社会，他们往往不能把所学的理论和知识应用于实践。与“学会”不同，“会学”不仅是接受老师传授的有限知识，更重要的是学会获取新知识的方法，成为学习的主人，建立学习内容之间的相互联系，能够举一反三、活学活用。“学专”指的是在自己的专业领域进一步深入学习和研究，具备深厚的专业知识和良好的专业技能。“学精”是在学专的基础上进一步深化，培养专业领域的兴趣，通过不断深入学习和研究，最终拥有该领域的话语权或突出的能力优势。“学化”是一种极高的学习境界，不仅要在本学科、本专业领域形成系统的知识和结构，还能用以解释其他学科或专业领域的发展脉络和趋势，跨学科发展，使学科和专业领域在互动中获得进一步的发展。绝大多数高职学生仅满足于学会的层面，仅有少数能做到会学和学专，但离学精和学化的愿景仍然很远。学习是一个自我修炼的过程，学习境界的追求和实现离不开自我超越的能力和精神。

二、共创班级公约，创建共同成长的制度文化

笼统地要求学生遵守学校的基本制度，对实现管理目的而言效果不佳，

---

① 檀传宝．德育与班级管理．北京：高等教育出版社，2007：321．

而且千“班”一面，不利于彰显班级特色。辅导员要引导学生对学校的基本制度进行整合梳理，制订出诸如“本班公约”之类系统可操作的规章制度。班级制度要达到或基本达到“事事有人管，人人有事管”的全员参与、全程管理状态。苏霍姆林斯基说：“只有能够激发学生去进行自我教育的教育，才是真正的教育。”教育实践证明：在大多数情况下，他律是无法和自律相比的。自我管理是体现现代教育理念的教育实践。它能使学生的自我意识、个人潜能和自我教育得以提高，学生的能力得到全方位的锻炼，学业会更加优秀，个性也能够得到较好的发展。

基于此，在班级管理中，辅导员要有意识地调动学生参与管理，发动集体成员积极参与、民主协商，广泛征求意见，让班级中的每一个人都参与班级规范的制订，使班级规范充分体现学生意愿，赢得学生认同。这样，班级规范不是外部力量强加的，而是班级成员根据班级及个人发展的需要讨论决定的。学生通过讨论知道如何遵守规则，而且知道制订这些规则的目的不是监督，而是在班内形成一个自觉维护规则的氛围，使每一个学生都能把自己身上最美好的品质展示出来，体验成功和快乐。班里的每个学生都成为班级制度的建设者、执行者和评价者。改变过去学生总是制度制约的对象、永远处于“被动”境地的局面，只有建立在群众自觉遵守基础上的班级规范，才能发挥它的效用。

三、发挥先进的示范作用，凝聚榜样文化的力量

榜样是人行动的参照系。抓典型、树先进是学校班级工作中不可缺少的内容和手段。通过评选先进，树立和扶植几个具有代表性的优秀班级，使之成为班级工作的典范。榜样不是僵的“样板”，也不是十全十美的，而是从学生的群体行为中孕育、成长起来的，被群体公认为凝聚力强、学风班风浓厚、具有核心竞争力的学习型班级。只有这样的榜样，才能被大家认可、信服，因而也就具有权威性。榜样可以是校内的，也可以是校外的。校外标杆学习是组织以有系统、有组织的方式学习其他高校学习型班级“标杆”建设的经验，以期改善自身组织状况，赶上甚至超越竞争者的一种组织学习方式。学习型班级可就自身的组织情况遴选“标杆班级”，以系统学习他校班

级建设的经验,来改进、发展适合自身班级组织的模式。"标杆学习"虽然是一条快捷方式,但不是全盘照搬,必须针对班级本身的状况做修正调整。"标杆"可作为"效标参照"或"愿景参酌",但学校还是必须发展自己的学习策略与做法,才能避免在组织学习过程中产生盲从及耗费组织资源。

四、营造融洽的情感,建立合作型的人际交往关系

班级的人际关系主要包括师生、学生之间的关系。融洽的情感是师生、学生之间建立合作性关系的基础。情感是理智的先导,是人对其所处环境是否适应自己需要的一种自然心理反应,当理智与情感一致时,就会成为理智行为的推动力。情感引导人们接受理智尚属模糊的事物,通过调节人的认识方向,进而调节人的行为。当有了共同的心理体验和表达方式,即情感一致性增加时,人与人的依恋性会加强,情感追求便会成为共同需要。团队的理解力、向心力、凝聚力和学习力就会成为个体不可抗拒的精神力量,对组织的忠诚、维护团体的责任感、使命感也就成了每个成员的自觉立场。因此,积极的情感会带来积极进取的学习和工作,有益于推动个人学习和组织学习。师生、学生之间应该知识互补和共享,师生之间是一种民主、平等、真诚合作的关系。作为学习型班级的管理者——辅导员,应该从管理具体事务转到宏观把握班级系统结构的计划、组织、领导和控制方面;从侧重思想灌输和批评教育转到培养学生学习、思考实践、合作的能力;引领学生对班级的忠诚、热爱和信心,对组织学习的责任感,只有当一个人对组织有亲近感、归属感和责任感,他才能全身心地为之贡献自己的力量。学生之间应该消除建立在竞争基础上的防卫性习惯,人与人之间是一种合作的、开放的关系,注重在情感和精神层面的合作交流,以合作体现对学生作为生命主体的尊重,来推动学生主体意识的增强和生命意义的提升。"师"与"生"组成了班级共同体,他们互为管理主体与管理客体。共同体中的一切关系和行为都受到伦理的约束,这种长期约束会使师生形成伦理自觉,最终实现管理效能和育人效益。

第四节 善用学习型组织理论的技能

组织学习的关键技能包括:分析一些陌生的问题,以系统思考的方式重新思考组织的整体发展;从团队中其他成员那里获取反馈,从而改善自我认知;发挥创造性张力,实现自我超越;批判式地反省自己思维中的一些基本假设,以便获得更具创新性、更有效率的创意和行动的能力;审视团队中彼此的行为,在探寻问题的解决方案过程中,掌握团队工作技巧。掌握了这些技能,学习班级建设才能走得更高更远。

一、系统思考:提高班级学生的整体素质

对"为什么学""如何学"和"学什么",学生应该有一个系统的思考。关于"为什么学",很少有学生意识到学习的真正意义是在获得知识与领悟、训练习惯与技能的同时,提高自己的认知、情感调节能力,培养自己的批判精神和思维能力,提升自己的人格修养,恪守人的社会化目标。杜威在《民主主义与教育》中批判了学校的学习生活与社会严重脱轨,他认为学校应该是一个社会雏形,应作为共同体来组织。某种程度上,班级承载着学习共同体的直接功能。在学习型班级建设中,我们应当运用系统思考方法,有机地整合各种思想、理念、观念、资源、策略,使之服务和服从于班级的共同愿景。换一种通俗的说法,就是调动一切积极因素,为实现班级共同愿景而不懈努力。如果能够做到这样,那么实现愿景的创造性张力阈限会相应扩大,当全体成员认可某一个遥远的愿景时,这个愿景本身已经很切近了。

从横向来看,辅导员的责任就是要对班级整体性、长远性的重大问题和成长活动等,进行全面、动态筹划、思考和指导。系统思考有三个要点:一是要防止片面思考,注意整体思考;二是要防止静止思考,注意动态思考;三是要防止表面思考,注意本质思考。进行整体思考,是要求班级建设要考虑整体性,不要只顾局部。一只木桶的盛水量,取决于最短的一块木板。建设学习型班级,其根本目的是促进班级学生整体水平的提高。因此,在开展组织学习的过程中,要关照全体学生的水平和感受,团队所学习的主题、交流的

内容要符合绝大多数人的口味。进行动态思考是要求研究、处理、解决问题时往前看，只顾眼前是不成的，学习型班级建设是动态的而不是静态的过程，团队学习过程中也会遇到一些问题，而有些问题只有在发展中才能解决。进行本质思考是要求思考、观察、解决问题要直奔主题。学习型班级建设不可能一帆风顺，一旦遇到挫折必然会遭到很多质疑，甚至否定，因为人很容易被表象迷惑。本质思考会帮你拨开迷雾，否则胡乱使劲，只会不得要领。

从纵向来看，学校要运用系统思维培养学生的职业素质。学生职业素质的培养是一个系统工程。首先，对大一学生，重视行为习惯的养成或规范意识的培养。大一是打基础的阶段，相对来说，基础课学得比较多，而专业课程少些。与之相适应的，该阶段对学生职业观的培养重在规范意识的培养和行为习惯的养成，如上课不迟到、不早退、不旷课，见到老师要有礼貌，和同学要友好相处，学会如何表达自己及如何和同学沟通等。按照专业人才培养方案的要求，结合他们未来的就业岗位和发展方向，指导他们制定自己的职业规划。其次，对大二学生，重视职业素质的培养。通过各种教育活动载体，培养班级凝聚力，锻炼学生的言语表达和沟通能力，引导学生把服从力和执行力培养作为入职前的一门必修课，使大家学会在团队协作中收获成效。对职业规划的实现过程进行全程服务与跟踪，运用各种职业观方面的教育影响(教育目标、教育内容、教育手段、教育活动等)，引导学生树立正确的职业观。最后对大三学生，重视正确的职业观的引导。大三阶段，多数高职院校学生已走向实习岗位，面对学生初次入职的不适应感、排斥感、职业不安全感以及跳槽频率高等现象，要对他们进行适时的教育和引导，帮助他们尽快找到适合自己的职业方向，树立正确的职业观和职业理想。总之，系统思维要求以问题为导向，关注学生的学习进度问题、学业规划问题和个人可持续发展问题；同时，以需求为目标，着眼于国家需求、社会人才需求和学生成才需求。

二、自我超越：激发班级每位学生心灵的热望

自我超越是学习型班级生命力的源泉。班级的活力来源是“学生”，如

果学生本身未被充分激励去挑战成长目标，当然就无法成就班级的成长。“自我超越”是人的本性，“人在他的生活实践中却总是企图去改变他的有限性和不完善性，指向于他为自己所设定的追逐完满、完善的理想和目标”①。“自我超越”不仅仅是一种能力，更是一个过程，这个过程的动力就是创造性张力。用自我超越激发学生的学习动力，引导学生通过学习和思考不断厘清与加深个人的真正愿景。把愿景（想要的）和清晰的现实图像（现在相对于愿景所在的位置）并列在一起，可以看到二者之间的差距，也是一种能量的源泉，即所谓“创造性张力”。创造性张力往往会导致与焦虑有关的感受或情绪，如悲伤、沮丧、绝望、担忧等，即“情感张力”，②学生遇到学习困难时，很容易将创造性张力产生的这种“负面”情绪与创造性张力相混淆。当学生的愿景与现实不一致时，这种差距（创造性张力）可以用两种方法消除：一种是努力使现实向愿景靠拢，这种改变现状是需要时间的，在改变的过程中很容易产生情感张力；另一种是个体对情感张力的承受力不足，导致其降低愿景，使其愿景靠近现实的“症状缓解法”。很多学生往往采取了第二种方法缩小差距的方法，降低或放弃愿景，把理想拉回现状中。“情感张力的作用机制，在人类活动的各个层面上都广泛存在。它是一种妥协的机制，一种带人走向平庸的机制。”③克服情感张力障碍的最有效方法就是自我超越的修炼，自我超越旨在“把自己的生命当成一件创造性的艺术作品；并不是以被动反应的观点去生活，而是从主动创造的视角去生活”④。自我超越变被动学习为主动学习，追求和享受成长的创造性和自我修炼的过程，只有发自内心的而不是指令的学习，才能对自身和班级成长发挥重要的作用。自我超越的修炼，可以帮助学生理清共同愿景，唤醒其建设学习型班级的动力和团队智慧。个体的自我超越是班级自我超越的必要条件，没有个体的自我超越，班级整体的自我超越也就无从谈起。班内学生主动进行个人学习，为实现个人的愿景而奋斗，直接促使组织也一直保持生机，充满创造力。学习就是一个自我超越的修炼过程，自我超越的意识越强，学习境界的追求也

---

① 鲁洁. 道德教育的期待：人之自我超越. 高等教育研究，2008(9)：2.

② 圣吉. 第五项修炼：学习型组织的艺术与实践. 张成林，译. 北京：中信出版社，2009：149.

③ 圣吉. 第五项修炼：学习型组织的艺术与实践. 张成林，译. 北京：中信出版社，2009：151.

④ 圣吉. 第五项修炼：学习型组织的艺术与实践. 张成林，译. 北京：中信出版社，2009：139.

就越高。因此，高职院校要帮助学生树立职业理想和职业目标，培养学生的钻研探究精神，不断提高学生的学习境界，激发其学习兴趣和学习热情，引导学生进行自我超越的修炼。

三、改变心智模式：打破班级管理的思维定式

心智模式指的是在了解外部世界及采取行动时，个人内心一些习以为常的或理所应当的想法、假设或图式，即“思维定式”。大多数人习惯于反应式的而不是生成性的学习实践，究其原因，是受到其学习心智模式的影响。人们习惯以片断、局部、线性或静态思考为主的心智模式，这在一定程度上不仅影响人们对周围人和事物的看法，还影响我们的行动。传统班级建设往往忽视班级的教育功能，而偏重管理功能，学生有不协调的声音或行为，通常以制度和纪律约束论处，最终导致辅导员与学生关系紧张，班干部和普通学生对立。那么，怎样改善传统班级管理的心智模式呢？基本方法有三种。1.学会把镜子转向自己(反思的技巧)，善于在行动中反思。很多人只是指责别人，很少“指点”自己。2.学会有效地表达自己的想法。3.学会开放自己的心灵，容纳别人的想法，掌握探询与沟通的技巧。互相沟通才能变竞争为合作，变两败俱伤为双赢。改变心智模式，要打破思维定式，掌握以下几项技能：

①辨认“跳跃式的推论”。反思技巧从辨认“跳跃式的推论”开始。人们的认识活动速度快如闪电，很快从现象跳跃到概括性的结论，并信以为真，从未想过要去检验它们。比如：当辅导员发现一个经常迟到、旷课的学生，往往把他跟无组织、无纪律、学习成绩差联系在一起，殊不知其迟到、旷课确有苦衷，或许要照顾生病的妈妈，或许在外面做兼职，或许有不愿示人的疾病困扰，等等。跳跃式的推论将假设当作事实，并视为理所当然而无需验证的定论。这使人往往戴着有色眼镜去看人，影响了人们处理事情的方法和手段。上述那位老师可能会把学生训斥一番，学生自然也不会跟老师说实话了，师生之间的距离就这样产生了。

②练习“左手栏”。这是一项效果强大的技巧，可以“看到”我们的心智模式在某种状况下是怎样运作的。具体做法是在一张纸的右边，写出我们

所说的话，而在它的左边，记下我们心里想的或想说而未说的。这样往往会成功地将隐藏的假设摊出来，并显示这些假设如何影响行为。比如，辅导员让某位班委组织一次活动，虽然在辅导员的动员下他最终答应了，但心里认为是在浪费时间，准备应付一下了事。在这种"应付一下"的假设下，该班委组织的活动质量可想而知：由于活动准备不足，缺乏吸引力，引来参加活动的同学诸多抱怨。他们把这归罪于班级的管理团队做事不力，下次其他班委举办活动时，由于失去了同学们的信任，也就很少有同学愿意参加了。相反，如果该班委把这次活动的组织当作学习的大好机会，精心准备，广泛征求同学们的建议，调动大家积极性，那效果会截然不同。这就需要辅导员提前洞察班委的思想动机，做好教育引导工作。

左手栏可以以日志的形式呈现，它是加强自我反思的技巧。日志经常作为个人发展的反省工具，它对反思我们的实践经历、澄清假设和行为、提高我们的观察能力、推进理想与现实的一致性是一个有力的工具，可以帮助我们与外界环境联系起来。它提供了一面观察经历的镜子——不管其是发生在被调查的事之前、之中还是之后，并且它允许对日志记录的内容进行更深层次的思考。

③兼顾探询与辩论。如果将习惯性防卫当成一种团队学习停滞的信号，那就可以在建立学习型团队的过程中发挥积极作用。消除心理防卫的技巧，就是反思与探询的技巧。将反思与探询的技巧合并运用时，可以产生最佳的学习效果。在班级中创造出毫不设防的气氛，大家毫无隐瞒地摊出自己的假设和想法背后的推理过程。每个人通过反思揭露自己的看法、假设及推论，使之接受公开的检验，并邀请他人深入探询，层层深入、层层批驳，将习惯性防卫的思想根源揭露得淋漓尽致，习惯性防卫也就无从发生作用。

大多数管理者都善于提出主张并为之辩护。但是学习型组织需要的是能解决问题、想出需要采取什么行动，并能获得完成工作所需资源的管理者。因此一定程度上管理者的辩论技巧反而会使我们封闭起来，无法真正相互学习。所以需要综合运用辩论与探询两个手段来增进合作性学习。所谓探询是每一个人心平气和地探索和询问对方他得出推论的依据和假设，并把自己的思考明白说出来，接受公开检验。在团队学习的过程中，很多问题的答案不止一个，班级事务处理的方法和手段也是多元的。通过探询与辩论，先表达自己的看法及推论，然后邀请他人深入探询，大家毫无隐瞒地摊出自己的假设和想法背后的推理过程，层层深入、层层批驳，最终找到大家都认同的答案和处理事务最合适的方法和手段。

④拥护的理论与使用的理论。人们实际上都很清楚，我们拥护的理论(我们所说的)有时与我们使用的理论(在我们行动背后的理论)是不一致的。这种差距可能造成气馁，但它未必都是负面的：差距出现说明我们有较高愿望，具有创造性改变的潜力，所以除非承认心中理论与现在行动之间的差距，否则无法学习。举一个简单的例子，教育让我们明白乱扔垃圾是不文明的，但是某些场合学生还是随地扔垃圾，行动背后的理论是附近没有垃圾桶，或扔了也有值日生打扫，或看到别人扔自己也扔等等。再比如，大学生很重视学习的目的性和实用性，认为是对自己有益或有用的才会关注，而且是否有用的评价标准是随意的，建立在个人经验、道听途说或者他人评价基础上。很多大学生仅满足于现有专业知识的学习，往往认为学习就是为了考试、拿奖学金、拿毕业证、为就业竞争增加砝码，从而把这种预备将来当作现在努力学习的动力。然而这是一种外在的标准，也是一种外生的动力，这样学习就成了一种不得不做的努力。学生学习的动力若"不是从他们自己的经验自由发展而来，他们的努力不是出于他们的自愿，而是达到别人比较隐蔽的目的的手段"①，这种学习背后的理由是要我学，而不是我要学，自然是不可持续的。

用了上面一些技巧，人们可以借以改善自己的心智模式，达到学习的目的。改善心智模式与系统性思考两项修炼也相辅相成，系统思考若没有改善心智模式这项修炼，力度将大大减弱。

四、深度汇谈与讨论：打破班级人际互动中的习惯性防卫

人的主体性是在"人际互动"中得以张扬和体现的。通常情况下，学生

① 杜威. 民主主义与教育. 王承绪，译. 北京：人民教育出版社，1990：88.

在校期间接受教育主要有两条途径，一是课堂教育，二是日常生活教育。课堂教育通常是由教师作为教育主体，学生作为教育客体，由教师向学生施教的过程，也是师生互动的过程。而学生的主体性更多体现在日常生活中通过人际互动习得的教育，即个体在日常交往活动中对常识的提取、同化，从而不断生成个体人格和认知图式的过程。经验、知识、习俗和传统等习惯系统是人际互动的重要内容，人际互动是日常生活教育的重要途径。在日常生活的教育中，个体并不是全然被动地直接接受社会群体抽象的习惯体系熏染，而是在现实人际互动中既接受社会群体中其他成员的影响，同时又影响着其他成员。正是在这种人际互动中，人的主体性和个性得以张扬和实现，人较高层次的需要才得以满足。为此，高职院校要为学生创造“人际互动”的条件，以满足学生较高层次的需要。马克思曾把“富有”界定为人的完整性：“富有的人同时就是需要有完整的人的生命表现的人，在这样的人身上，他自己的实现表现为内在的必然性，表现为需要。”①在这里，马克思所谓“富有者”的需要和马斯洛的自我实现的需要实质是一致的。较高层次的需要如“归属和爱的需要、尊重需要、自我实现的需要”，只有在人际互动中才能实现。但人际互动中常遇到的阻碍是习惯性防卫，“自我防卫”就是大家都在心中设防，使别人攻不进来，使自己得到保护。

深度汇谈有助于消除习惯性防卫，促进团队形成共识，从而增强团队的人际互动水平。一种是“向下聚焦”型共识，以个人观点为出发点，找出自己与他人看法的共同部分，建立起大家都同意的共同立场。另一种是“向上拓展”型共识，以每个人都有一个观点为基础，以一种探究真相的方式，来建立更高层的共识。每个人的观点都是一个独特视角，如果彼此能够透过别人的观点来“向外看”，则每一个人都将看到自己原来看不到的事物。团队学习或班级组织学习的关键是开展深度汇谈。深度汇谈是帮助人们看清自己与他人思想本质的交谈方式，即通过交流，我们可以发现思想的根源何在，并对其正误进行根本性认识。深度汇谈目的是超越任何个人的见解，使个人和团队可以获得独自无法达到的深度见解。深度汇谈的前提是，人们在

① 黄志斌，刘志峰．生态哲学及绿色设计方法论．合肥：安徽人民出版社，2004：31．

无拘无束的探索中进行质疑、探询、反思、相互启发与支持，大家以各种不同的观点来探讨复杂的难题，不害怕别人知道自己的想法，将深藏的想法与经验完全浮现出来，自由交流自己的想法和经验教训，从中得到超越个人的认识。作为一种方法，深度汇谈主要有四个阶段。

准备阶段。在深度汇谈中，必须使参加者交流自己看法中模糊的、平时未说出的部分。团队中的成员需要逐步认识到他们是这个集体中的一个部分，而不仅仅是认识对方和做出一个折中的方案。他们可以通过审视自己的设想和观点，暂时不坚持己见，小组成员从而准备深度汇谈。

"存异"阶段。团体中的成员需要准备面对混乱局面，需要在放弃自己观点和参与讨论之间随时转变。没有一个人的位置是固定不变的。"在这一时期，人们可能会觉得受挫，主要是因为每个人思想中潜在的不连贯性开始显现出来。"在这一阶段，常会出现"搁置的危机"，极端的观点会被提出，并得到辩解，团体的共同基础被动摇。不和谐的观点比比皆是，削弱了团体中原有的凝聚力。在这种时候，推动力就显得很重要。它能让成员不至于为了坚持自己的观点而争吵，也可以使他们不必界定哪个设想是对的，哪个是错的。他们开始听取别人的观点，开始询问这些设想中的含义，于是局势开始明朗起来。

"求同"阶段。团体中开始发展共同的思想空间，交流也开始频繁，话题也不再"激烈"，组员也不再受到自身观点的禁锢，他们开始作为一个总体进行思考。通常新的观点就会作为共同探索的结果出现。这种没有基点的自由也会使人们感觉痛苦，因为大家有一种相互隔离感。如果小组能成功地渡过这一关，那么他们将进入第四阶段。

"创新"阶段。"在这个阶段，新的思考和有的记忆之间的差别就很明显。思考的步伐与节奏完全不同。也许言语并不能很准确地描述出开始出现的复杂而微妙的认识。"此时，深度汇谈不再重要，但团体本身非常重要。根据圣吉等人的观点，这个阶段能产生突破性的创新和集体智慧，形成组织的心智模式。

深度汇谈与讨论不同，讨论类似打乒乓球，将球来回撞击：一场讨论就像是球赛，参赛者提供许多看法，对共同感兴趣的主题加以分析和解剖。讨论的目的是赢，是使个人的看法获得群体的接受。即使偶尔接受别人的部分看法，但最终还是想使自己的看法胜过别人。因为将胜利视为根本目的，所以无法保持前后一致或者忽视对事实、真相的追求。

第五节　探索学习型班级发展性评价的保障机制

评价是指评价者依据一定的评价标准和所要完成的目标对评价对象进行量化和非量化的测量，从而对评价对象做出可靠而合理的价值判断。班级评价的概念总体包括两个层面，一是学校对班级管理和班级建设的效果进行评价；二是班级管理主体（通常指班主任）依据一定的标准，采用一定的测量技术和方法，对班级学生数据进行采集、鉴别、收集和利用，并对班级学生发展情况做出价值判断。

一、创建学习型班级的发展性评价体系

学习型班级建设的评价不是为评而评，评价是工具，是手段，是策略，而非目的，工具服务于目的，工具不能异化为目的。评价的目的是创建优良的班集体，创造适合学生的教育，引导辅导员的专业化发展。一旦评价异化为目的或是凌驾于目的之上，就会为评而评，就会扮演班级建设的“无情杀手”。学习型班级评价以他们的成长和发展为根本的价值导向。学习型班级建设的评价是一种发展性评价，它注重过程评价和效果评价、事实评价和价值评价、定量评价与定性评价等相结合，坚持以人为本，实施个性化评价，以评价促进班级发展、学生发展、辅导员发展。因此学习型班级建设评价是一个坚守教育真话、洋溢人性光辉、体现真善美的过程。

（一）学习型班级的发展性评价原则

传统班级中，评价是孤立的、终结性的，目的在于对学习结果、社会活动、班级安全和纪律等进行判断；而学习型班级的评价，最重要的学习共同体建构方面的评价。评价是镶嵌在学习任务之中的，评价的出现是自然而然的，是整个学习不可分割的一部分。既注重对班集体的评价，也注重对个体的评价。评价能及时反馈，在学习过程中不断强化学生的优点和特长，注

重学生自我超越潜能的发挥，让学生找到正确的方向，帮助学习者较快达到预期目标。对团体的评价能使团体的优势得以强化。

1. 过程评价与效果评价相结合

过程性评价指的是通过完成实际任务，观察学生在任务完成中的表现，以此对学生作出判断。当前，绝大多数职业教育的班级建设都是结果评价，即只关注某班级学生取得了多少成绩，收获了多少荣誉。相较之下，过程性评价强调和关注学生在完成任务时的实际表现，是“过程”和“作品”的有机组合。一般而言，实施过程性评价的情境越真实，就越能客观地反映学生的发展特点和水平。学习型班级建设的发展性评价不仅关注学生的学习结果，更加关注结果产生的整个过程，关注学生在面对问题情境时做出的判断、对故障的分析和故障解决之后的反思能力。事实上，有些专业的学习内容没有有形的产物而只有过程，如信息服务、旅游管理等，对学生学习过程的评价，又是对其产物的评价，是全面的评价。

效果性评价就是对照原定活动目标，对活动实际效果达到什么程度的价值判断。在实际操作中，有的辅导员辛辛苦苦开展各种活动，但是效果如何却不甚清晰。这样必然使自己的教育工作陷入盲目。有的教师只看某一活动的近期效果，没有同时考虑到它可能产生的深远影响，见办完某些活动学生似乎没有多大变化，就丧失信心。效果性评价既要对活动的结果作出评价，也要对活动可能产生的长远影响作出估计。可以通过自己对学生的观察、作品分析(学生的作文、周记等)等获得资料，有时要经过一段较长时间才能对某些活动下结论。教师为此要注意积累资料。教育是一个塑造人的灵魂的工程。“十年树木，百年树人”，有很多品质，需要经过长期反复的“和风细雨”式培养，“润物细无声”才能见效，这是我们在教育评价中必须明确的思想。

2. 事实评价与价值评价相结合

现行班集体建设评价中存在“通病”：评价围绕学生学业展开，关注的重点是学科化的理论知识，哪个班学生掌握的学科知识越多、考试成绩越好，这个班的班风、学风就越好。这样的取向导致评价的理论味道浓厚；评价过于注重外在的物化指标，过于强调整齐划一的规训，过于拉近所谓结果与荣誉、待遇的关系。这样做引发的后果往往是刻意追求考量结果，弄虚作假大行其道，不求有功但求无过，辅导员、学生的内心是否敞亮，灵魂能否提升却无人顾及。这种评价异化、毒化了教育。而学习型班级的发展性评价则要求：职业教育学生学业评价的关注点，从学科理论性的陈述性知识，转向与来自职业世界的程序性知识、操作技能等相结合；从精确化、定量化的思维方式中解放出来，关注学生的内心世界，关注非认知因素，比如与人合作的能力、参与项目活动的能力等，突出了情感、态度和价值观因素在学生发展中的重要地位，关注学生在职业实践中的实际表现；成为促使学生迈向未知生活、未知职业的吸引者、鼓动者和召唤者，而不是成为帮助学生理解、巩固知识的工具。学习型班级发展性评价理念下的学生，不再是独来独往的"独行侠"，不再是只会复述理论知识、熟练操作的"机器人"，他们必须参与问题解决的全过程，从而全面地发展能力。他们也必须灵活地运用所学知识和技能，进行思维加工和判断，进行各种探究性的活动，有个性地展示自己的才能，从而培养创新能力和问题解决能力。

当代高职教育发展的实践证明，评价不可能价值无涉，评价的过程无法摆脱价值判断，事实与价值是相互渗透的。就价值实现而言，学生发展有成绩优良型、能力突出型、品德善良型、全面发展型等多种范式。评价者的价值取向贯穿评价的全过程，评价者需要综合各种信息做出判断。学习型班级的发展性评价将学生的职业素养纳入评价目标。职业素养、自我反思等内容的评价，很难通过学生的表现来进行判断，且往往带有十分强烈的价值倾向。这就要求评价者必须抛弃传统的价值中立、追求客观的立场，深入了解学生的价值取向，需要评价者与学生进行深入的沟通和交流，了解学生的思想状况，发现影响其行为表现的关键性因素。学生在交谈中可以说出自己对任务设计的看法、自己在问题解决过程碰到的疑难困惑，甚至是自己的一些心得体会，这些都是学生情感、思想、思考过程的体现。评价者可以借此对学生有更加深入和全面的了解，发现学生职业素养问题的根源，加以正确引导，以评价促进学生良好职业素养的养成。

3. 定量评价与定性评价相结合

在 1960 年代之前，人们一度认为只有量化分析才是最科学的。之后，随着社会批判思潮的兴起，人们认识到纯粹价值中立的立场和描述几乎是不存在的，评价也不是一个单纯技术性的问题，还要对被评价对象的特点和价值做出判断。评价领域的价值问题由此显现出来，评价的重点转向了价值观。过去的一个世纪，大多数评价专家所追求的是评价过程、手段以及结果的客观科学化，这是有其积极意义的，但把它强调到极端，就会导致忽略评价的价值特性，造成评价中的不合理现象，以致人们对评价失去信心。众所周知，评价学生“能做什么”“是否能够解决实际工作的问题”，要比评价学生“知道什么”“掌握了多少知识”更重要。学习型班级的发展性评价所关注的是学生在课堂学习之后的迁移能力，即通过评价来了解学生是否达到了学习目标，是否养成了教学计划所要求的职业能力。评价从单一的量化观念中解放出来，关注学生的精神世界，对学生的成就进行深度的质性描述。事实证明，定性和定量相结合的综合评定才是更科学、更合理的。

4. 重视导向性和发展性

我国教育改革正在从满足生存型社会的需求转变为满足发展型社会的需求，学习型班级建设理应顺应社会发展需求，把导向性和发展性作为班级评价的原则。所谓导向功能，主要指评价目标和评价指标体系要具有方向性。所谓发展性功能指的是教育评价在促进评价对象持续、健康、全面发展上所能发挥的功效和能力。不仅评价的指导思想、评价标准方面要有前瞻性，评价的过程也应该是动态的，既要看到所评价对象的现状，更要看到其发展潜力和发展趋向。

从根本意义上说，学习型班集体的功能是为学生发展服务的，发展是班集体建设的核心命题和第一要务。现在的很多评价并没有把发展作为主题，在对班级的评价中，只是强调规训、服从，只是强调卫生、安全等边缘性、派生性目标的达成，似乎这样就是一个好班级了。至于这个班级是否有和谐氛围，是否有共同目标，是否发挥育人功能，并不关注。在对学生的评价中，只关注执行纪律和知识掌握情况，且仅针对少数学生，很少顾及所有学生的全面发展，很少顾及学生知识以外的能力、态度、情感、价值观等的综合发展，很少顾及学生的主动发展。在对辅导员的评价中，只是关注辅导员是否完成任务，是否勤于到班，是否能管住学生不出事；至于辅导员是怎么工作的，他们的心理状况如何，能否获得专业发展，则不予考虑。这样的评价，规避了发展的主题，抓了枝节，忽略了主干，实际上成了班级建设的“杀手”和“元凶”。因此，方案编制、过程实施、结果处理等评价环节，要凸显发展主题，把评价过程变成一个促进班级发展、学生发展、班主任发展的过程。发展性的主要功能不在于进行价值判断，而在于把重心转移到批判、反思、理解和创造上来，可以是对已有价值规范的批判、反思，也可以是评价主体价值观念的相互理解和交流，也可以是新的价值规范的创造等。

5. 坚持以“人”为本，实施学生的个性化评价

长期以来，教育工作者不断地向学生灌输知识，按照工业生产的方式，大批量、流水线、标准化地训练他们，为社会培养了一批又一批的工业化所需人才。这种工业化的培养抑制了个体潜能的发挥，显然不能适应知识社会发展对多元化、复合型人才的需求。“以人为本”教育理念明确告诉我们，从人的本质特性来说，人都是“这一个”，具有独特性、多样性、差异性和不可复制的特点，如果出现“千人一面”“一个声音说话”的现象，那肯定是人的本性被钳制、异化、萎缩的表现；从社会发展特征来说，人的个性张扬和“不拘一格”发展，才能构成正常的社会形态，促进社会持续、和谐地创新发展。

“以人为本”的发展性价值评价，必须去除单纯以“等级”划分的功利色彩，强化评价的及时分析判断和及时反馈功能，使评价成为因材施教的调节手段。在评价的内容、形式、标准、实施等方面进行改革，让评价既有利于学生的身心健康，又有利于学生的个性化发展和全面发展。为此，其一，要尊重学生的多元价值观与独特的个性需要，善于发现学生的个性特点，促进学生的个性发展，把个性作为教育和评价的起点，贯穿教育和评价的全程，作为教育和评价的归宿。其二，以发展为宗旨，构建开放的评价机制和形式，努力做到全员评价、全程评价、全面评价，形成零功利评价。同时，评价应引导学生体验成功，反思不足，激发信心，体验成长。比如为学生提供个性化的就业辅导，建立科学的就业测评体系，对测评结果进行专业分析，帮助学生了解自己的性格特征和职业兴趣的匹配情况，引导学生树立正确的职业观。

档案袋评价是实施学生个性化评价的一种形式，也称为成长记录袋评

价。具体做法是根据一定的教育目标，有意识地收集、记录学生的各种行为表现、作品、思考过程，真实再现学生的成长经历，反映学生在达到目标过程中付出的努力与取得的进步，并通过学生的反思，激励学生取得更高成就。档案袋评价关注的是学生的实际表现，而不是对学生潜在能力的抽象假设，也不仅仅是为了完成学校或教育行政部门的指标任务。其目的是更好地关照学生的个体差异，给所有学生同等的展示或发展能力的机会：让学生有目的地收集自己成长中的作品，反思自己的成长过程，看到自己的优势与不足，看到自己的成长足迹，欣赏自己的特长，从而激发学生进一步改进的愿望和信心。选择作品的过程，也是不断地进行自我评价的过程，有利于培养学生主动学习的态度和对自己负责的精神，进而学会学习。教师要对档案袋里的作品内容进行合理分析，为学生作出积极的解释，并及时反馈给学生。学生是正在成长中的人，非常需要教师的有效指导，这样才能促进学生的发展，发挥档案袋评价的发展性功能。

（二）学习型班级的评价目标

学习型班级的目标即班级建设活动的目标，是班级管理者和教育者所期望达到的境界、标准、成就或状态。它被视为班级管理与教育对象所属的方向，是一切班级管理和教育活动的出发点和归宿，也是考核与评定班级管理和教育绩效的衡量标准。评价是基于目标的数据收集和分析，任何一项评价都需要有明确的目标指向，没有目标那么评价任务就难以设计，评价也就缺乏有效性。从类型上看，目标主要有两种取向，即行为化的目标、问题解决目标。行为化的目标要求要将我们要评价的内容转化为可以清晰观察到的行为。问题解决目标是对学生行为结果的一种界定。学习型班级的评价目标指向如下：同学之间相互合作、同化，集体主义浓厚；班级管理分工协作、效率高；班级成员高度参与，班级系统非常开放；集体价值观、集体责任感和集体归属感；实现共同愿景、强调整体的重要性；学生的自我实现融入班级愿景之中，班级生命周期长，有较强的适应能力与应变能力；学生个体具有可持续发展的核心竞争力。

（三）学习型班级的评价主体

传统的班级建设评价中，学生只是评价的“客体”，教师才拥有评价的权力。学习型班级的发展性评价要"以学生的发展为本"，评价的主体便多元化，既包括学生自己，又包括辅导员、班主任、任课教师、学校职能部门、实习岗位的企业师傅、社会团体、家庭等直接或间接与班级接触的教育工作者、职能部门管理者或第三方。学习型班级评价的过程，本质上是一个评价者与被评价者、教师和企业师傅等与学生共同意义建构的过程，评价主体通过多元价值的交流、碰撞来达成理解和共识，由不确定性向确定性转变。参与评价的主体间应该相互协商和交流，评价者应尊重被评价者的主体性地位，努力营造民主协商、主体参与、合作交流的气氛，改变评价活动的刻板形象。评价过程中要给予被评价者(学生)发表意见、提出见解的机会。学生要参与评价的标准设置、时间安排、地点选择、结果评价和呈现等环节，进行合理的协商与沟通。评价过程是一个学生全面认识自我教育、自我服务、自我管理质量的过程，评价是为了对结果作出积极的干预，进一步激励学生主动、健康、全面发展。

(四)学习型班级的评价指标体系

科学合理的评价指标体系为班级建设提供了重要指标依据。所谓评价指标体系是指从学习愿望中分解出来的若干评价指标所组成的集合体，以及各项指标的权重和评价标准。评价目标是评价指标的来源和基础，评价指标是具体化、行为化和可操作的评价目标。学习型班级的发展性评价是以任务形式来展开的，评价是对问题的解决过程与结果提供诊断、判断；评价与外部环境学习支持相结合，为学习者提供个性化的学习支持服务。学习型班级评价是与学习活动、学习任务相结合的，其主要构成要素仍然包括班风和学风建设、班级制度建设、班级文化建设、班级组织建设等，但可将它们视为一个个任务或项目。以班风学风建设项目为例，一级指标可以分为项目需求、项目开发、项目实施和学生成就；再将其分解为二级指标体系，项目需求可确定为需求分析、目标设计，项目开发可确定为学习环境、学习资源、学习氛围、学习团队和学习的可持续性等，项目实施可确定为活动组织、学生参与度和项目完成度，学生成就可确定为学习兴趣、学习能力和价值认同；二级指标体系还可分解为三级指标体系。在确立指标体系的过程中需要全体学生参与讨论并达成共识。学习型班级评价有一条重要的原则：能够让学生在发现问题、解决实际问题的过程中改变心智模式、学习和发展技能。

（五）学习型班级的评价载体

学习型班级的评价载体是任务和项目。任务是教育领域的一个核心概念，范围十分广泛，包括演讲、主题班会、实验、研究性学习、班级的活动、社会实践、志愿活动、文娱比赛、学科竞赛等。任务的完成是以团队学习的形式，强调学生在团队和班级中的实际表现，评价强调提高个人对团队的贡献、团队的效能和发展团队的共同元素（如学习氛围、学习风格等）。一个项目可以包含多个任务，它是一个客观存在的活动模块。注重通过观察、调查问卷、访谈、人际互动、自我反思、第三方证明等多种方式来收集班级学生在团队学习中表现的证据，从而对班级进行整体和全面的评价。评价是多维度的，根据多元智力理论，每个人是多种智力的集合体，这些智力会以不同的方式在每个人的身上进行组合和运用，以解决不同的学习问题或完成不同的学习任务。教育对班级组织或学生个体的评价不能搞“一刀切”，要留有充分的选择余地，不仅允许组织或个人对问题的解决有不同的方案，而且对其表现也可以有多种评价结果。此外，在大数据蓬勃发展的背景下，要改革评价方式，自建学习型班级建设的基本状态数据库，开展基于数据的综合评价。在班级评价的过程中还要尊重事实，杜绝主观随意性。通过线上线下多种渠道采集班级管理、班级自治、班级活动、班级教育、学生学习过程数据，为学情诊断、综合评价和学业规划提供支撑，实现基于数据的过程性、发展性评价。

（六）评价结果的反馈与改进

评价领域的四大核心问题是“为什么评”“评什么”“怎么评”“评了之后怎么做”。然而，人们一直以来对“评什么”“怎么评”关注得较多，而对后两项关注得较少。学校是学生学习的地方，班级评价应该着力于促进学生有效学习和可持续发展，而非考试的“练兵场”，学习型班级评价应该从“甄别、评定等级”向“促进学习”的范式转变。“促进学习的评价是发现和解释证据的过程，这些证据被学习者和教师用来决定学习者在哪个阶段学习、需要达到什么目标以及如何最有效地实现目标。”班级自我评估就是班级为了解班级发展现状而有计划、系统地去收集材料，由班级成员检验和讨论班级组织结构、组织方式及班级行为方面的效能，找出班级发展中的问题并积极改进。“评价是从多种不同来源搜集信息并进行讨论的过程，目的是深入认识学生已经学到或理解的知识，并检查作为教育经验的结果，看他们是否会运用这些知识。评估的最高成效，是能用来改善以后的学习。”在班级自我评估中需要关注的方面主要有：班级目前的发展情况和表现、制定考量指标进行效能度量、评估结果的得出和改进。发展性班级评价结果处理，要描述和分析班内学生的学习情况，判断学习的进步与不足，给学生的学习以必要的帮助和指导。评价信息的分析、判断和运用是评价学生学习必须考虑的最关键的任务之一。学习型班级评价目的是促进学生的发展性学习，因此，教师处理评价结果时，要以促进学生学习为宗旨和目的，要选择恰当的分析和反馈方式，为下一步的教育决策提供依据，对学生学习提出改进建议，并且监督其落实的效果。

二、构建发展性学习型班级的保障机制

为保证学习型班级建设的有序和有效进行，必须结合班级实际和学生实际，遵循高职教育规律和学生成长成才规律，围绕学生互动交流学习机制、激励机制、考核机制、评估反馈机制等各方面，建立学习型班级的保障机制。

（一）激活内外互动的班级学习机制

要完善班级建设的领导团队、内部结构、岗位设置、团队组合、学习方向、学习重点和学习考核等方面内容，激活各项学习制度，提高组织的学习成效。制定各种激励政策，引导班级中不同部门、不同项目组和组织成员之间建立广泛、及时、不间断的交流，通过团队学习的形式，加快由个体学习向互动的组织学习转变。建立班级管理团队的例会制度和联系制度、班级学习沟通协调机制、学习活动体系等；搭建学习资源共享和班级管理服务平台；坚持典型引路和舆论引导互相配合，开展各类评选表彰活动，并给予必要的精神和物质激励，激发学习、创新的热情和动力，形成人人要学习的良性循环机制。

以上我们谈到的学习团队是学习型班级互助学习的主要方式，6～8人的小组便于互帮互学，全班8个小组利于互竞互比互学。小组之内的互帮互学，小组之外的互比互竞，能在班内形成一个积极向上的学习场，学生的自觉意识会被唤醒，个人潜力会被挖掘，同伴引领的作用会得到充分的体现。学习小组成立之初，教师要激发学生的热情，鼓励和引导他们创设小组名称、徽标、口号，确定具体目标、分工和互助形式，让各小组不只有形制，还应该有其风格和精神。在整个互助学习过程中，教师要跟踪互助效果，以免互助流于形式。学习任务结束时，小组间要展开评比，以奖促优，唤醒学生自我管理的意识、互帮互学的兼济意识、你追我赶的竞争意识。

(二)建立新的班级激励机制

根据表现形态，激励可划分为物质激励、制度激励和精神激励三大类。精神激励就是借助精神载体(如思想、观念、情感、信念、荣誉、期望)来激发、启迪、塑造班级建设主体积极性的方式；物质激励则是通过物质性的奖励激发班级建设主体的行为规范化、优化的手段；制度激励则是以制度的形式，用标准化、量化的考核体系来激励学生班级建设的积极性。三者的有效结合和优势整合，才能形成一套完整的激励机制。以往的班级建设偏重物质激励和制度激励，把评奖评优、就业推荐和奖助学金等作为学习激励的重要手段，这无疑会调动学生的积极性，然则这种激励手段并不必然引导学生实现职业态度、品质和人格等软性素质的提高。

教师要关注学生的进步、欣赏学生的成绩，没有制度保障是不行的。然而只要求学生做到什么，而对出色的人和事没有表扬与奖励措施，只有对违反制度的人和事的批评与惩罚措施，这样，制度的杠杆就倾斜了。学生未得到应有的尊重，久而久之也会滋生“制度无情”的感觉。所以班级管理者要引导学生建立健全的班级激励制度，内容涉及学生的学习态度、方法、过程、效果等方面，评定方式以情感流露、言语激励、行为暗示以及替代物强化为主。精神激励的力量往往比前二者要大得多，教师的信任、一个鼓励的眼神、一句鼓励的话语，甚至一个不经意的关心动作都会激发学生的积极性。激励的本质潜藏在行为反应的发生过程之中，是内在变量，是内部的心理过程。只有把激励的三种形式有机结合，建立健全新的学习激励机制，才能有助于提高学习型班级建设主体的团队精神,提高学生主动参与班级建设的积极性,进而增强师生协同推进班级建设的自觉性。也只有这样,才能更好地发挥激励的教育和管理功能。

(三)建立新的班级考核机制

改变量化策略,变“扣分制”为“加分制”。长期以来,班级管理评价执行的是“扣分制”。设置评比项目,每个项目限定总分,逐项检查评比时,往往对做得好的视而不见,而是千方百计地“捕捉”种种不足,不是找“采分点”,而是找“扣分点”,有时为了拉开差距,吹毛求疵,不惜把原本“枝节”甚至“隐私”的东西也展示出来。这种评选只重视外在的显性指标,而忽视了诸如班级精神、人际关系、学生综合素质等隐性指标,而外在指标是可以通过突击或伪造材料来完成的。此外,优秀班集体评选凭借的甚至不是实力,通常由各二级分院推荐,学生工作处根据上报的班级数据,把优秀班级的名额平均给每个分院。其结果往往是班级参与评比的积极性下降,代之以漠然、厌恶或恐惧;未被评选上的班级往往被认为是“失败者”,信心受挫,尊严受损;班级和学生想方设法“补短”而非“扬长”,潜能受到压制。教育是激活和唤醒,而非“压制”和“冰冻”,教育重在塑造,而非改造。评价要建立在相信辅导员和学生潜能的基础上,给他们信心和成功的体验,不能把他们变成一个个失败者。变“扣分制”为“加分制”,能有效改变传统方法的弊端,使班级考核走进一片新天地。

(四)建立新的学习评估反馈机制

评估的目的在于认识班级工作状况,了解班级工作的发展变化规律,以做好班级工作。从班级管理的需要出发,教师要特别关心和理解学生在智力、情感、兴趣、生理、文化背景等方面的差异,要尽量为不同禀赋的学生创造适合的发展空间,使学生的潜能特长得到最大限度开发。辅导员或班主任作为教育者需要承担起更多的责任和义务,他们需要从不同角度、用多种尺子衡量学生,对学生课上、课下、课内、课外的思想和行为负责,对学生完整的人格发展负责。由评估而得到的班级工作状况的信息,要及时反馈给教师和管理工作者,通过分析,充分肯定成绩,找出不足,提出整改措施,对班级工作进行调查,由此体现评估的反馈与控制职能。

综上所述，高职院校学习型班级建设是一个系统的工程，以上探索的五个方面实践路径是密不可分的，缺一不可。其一，学习型理论需要转化为学习型班级的价值观，更新学生的学习观念，成为学习型班级设计的原则，内化为学生的思想，才能外化为学习行为。其二，创建学习型班级离不开适切的组织学习模式，团队学习是学习型班级组织学习的关键，拓展学习型班级的组织系谱、打造学习型的班级管理团队是学习型班级建设的组织保障。班干部选拔的唯一原则是量才适用，根据不同的职责和不同学习团队的需要，合理选用、任用合适的学生担任适合他们的职务，让每个人都能发挥最大潜力。其三，学习型班级文化为学习型班级建设创设了发展性学习的环境和氛围，融洽了班级师生、生生关系，使个体感受到集体的教育力量。其四，要善用学习型组织的技能，以系统思考的方式分析一些陌生的问题，重新思考组织；发展创造性张力，实现自我超越；批判式地反省自己思维中的一些基本假设，以便获得更具创新性、更有效率的创意和行动的能力；审视团队中彼此的行为，在探寻问题解决方案的过程中，掌握团队工作技巧，等等。掌握了这些技能，学习班级建设才能走得更高更远。其五，学习型班级的有效运行离不开机制保障，因此要创建学习型班级的发展性评价体系，构建学习型班级发展性评价的保障机制。

结语

当代世界和中国社会正在发生巨大而深刻的变化，世界正经历百年未有之大变局，中华民族正处于伟大复兴的关键时期，出生和成长在新时代的大学生既享受着时代的阳光和雨露，又经受着风雨的洗礼。时代的发展和变化深深地影响着大学生的人生发展和未来规划，也对新时代高职人才培养提出了严峻的挑战。“中国制造 2025”急需“新工科”人才，“生逢其时”是一种幸运，更是一份责任，新时代的高职生要将个人梦与中国梦相结合，练好本领，勇于创新，追求卓越，为全面建成社会主义现代化强国而努力奋斗。

学习型班级虽是高校管理系统中的一个微观领域，却是学生思想、学习和生活最活跃的基层组织，是开展学生世界观、价值观和人生观教育的主战场，是开展思想政治教育的前沿阵地，班级建设直接影响着思想政治教育的成效，作用不容小觑。学习型班级是具有开创性的班级，是更注重人文环境的班级；是勇于自我批判、善于革新创造的班级，是创造性的班级；是自主管理、崇尚自治的班级；是全体成员在共同愿景下，进行团队学习、改善心智模式、鼓励所有成员自我超越、进行系统思考的班级；是全体学生追求工作和学习中生命意义与生命质量的组织。学习型班级具有持续的核心竞争力，是未来成功班级的模式。

本书对学习型班级的理论基础、科学内涵、必要性、动因和条件、面临的困境、构建路径等作了系统的分析和研究。有的研究还不够深入，有的要素如学习型班级的模型建构还没有涉及；对学习型班级建设面临的困境作了较深入的研究，但是对学习型班级教育吸引力、学习型班级的领导体制、学习型理论对高校班级建设的方法论价值的研究还不够深入；对构建学习型班级的路径作了较全面的探索，但也仅限于理论层面的呼唤、宏观层面的把握，具体操作仍有待深入研究。学习型班级建设要从管理走向自治，取得显著成效，关键是要进行大量的实践，再辅之以有效的相应机制、制度安排来强化，只有不断实践探索，才能发现问题、研究和解决问题，使实践上升为理论，再以理论指导实践。

学习型班级建设的过程中还有许多需要进一步探讨的问题，主要有以下几个方面需要进一步加强研究：

1. 构建学习型班级的具体评价指标体系，引领和激发高职院校师生建设学习型班级的动力。

2. 学习型班级通过什么学习机制消除习惯性防卫和学习障碍，使个体获得全面发展和可持续发展？

3. 学习型班级如何面对环境的变化，个人、团队和组织间的学习如何协调一致，建立新的班级激励机制、评估反馈机制？

4. 如何建立高效协调的学习型班级的组织管理系统？可仿照企业的组织管理系统建立，以实现与企业的无缝对接。

5. 学习型班级建设的实验和实证研究。以学习型理论为指导，运用其方法和技能在试点班级中开展学习型班级建设，同时进行大量的观察、实验和调查，获取客观资料，验证假设，总结经验，上升为理论，再指导实践。

收笔之际，深感自己对学习型班级的研究仅在皮毛，理论缺乏系统，内容深度不足，本书也只能起到抛砖引玉的作用。存在不足的原因是学识、能力还有限，工作较忙，精力、时间还不够充分。改进的方法，一是进一步加强学习，努力提升研究能力和学术水平；二是继续坚持理论与实践相结合，反思工作方式、方法，针对不足作深入系统的研究，力争在思想政治教育研究领域有新的作为和新的贡献。

参考文献

一、专　著

1. 童潇．走向学习型社会：社会发展的第四级台阶．上海：上海三联书店，2004.

2. 俞文钊．管理的革命：创建学习型组织的理论与方法．上海：上海教育出版社，2003.

3. 圣吉．第五项修炼实践篇．张兴，等译．上海：东方出版社，2006.

4. 圣吉．第五项修炼：学习型组织的艺术与实务．2版．郭进隆，译．上海：上海三联书店，1998.

5. 圣吉．第五项修炼：学习型组织的艺术与实践．张成林，译．北京：中信出版社，2009.

6. 乔纳森．学习环境的理论基础．任友群，译．上海：华东师范大学出版社．

7. 赫钦斯．学习社会．周晟，译．杭州：浙江教育出版社，2009.

8. 多尔．后现代课程观．王红宇，译．北京：教育科学出版社，2000.

9. 朗格让．终身教育导论．滕星，等译．北京：华夏出版社，1988.

10. 纳普尔．高等教育与终身学习．徐辉，等译．上海：华东师范大学出版社，2003.

11. 张晓霞．创建学习型城市的实践与评估．南京：南京大学出版社，2003.

12. 柳恩铭．学习型学校的管理理论与策略．广州：广东教育出版社，2007.

13. 黄健．造就组织学习力．上海：上海三联书店，2003.

14. 马奎特．创建学习型组织5要素．邱昭良，译．北京：机械工业出版社，2003.

15. 倪星主编．行政组织学．北京：北京师范大学出版社，2011.

16. 亚里士多德. 尼各马科伦理学. 田力苗,译. 北京:人民大学出版社,2003.
17. 森. 以自由看待发展. 任赜,于真,译. 北京:中国人民大学出版社,2002.
18. 达林. 理论与战略:国际视野中的学校发展. 范国睿,主译. 北京:教育科学出版社,2002.
19. 王为民,刘丽萍. “学会学习”的有效策略. 合肥:安徽师范大学出版社,2013.
20. 宋长生,詹万生. 高等学校班集体建设简论. 银川:宁夏人民出版社,1989.
21. 檀传宝. 德育与班级管理. 北京:高等教育出版社,2007.
22. 龚浩然,黄秀兰. 班集体建设与学生个性发展. 广州:广东教育出版社,1999.
23. 郑兆基,何明升. 学校班级管理学. 哈尔滨:哈尔滨工业大学出版社,1994.
24. 刘志选. 班级管理. 西安:陕西人民出版社,2006.
25. 钟启泉. 班级管理论. 上海:上海出版社,2001.
26. 张耀灿. 现代思想政治教育学. 北京:人民出版社,2001.
27. 郑永廷. 现代思想政治教育理论与方法. 广州:广东高等教育出版社,2000.
28. 吴明烈. 组织学习与学习型学校. 北京:九州出版社,2006.
29. 马席克. 21世纪学习型组织. 北京:世界图书出版社,2003.
30. 邱昭良. 学习型组织新思维:创建学习型组织的系统生态方法. 北京:机械工业出版社,2003.
31. 加尔文. 学习型组织行动纲领. 邱昭良,译. 北京:机械工业出版社,2004.
32. 周德孚,殷建平,蔡桂其. 学习型组织. 上海:上海财经大学出版社,1998.
33. 克拉克. 学习型学校与学习型系统. 铁俊,李航敏,等译. 北京:中国轻工业出版社,2004.
34. 张声雄. 学习型组织的创建. 上海:上海科学普及出版社,2002.
35. 阿吉里斯. 组织学习. 张莉,译. 北京:中国人民大学出版社,2004.
36. 姜伟东,叶宏伟. 学习型组织:提升组织的学习力. 南京:东南大学出版社,2002.
37. 奥尔森. 集体行动的逻辑. 陈郁,等译. 上海:上海人民出版社,1995.
38. 加侬,柯蕾. 建构主义学习设计. 宋玲,译. 北京:中国轻工业出版社,2008.
39. 上海明德学习组织研究所. 学习型组织之路. 上海:上海三联书店,2003.
40. 谢海均. 高等教育国际化与学校德育:兼论学习型社会的理论与实践. 上海:上海三联书店,2007.
41. 王彦斌. 管理中的组织认同. 北京:人民出版社,2004.
42. 众行管理咨询研发中心. 如何创建学习型团队. 广州:广东经济出版社,2004.
43. 于吉鹏. 蜕变的蝴蝶:推进学习型组织的 4 种路径. 北京:中国发展出版社,2005.
44. 沙尼,多切迪. 修炼:构建持续发展的学习型组织. 锁箭,等译. 北京:经济管理出版社,2005.
45. 顾明远,孟繁华. 国际教育新理念. 海口:海南出版社,2001.
46. 徐韵发. 学习型组织与现代管理. 上海:上海百家出版社,1998.
47. 佛勒德. 反思第五项修炼. 赵恒,译. 北京:中信出版社,2004.
48. 傅宗科,袁东明. 创建学习型组织的策略与方法. 赵恒,译. 上海:上海三联书店,2005.
49. 刘昊,钟惠英. 学习型高校的构建. 长沙:湖南师范大学出版社,2008.
50. 圣吉. 变革之舞:学习型组织持续发展面临的挑战. 上海:东方出版社,2006.
51. 张声雄,徐韵. 创建中国特色的学习型社会. 南昌:江西人民出版社,2003.

52. 丁钢. 大学:文化与内涵. 合肥:合肥工业大学出版社,2005.
53. 赵健. 学习共同体的建构. 上海:上海教育出版社,2008.
54. 舍伍德. 系统思考. 邱昭良,刘昕,译. 北京:机械工业出版社,2008.
55. 陈桂生. 人的全面发展理论与现时代. 上海:华东师范大学出版社,2012.
56. 罗伯茨. 学习型学校的专业发展:合作活动和策略. 北京:中国轻工业出版社,2004.
57. 吴明隆. 班级经营:理论与实务. 台北:五南图书出版公司,2017.
58. 舒克. 学习型管理:培养领导团队的A3管理方法. 郦宏,武萌,汪小帆,等译. 北京:机械工业出版社,2021.
59. 邱昭良. 如何系统思考. 2版. 北京:机械工业出版社,2021.

二、期刊文献

1. 苏红. 论学习型学校的制度基础. 当代教育论坛,2008(10):12-14.
2. 张志杰. 高职院校应重视"学习型班级"的创建. 职业教育研究,2007(8):129-130.
3. 周宪. 学习型大学生思想政治教育队伍的构建与探索. 思想教育研究,2011(1):88-91.
4. 王本余. 从两个定义反观班级管理理念. 班主任,2007(4):3-5.
5. 高银桥,蔡桂荣. 浅谈高职教育的办学目标定位. 黄冈职业技术学院学报,2006(4):7-9.
6. 李朝辉,郝淑玉,李改凤. 学习型班级文化建设的理念与策略. 教育探索,2013(9):91-92.
7. 王彦岩,申万兵,刘群. 高校学习型班级的建设. 吉首大学学报(自然科学版),2010,31(6):117-119.
8. 程新平. 构建"发展导向型"大学生教育管理模式的实践探索. 教育探索,2008(4):74-75.
9. 刘锡辉. 加强班级建设构建班级特色文化. 教育教学论坛,2011(30):93-94.

10. 杨静,姚利民. 关于高校班级规模的调查分析. 高等教育研究,2012,33(7):86-93.

11. 万成海. 高职院校班级管理中的几个基本理论问题. 中国职业技术教育,2005(35):33-34.

12. 张翠珠. 学习型组织与组织学习初探. 成人教育,2008(12):4-6.

13. 徐显明. 大学的文化使命与大学文化建设. 国家教育行政学院学报,2009(6):3-7.

14. 高德胜. 终身德育引论. 教育研究与实验,2003(4):14-18.

15. 顾明远. 重塑大学文化. 中国大学教学,2015(2):4-6.

16. 苏义林,张新华. 学习型组织理论在学校管理中的应用. 兰州铁道学院学报,2001(5):139-144.

17. 夏敏. 大学班级组织发展面临的问题及对策. 教育研究,2012,33(10):89-92＋158.

18. 张艳萍. 当前高校班级建设存在的问题与思考. 思想理论教育导刊,2011(5):113-115.

19. 潘颖,李梅. 班级规模与学生发展的问题研究. 东北师大学报,2006(6):159-163.

20. 王中. 基于治理体系创新的学习型社会建设路径研究. 成人教育,2019,39(6):13-17.

21. 由长延,徐林. 学习型组织研究综述(上). 研究与发展管理,2002(3):11-15.

22. 温恒福. 学习型组织理论反思与中国当代教育组织的发展方向. 教育理论与实践,2005(23):13-17.

23. 陈江华. 学习型组织理论研究综述与评价. 北京交通大学学报(社会科学版),2014,13(2):65-71.

24. 曾文婕. 学习哲学视角下学习型社会建设的深化之路. 南京社会科学,2018(3):143-150.

25. 徐长江,钟晨音. 学习型组织与学校学习型组织的构建. 教育探索,2004(8):46-48.

26. 夏海鹰. 学习型社会建设动力机制探究. 教育研究,2014,35(6):48-52.
27. 邵建东. 论高职院校学习型教学共同体的构建. 教育研究,2014,35(2):118-122.
28. 李中亮. 近年来学习型组织著作综述. 成人教育,2011,31(1):47-49.
29. 吴昊,孙健敏. 学习型组织与组织创新关系的实证研究. 研究与发展管理,2014,26(2):1-8.
30. 温恒福,张萍. 学习型组织的实质、特征与建设策略. 学习与探索,2014(2):53-58.
31. 张晓兰,宋学增. 反思学习型组织:理论与实践的批判. 天津行政学院学报,2012,14(4):38-43.
32. 杨广平,谈在祥,高嘉玺. 高校学习型辅导员队伍建设的时代诉求与辅导员的角色定位. 教育探索,2011(10):130-131.
33. 黄伟东. 高校学习型辅导员队伍建设的调查与思考:以福建省高校为例. 思想教育研究,2014(6):91-94.
34. 张海霞. 困境与突破:对构建学习型社会的反思. 中国成人教育,2016(21):21-24.
35. 谢清理. 习近平学习型社会重要论述研究. 成人教育,2020,40(7):1-5.
36. 卢海弘. 加快学习型社会建设:内涵、意义与路径. 中国成人教育,2019(12):22-26.
37. 李晓东,师伟. 论职业教育课程中的"学习型"任务. 职业技术教育,2021,42(17):30-33.

三、学位论文

1. 周婷.认同视野中大学生个体组织化研究.南昌:南昌大学,2011.
2. 冯德雄.企业适应性成长研究.武汉:武汉理工大学,2003.
3. 赵敏.新媒体视阈中的大学生道德教育创新研究.济南:山东大学,2012.
4. 刘凤英.基本学习型组织理论的高校教师培训与开发体系研究.南京:南京理工大学,2010.

后 记

本书为南京信息职业技术学院2021年首批校级教学创新团队之“平语近人”教学团队资助项目，是在我的博士论文《高职院学习型班级建设研究》基础上修改完善而成的。凝结了我从一名辅导员到一名思想政治理论课教师的实践经验结晶。

当初选择这样一个研究题目，是因为自己对辅导员工作岗位的那份挚爱。在自己的引导和教育下，班级形成良好的班风和学风，那些“落后”学生得以改变或进步，而那些优秀的学生也变得更加优秀，我内心的那份喜悦和成就感是无法言喻的。班级工作本该是辅导员工作的重中之重，然而，同大多数辅导员一样，大量的事务性工作使我分身乏术，想用更多的时间走到学生中间去，了解他们的思想和困惑，分享他们的喜悦和成功，却有心无力。同时，也没有找到更合适的理论和方法为指导，以便在有限的时间内把班级建设得更加强大。在吴自斌老师的课上，当“学习型组织”这个概念跳进我的脑海后，激发了我强烈的研究兴趣。通过查阅相关文献，“自我超越”“心智模式”“共同愿景”“系统思考”等崭新的概念和独特的内涵，坚定了我研究学习型班级的信心。我想通过学习型班级建设的研究来提高自己的工作效率，让班级成为自己开展学生思想政治教育的主阵地。后来在刘云林导师的启发和帮助下，最终还是确定了这个选题。在开题答辩会上，各位导师的建议开阔了我的研究视野和思路，也坚定了我继续研究这个选题的决心。很长一段时间以来，我国高校学生工作——包括班级管理——的理论基础薄弱，基本上靠经验来维持。对自我管理水平较弱的高职院校学生而言，班级建设的科学化更为重要，这就需要先进的理论指导。无论是从高职教育的内涵和特色，还是从高职学生的特点来看，学习型理论的学习理念、管理理念、价值理念和发展理念契合了未来班级建设的需求，为建设学习型班级提供了重要理论基础。

随着改革实践的推进，“治理”作为一个新的概念、新的提法进入越来越多学者的研究视野。新时代在社会治理、治理体系、政府治理、治理能力等方面，将“管”改为“治”，从“管理”到“治理”，虽然一字之差，但内涵得以丰富和深化，凸显了我党执政理念的升华。出于对学生思想政治教育困境的切身感受，我敏锐意识到，大到一个国家和社会，小到一个组织和团体，从“管理”走向“治理”的民主意识和现实需求越来越强烈。传统以“管理”为主的班级建设模式已不适应经济社会发展和人才培养要求，建设以“治理”为鲜明特征的新型班级，成为当前我国职业教育改革在微观层面所面临的一个重要而现实的课题，而贯穿学习型班级建设始终的核心理念就是“治理”。因此在后期的书稿完善过程中，我将标题确定为“从管理走向治理——高职院校学习型班级建设研究”，重点放在“治理”的理念和价值的融入，不仅拓宽了研究视野，落实了国家对基层治理的要求，也为建设学习型班级提供了一个新的视角。

本书具有重要的理论和实践意义。在理论上，学习型班级理论的建构是在高职院校班级建设基本理论相对“匮乏”的现状下的一种尝试。建立学习型班级相关理论，必然会促进参与班级建设的所有相关人员管理理念的更新，有助于丰富和提升他们班级管理的理论水平和研究价值，也有助于完善和丰富学习型组织理论，进一步扩大该理论的应用范围。在实践上，研究立足于目前大部分高职院校的办学实际和学生实际，将学习型社会理论和学习型组织理论的先进理念引入班级建设中，有利于促进高职院校班级建设实践的科学化和创新大学生思想政治教育载体研究，在职业教育、学校、企业和学生个体的发展等方面有较强的实践价值。

如今《从管理走向治理——高职院校学习型班级建设研究》一书终于要面世了，我感到轻松之余，也不免忐忑和惶恐：这毕竟是我的第一部专著，而所研究的对象，就现有的资料来看，尽管“学习型班级”一词已有人使用，但基本上只是用于一般的现象性描述，尚未有人对此方向进行专门研究，这对我而言极具挑战。因此，书中难免存在力所不逮之处和疏误，这肯定逃不过学养深厚的读者法眼，在此敬请各位专家赐教和斧正。

在博士论文的致谢中，我曾提到：我的论文选题对我来说是个全新的研究领域，而且我读的是在职博士研究生，一边工作一边读书，带给我的是巨大的身心压力，以致我多次产生退却的念头……感谢我的导师刘云林的殷切期望和鼓励，感谢王永贵教授、孙迎光教授、文晓明教授、吴自斌教授、黄军伟教授以及我的硕导徐民华等恩师们的谆谆教诲。感谢王家兵、刘希刚、郭芙蓉、莫春菊、邱勤、何登溢、张娟、黄洁、岳青以及所有关心我、扶助我的挚友。正是你们各种形式的热情帮助和鼓励，使我能够坚持下来！

而今，在书稿将要付梓之际，我还要由衷感谢浙江大学出版社吕倩岚编辑在繁琐的编校工作中的辛苦付出。同时感谢南京信息职业技术学院马克思主义学院、人事处、财务处的有关领导和同事们在教育教学、项目申报、经费报销等方面给予的支持。

王增芬

2022 年 10 月 1 日